张君民 著

遇见陶渊明

陶渊明心灵游记

中央党校出版集团

大有书局

图书在版编目（CIP）数据

遇见陶渊明：陶渊明心灵游记/张君民著. -- 北京：大有书局，2024.8
ISBN 978-7-80772-177-2

Ⅰ.①遇… Ⅱ.①张… Ⅲ.①陶渊明（365-427）—传记 Ⅳ.① K825.6

中国国家版本馆 CIP 数据核字（2024）第 094281 号

书　　名	遇见陶渊明：陶渊明心灵游记
作　　者	张君民　著
责任编辑	张媛媛　叶敏娟
责任校对	李盛博
责任印制	袁浩宇
出版发行	大有书局
	（北京市海淀区长春桥路 6 号　100089）
综 合 办	（010）68929273
发 行 部	（010）68922366
经　　销	新华书店
印　　刷	中煤（北京）印务有限公司
版　　次	2024 年 8 月第 1 版
印　　次	2024 年 8 月第 1 次印刷
开　　本	710 毫米 ×1000 毫米　1/16
印　　张	21
字　　数	198 千字
定　　价	58.00 元

本书如有印装问题，可联系调换，联系电话：（010）68928947

陶淵明像

序　言

遇见张君民兄的新著《遇见陶渊明：陶渊明心灵游记》，真的只能算是一种缘分。当社会上出现一股"躺平"思潮时，有些年轻人从历史中找到陶渊明这个人，并且调侃他为"躺平"祖师，君民兄带着他的《遇见陶渊明：陶渊明心灵游记》与我相遇，不出意外地引起了我的兴趣。

在说《遇见陶渊明：陶渊明心灵游记》之前，我不得不先从他的另一部大作《一蓑烟雨任平生：苏东坡生平游记》说起。

最近几年出现了东坡热现象，几乎无人不说苏东坡，有甚者宣言，有趣的灵魂三千年来只有东坡这一个。在读到这本东坡生平游记时，我原以为君民也在赶时髦。然而，苏东坡这个差不多被网络"玩坏"了的千古风流人物，在君民兄的笔下，以另一种姿态"活"了。他从东坡生平工作过、生活过、吟诵过或题写过的地理行迹出发，一路走来，写出了这个千古风流人物的别样人生。捧卷读来，颇有些类似我们今天重走长征路一般，东坡这个有趣的灵魂在这些熟悉而又陌生、有味而又有趣的地标中游走，塑造出一种古今共情的性格，寄托了作者的文化情怀。

没想到，完全没想到！

偏偏这本《遇见陶渊明：陶渊明心灵游记》，虽然作者的思维从宋朝跳跃到晋朝，却正是沿着东坡的灵魂来的，或者说，正是东坡的英魂牵引着他来到晋代，遇到另一个有趣的灵魂。

这里的因缘际会，恰恰因为陶渊明就是被东坡先生视为一个跨越六百余年而心心相通的知己。是什么原因让中国古代一个标志性的文化人物将陶渊明既看作自己的"前生"（"梦中了了醉中醒，只渊明，是前生"《江城子·梦中了了醉中醒》），又将他视为"老师"（"渊明吾所师，夫子乃其后"《陶骥子骏佚老堂二首（其一）》）？从陶诗到为人气节，从生活到性格，都以资楷模？这些问题，既是牵引着君民兄寻找陶渊明、遇见陶渊明的线索，也是我等读者为之惊叹、为之思索的引线。

在我有限的记忆里，陶渊明这个人确实很熟悉，却又实实很陌生。有关他的传记、有关他的生平遭际并不多，除了简简单单的一个隐逸诗人的标签，真正能体现他的内心和全部人格的著述并不多。除后世很多同好对陶渊明表达了无比的尊崇外，于普通读者心里，他其实是模糊的，仿佛一个千年的古董，读者只知其珍贵，却并不懂其价值。

君民兄却别出心裁，用简单平淡的"遇见"二字，引领着我们穿越这一千六百多年的时空隧道，走进那个时代，接近他的家族，对照他的作品，踏入他的田园，聆听他的心声，帮助我们以时观人，以人观人，以文观人，以境观人（以下简称"四观"），激活了那片千年前如"桃花源"般的神秘而又古典的文化记忆。

这部书，君民兄以散文的形式示人，实则不啻一部研究陶渊明的用心之作。是陶之传记，却不同于传统的人物传记；是诗人研究，却又不同于一般的诗人研究。如果和他的《一蓑烟雨任平生：苏东坡生平游记》相对照，这一本可以算是他的陶渊明心灵游记。全书始终贯穿寻找、剖解陶渊明人格节操之形成这一条线索，以前文提到的"四观"法，极力帮助我们理解真实的陶渊明背后那丰满而诡谲的社会根柢。

君民兄没有去触及那个时代宏大的政治，也没有纠缠于那个时代烦琐的经济，却是将传主置于那个时代的人群当中，展示出纷繁复杂的人文社会中活着的真谛。如同剥笋剔骨一般，于从容的笔墨中，凸显出一个人物心灵或精神画像。

"豪华落尽见真淳。"品读此书，不由得让我想起这样一句诗。这是与陶相隔近千年的元代大诗人元好问《论诗三十首》中的一句，准确地说，是论陶渊明的一句。这七字，用来评陶，可见其境界；用来评君民兄此书，亦见其境界。

与人相交，是一种缘分；与古人相交，更是一种缘分。读者诸君尽可以自己去品去悟。

笔者不惧浅陋，应君民兄之邀，作此感言，权当为序。

刘绪义于癸卯荷月锁石斋
（教授、博士、中国社会科学院哲学所博士后）

目 录

开篇语：彭泽千载人 ……………………………… 1

时代：八表同昏　平路伊阻 ……………………… 7
 （一）丛林法则　/9
 （二）魏晋风度　/19
 （三）无奈的反弹　/25

家族：悠悠我祖　爰自陶唐 ……………………… 29
 （一）基因图谱　/31
 （二）近世族谱　/37

少年：质性自然　委怀琴书 ……………………… 55
 （一）柴桑古村落　/56
 （二）弱年逢家乏　/58
 （三）少无适俗韵　/61
 （四）游学好六经　/62
 （五）唯《闲情》一赋　/65
 （六）翟家四世　/69

游宦：畴昔苦长饥　投耒去学仕 ………………… 73
 （一）江州祭酒　/79
 （二）镇军参军　/95

（三）建威参军　/106

　　（四）彭泽县令　/113

　　（五）逃禄的根源　/123

先贤：何以慰我怀　赖此古先贤 …………………… 143

　　（一）示志慰怀的先贤　/145

　　（二）守死善道的隐士　/169

　　（三）君子固穷的贫士　/179

归隐：久在樊笼里　复得返自然 …………………… 189

　　（一）种豆南山下　/194

　　（二）祭程氏妹文　/200

　　（三）陶然自乐　/202

　　（四）六月中遇火　/208

　　（五）自有渊明方有菊　/210

　　（六）南村"素心人"　/214

　　（七）闲饮东窗　/259

晚年：人生似幻化　终当归空无 …………………… 283

　　（一）世外桃源　/285

　　（二）麋而去之　/296

　　（三）死如之何　/299

　　（四）最后的牵念　/306

　　（五）归去来兮　/312

开篇语：彭泽千载人

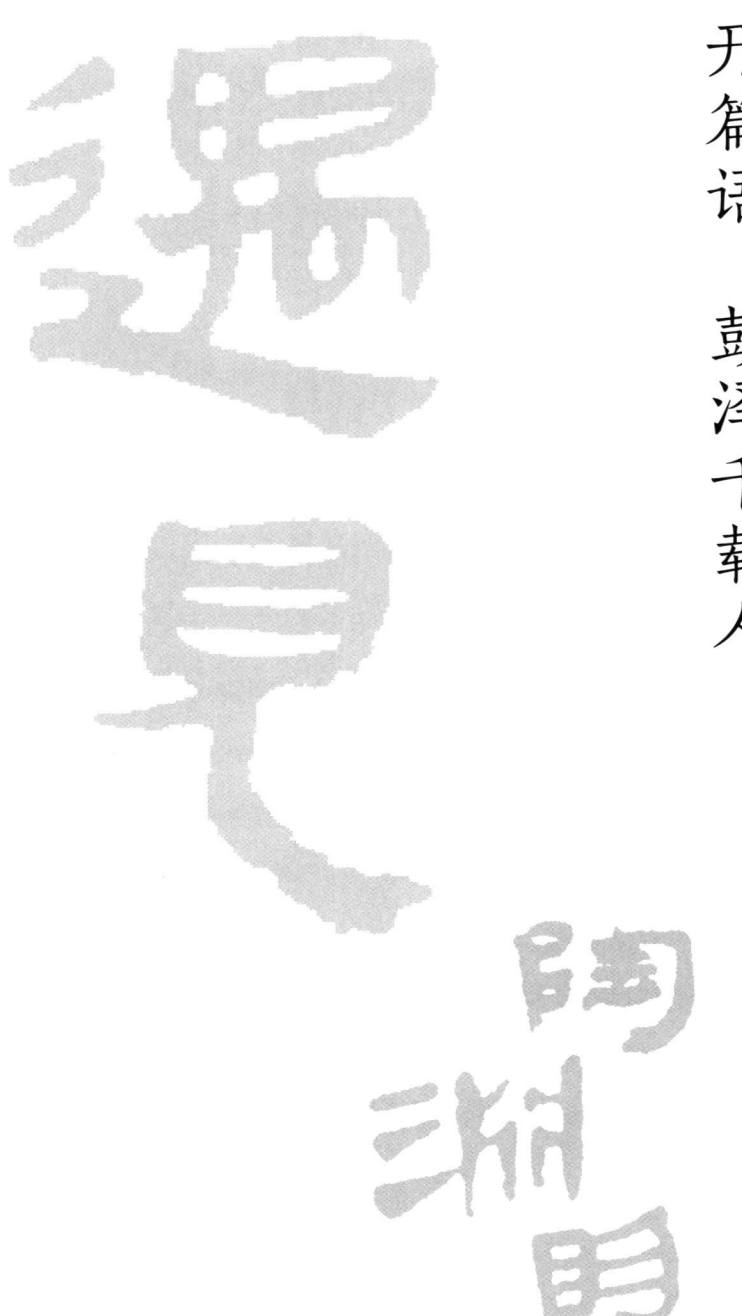

"彭泽千载人，东坡百世士。"（黄庭坚《跋子瞻和陶诗》）

写完《一蓑烟雨任平生：苏东坡生平游记》，我就有了研究陶渊明的欲望和想法。因为，在苏东坡起起伏伏的为官生涯中，他一直把陶渊明视为一个跨越千年却心心相通、亦师亦友的知己。"渊明吾所师，夫子乃其后。"（苏轼《陶骥子骏佚老堂二首（其一）》）

当他被贬往黄州、躬耕于东坡之上时，他叹息道："梦中了了醉中醒，只渊明，是前生。"（苏轼《江城子·梦中了了醉中醒》）；当他纠缠于党争之乱时，他又说："我不如陶生，世事缠绵之"（苏轼《和陶饮酒二十首（其一）》）。苏东坡羡慕和向往陶渊明弃官归田的潇洒："江左风流人，醉中亦求名。渊明独清真，谈笑得此生。"（苏轼《和陶饮酒二十首（其三）》）特别是在苏东坡颠沛流离的晚年，他非常推崇陶渊明的诗歌，以步韵、次韵、从韵等形式创作了一百多首"和陶诗"，寄托自己对陶渊明的喜爱和景仰。

苏东坡曾说：

古之诗人有拟古之作矣，未有追和古人者也，追和古人则始于东坡。吾于诗人无所甚好，独好渊明之诗。渊明作诗不多，然其诗质而实绮，癯而实腴，自曹、刘、鲍、谢、李、杜诸人，皆莫及也。吾前后和其诗凡百数十篇，至其得意，自谓不甚愧渊明。今将集而并录之，以遗后之君子，其为我志之。然吾于渊明，岂独好其诗也哉？如其为人，实有感焉。渊明临终疏告俨等："吾少而穷苦，每以家弊东西游走。性刚才拙，与物多忤。自量为己，必贻俗患。俛俛辞世，使汝等幼而饥寒。"渊明此语，盖实录也。吾真有此病，而不早自知，半世出仕，以犯大患，此所以深服渊明，欲以晚节师范其万一也。（《苕溪渔隐丛话》前集卷四）

然而，之前的我与大多数人一样，心中的陶渊明就是一个爱好读书弹琴、喜欢饮酒、不为五斗米折腰而弃官归隐、种豆南山、采菊东篱、追求世外桃源的田园诗人。这种白描式的印象，与苏东坡波澜壮阔的一生相比，略显苍白。

那么，陶渊明究竟有什么过人之处，让大文豪苏东坡为之痴迷呢？这也激发起我学习研究陶渊明的冲动。

陶渊明没有像苏东坡一样留下那么多的诗词文章，他只有一百二十五篇诗歌和十二篇文赋。由于当时文坛玄言诗、山水诗大行其道，再加上陶渊明门衰祚薄又身处乡野，其人和作品都不为当时所重，就连他的好朋友颜延之对他的出生年月和具体死亡之地也说不清楚，因此，颜延之在自己创作的《陶征士诔》中说，陶渊明"春秋若干，元嘉四年月日，卒于寻阳县之某里"。

历史上遗留下来的关于陶渊明的传记仅有梁朝萧统的《陶渊明传》、沈约的《宋书·隐逸传》，唐朝李延寿的《南史·隐逸传》、房玄龄等的《晋书·隐逸传》，以及《莲花高贤传》，内容都大同小异，且篇幅很小。此外，《续晋阳秋》《庐山记》等也有关于陶渊明的记载，但多半是传说，且为一鳞半爪，不能当作史料。再者，流传下来的陶渊明作品集本身的错讹也由来已久。早在北宋时，蔡宽夫就曾慨叹："渊明集世既多本，校之不胜其异，有一字而数十字不同者，不可概举。"（《蔡宽夫诗话》）从南宋开始，人们就开始编写陶渊明的年谱，至今达十多种，但年寿、故里、名字等仍众说纷纭，各执己见。

一时间，如何学习研究陶渊明让我感到一头雾水，摸不着头脑。但清末学者王国维先生对陶渊明等人的一番评价使我深受启发，为我指点了迷津。

> 三代以下之诗人，无过于屈子、渊明、子美、子瞻者。此四子者，苟无文学之天才，其人格亦自足千古。故无高尚伟大之人格，而有高尚伟大之文学者，殆未之

有也……天才者，或数十年而一出，或数百年而一出，而又须济之以学问，帅之以德性，始能产真正的大文学。此屈子、渊明、子美、子瞻等所以旷世而不一遇也。……屈子之后，文学上之雄者，渊明其尤也。（王国维《文学小言》）

研究陶渊明，必须从那些关于陶渊明的名字、年寿、故里等边角细料、细枝末梢的东西里跳出来，直奔他所处的时代，研读他全部的作品，去理解陶渊明是如何被"济之以学问，帅之以德性"，而具备了"高尚伟大之人格"，继而创作出"高尚伟大之文学"。

近代学者梁启超先生说过："古代作家能够在作品中把他的个性活现出来的，屈原以后，我便数陶渊明。"（《陶渊明之文艺及其品格》）

美学家朱光潜也曾这样评价陶渊明："大诗人先在生活中把自己的人格涵养成一首完美的诗，充实而有光辉，写下来的诗是人格的焕发。"（朱光潜《诗论》）

人的德性即人格。人格表现于性格，并源于性格。性格决定命运，主宰人生。性格决定着你的人生选择和价值取向，决定着你的爱好、习惯和风度。要还原一千六百多年前一个真实的陶渊明，就必须从研究他的性格入手，知人论世。

而一个人性格的形成又与他所处的时代背景、他所延续的家族传承、他所生活的家族环境和他所经历的坎坷命运密不可分。在这种综合环境下形成的性格，就是陶渊明真正的德性，德性支撑起他"高尚伟大之人格"，人格孕育出他千古流传的优秀作品。

循着这一思路，让我们穿越长达一千六百多年的时空隧道，走进那个时代，以时观人；接近他的家族、亲人和朋友，以人观人；对照他的作品，分析作品中一个个他所景仰爱戴的人物，以文观人；踏入他的山林田园，聆听他优美的琴声，以境观人，以此探寻他涵养人格的心路历程，去寻找和发现一个真实的陶渊明！

"众里寻他千百度。"终于，在那个八表同昏的时代里，在他或显或隐的家世里，在他经久流传的诗文里，在他颠沛流离的军旅中，在他任职仅八十多天的县衙中，在去往美丽庐山的曲径中，在他锄豆田园的南山下，我们遇见了陶渊明。

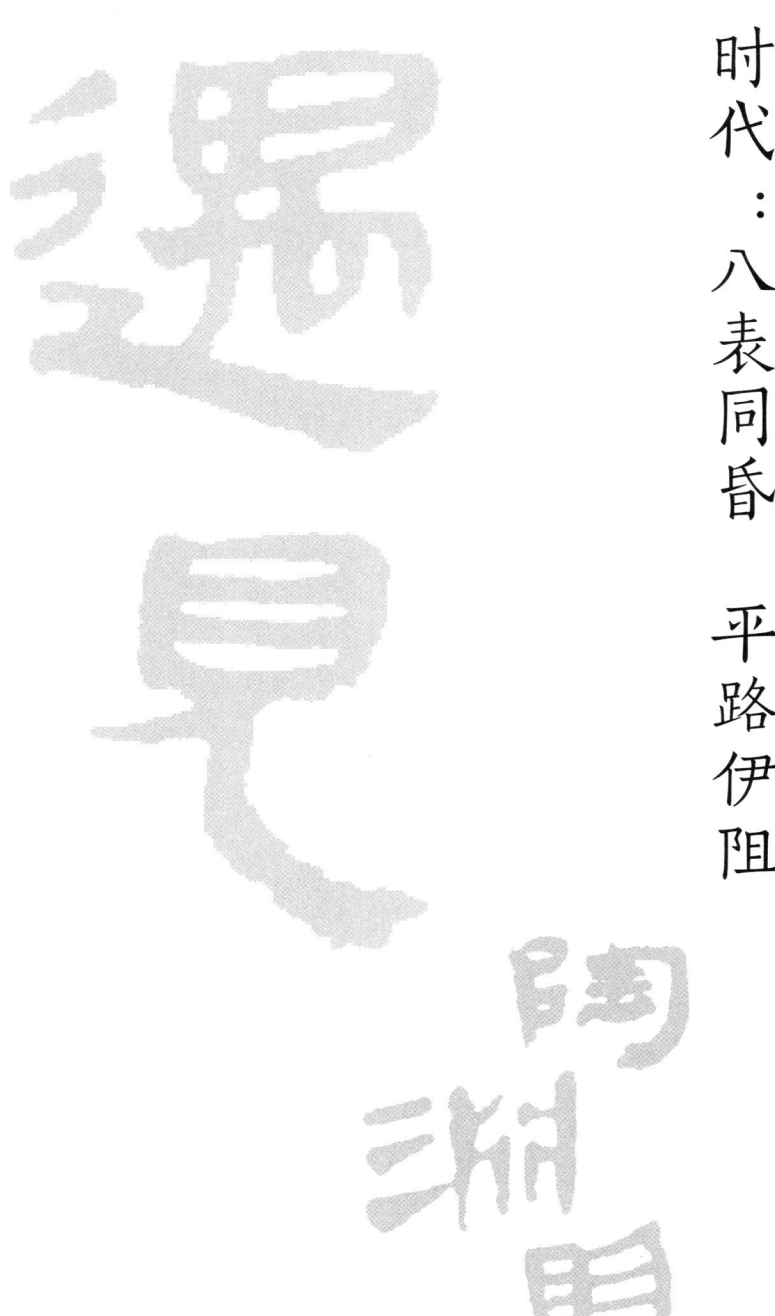

时代：八表同昏　平路伊阻

"人生无根蒂,飘如陌上尘。"(《杂诗十二首(其一)》)

生逢乱世,人生如寄,无论贵贱,人不如犬。因此,探究一个人心智性格的形成,就脱离不开他所处的时代。时代的政治形势决定着当时的文化生态,文化生态孕育文化心理,而文化心理会像人的基因一样默默地流淌在时代的肌体里,渗透到人们的血液里,并因此产生不同的鲜活个体。而这个基因就是解开这个人真实性情、心态的核心密码。

"陶渊明,字元亮,或云潜,字渊明。"(萧统《陶渊明传》)别号五柳先生,私谥靖节,世称靖节先生。浔阳柴桑(今江西九江)人,生于晋简文帝咸安二年(372年),卒于南朝宋文帝元嘉四年(427年),享年五十六岁(本书全部根据梁启超《陶渊明年谱》纪年纪事)。曾任江州祭酒、建威参军、镇军参军、彭泽县令等职,最后一次出仕为彭泽县令,八十多天便弃职而去,从此归隐田园。他是中国第一位田园诗人,被誉为"隐逸诗人之宗""田园诗派的鼻祖"。

陶渊明的一生正处于东晋晚期和刘裕篡晋的刘宋王朝的

初期。要了解那段中国最为病态的历史，就必须从东汉汉和帝时期说起。

（一）丛林法则

东汉汉和帝时期，是大汉王朝走向衰落的开始。汉章帝章和二年（88年），汉章帝去世，其子刘肇即位称帝，是为汉和帝，窦太后垂帘听政。汉和帝元兴元年（105年），二十七岁的刘肇病亡，其出生仅百余天的少子刘隆继位，这是中国历史上年龄最小的皇帝，由太后邓绥临朝听政。但可怜的刘隆在位仅一年便夭折而去，是为汉殇帝。

幼小继位，且多夭折。皇帝年幼，女后临朝听政，外戚把持朝政，宦官在内宫争宠。待到幼帝长大渴望夺回旁落的大权时，最为亲近的宦官便成了主要依靠对象。这样，外戚与宦官之间围绕皇权开展了一场又一场你死我活的斗争。这便是整个东汉中后期政治形势的主要特点，外戚与宦官权势的此消彼长，弄得朝廷乌烟瘴气。朝廷治理国家的能力显著弱化。

汉灵帝中平六年（189年），汉灵帝去世，皇子刘辩继位，为汉少帝，宦官集团再次得势。大将军何进因不满皇位继承的安排，私诏屯驻在河东（今山西西南）的凉州牧董卓进京诛杀当权宦官，不料中途泄密，何进反被宦官所杀。中军校尉袁绍愤而领兵进宫，杀死宦官两千余人。洛阳城中大乱，凉州牧董卓乘乱入京，掌握国政。少帝刘辩被废，刘协即皇帝位，是为汉献帝。董卓挟天子以令诸侯，有称帝的野心，所以汉献帝从当皇帝的第一天起就是个傀儡。

董卓凶悍无道，恣意声色，滥用刑罚，诛杀异己。汉献帝初平元年（190年）三月，董卓不顾朝臣反对，携汉献帝迁都长安，并一把火烧毁洛阳城，尽驱官民数百万西迁长安。在西行长安的路上，积尸盈路，哀声遍野。司徒、尚书令王允痛恨董卓的残暴，与吕布密谋刺杀了董卓。此后，董卓的部将李傕、郭汜拥兵自立，相互攻伐，长安城成了一个大战场。公元196年，即建安元年，惊恐的汉献帝刘协趁乱逃回洛阳。

兖州牧曹操乘势迁汉献帝于许州（今河南许昌），挟天子以令诸侯。此时的中华大地军阀割据，到处盗匪成风，饿殍遍野。大汉王朝已经分崩离析，名存实亡。中国进入了一个"八表同昏"、弱肉强食的丛林法则时代。

如此动乱的政治局面，表面上是因政权之争而起，但究其深层次的原因，则与汉朝中后期世家大族的形成有着巨大的关系。

西汉初年，朝廷采取了黄老之学的无为治国之策，使战乱多年的中华大地得以休养生息。但随着人口的持续增多与外族的不断侵扰，无为而治的国策显得有些落后。汉武帝时期,"罢黜百家,独尊儒术"的国策,要求对官员的察举和征辟,必须以通达经学为上选,按照儒家经学为标准选人用人,这使积极进取的儒家经学逐渐繁荣起来。各派经学大师围绕如何治国理政整理研究儒家经学,各成一家,各有专长,而后"货于帝王之家",以求富贵显达。从此,儒家经学成了晋身官宦的唯一学习内容。

因此,各派经学对于传经授道限制很严,非家族子弟绝不传授。那些累世相传历数百年而不坠的经学之家就成了所谓的"门第"。故累世经学之家,常产生累世公卿,社会关系盘根错节,拥有特殊的社会地位,是所谓的"世族"。如汝南袁氏,温县司马氏,弘农杨氏,颍川陈氏、荀氏、钟氏,鲁国孔氏,范阳卢氏,清河崔氏,太原王氏,扶风马氏,丰县张氏,琅邪诸葛氏,谯县夏侯氏,等等。他们又称门阀、士族、衣冠世族等,通常世袭官爵,寒门子弟很难跻身其中。

到了东汉中后期,察举和征辟官员逐渐陷入了只注重门第而全然不注重才学的窘境。据《全上古三代秦汉三国六朝文》记载:"天下士有三俗,选士而论族姓阀阅,一俗……"王符《潜夫论·交际篇》云:"虚谈则知以德义为贤,贡荐则必阀阅为前。"此时的仕途已经被少数世族子弟所垄断。

到了东汉末年,由于黄巾起义、董卓叛乱等,各处烽火连天,盗匪猖獗,百姓流离失所。豪门世族为保全自家性命,纷纷聚集流民,组建武装,占据一方,乘机做大,直接威胁了中央政府的权威。

由此可知，知识与仕宦的世袭，是形成士族门阀的主要原因，世族门阀的垄断则是割裂社会、引起社会动荡的深刻内因。魏晋时期，曹氏与司马氏之争，其根源也正在于此。

曹操，这个寒门阶层出身的草根，冲破世家大族的重重阻力，挟天子以令诸侯，登上历史的舞台。不久，曹操的儿子曹丕接受了汉献帝的"禅让"取得皇位。从此，"禅让"这一歌颂尧舜"传贤不传子"美德的词语，成了野心家篡夺政权的遮羞布。

曹操为宦官之后，一直为世人所轻，这就导致了他对草根出身人才的重视及对高门世族的仇恨。在曹操得志之前，他提倡"唯才是举"，不问德行，只要具备某些方面的才能便可为己所用。因此，在曹操周围集聚了一大批出身卑微的人才，助他成就了枭雄霸业。在曹操得志之后，他便肆意地摧残名门望族，弘农杨氏、汝南袁氏、山东孔氏"四世三公"家族都被他诛杀灭除，赶下历史的舞台。许多名门望族纷纷衰落。

尽管后来魏文帝曹丕创立了"九品中正制"，为天下寒士寻得出路的同时，也缓解了对世族的打击。但此时，跟随曹氏创业的功臣已经形成了新的权贵势力，世袭传承把持权杖。因此，魏晋之际，新旧世族业已形成微妙的对峙局面。旧世族如杨彪、孔融、崔琰等，他们以司马懿为中心，成为一股政治势力；新世族因其父辈曾追随曹氏征伐积功晋封而成，荣辱与皇家休戚相关，所以对皇族衷心依附。他们以曹爽为首，成员主要有何晏、丁谧、邓飏、夏侯玄等。司马懿和曹爽同为托孤大臣，但曹爽却以皇族自居，专擅朝政，将司马懿排挤成一个没有实权的太傅，自己前后左右不离皇帝，视司马懿为眼中钉；司马懿则韬光养晦，假装不问政事，却时时暗藏杀机。他们双方互斗心机，各自拉拢才干之士，扩大势力范围，以图伺机剪除对方。

魏齐王嘉平元年（249年），司马懿乘曹爽随皇帝外出之机，突然发动兵变，勒兵逼迫曹爽去职，继而诛杀曹爽及其党羽，废黜皇帝曹芳，另立曹髦为魏帝。最终，新旧世族的争锋，以旧世族的阴险和老练而取得成功，司马氏家族已经实际掌握了天下实权，名存实亡的曹魏政权岌岌可危。

司马懿死后，继承父业的司马昭的篡位之心昭然若揭，刚刚成年的皇帝曹髦，被司马昭豢养的"忠犬"贾充一枪刺死。265年，司马昭的大儿子司马炎以当年曹丕一样的方式，接受了曹魏末代皇帝曹奂的"禅让"，建立了西晋王朝，是为晋武帝。曹氏政权仅运行了四十五年（220—265年）就灭亡了。

"出门无所见，白骨蔽平原。"（王粲《七哀诗三首（其一）》）经过如此长时间的动乱，中华大地尸骨遍野，人口锐减。汉桓帝永寿三年（157年），人口有五千六百多万，到了晋武帝太康元年（280年），人口仅剩一千六百多万。

当上西晋开国皇帝的司马炎认真思考曹魏灭国的原因，他不想让后世子孙重蹈覆辙。当年，曹魏政权对待自己的宗室是最苛刻薄情的。曹丕就差点杀掉才华远高于自己的弟弟曹植。受封的曹姓诸王，名为有土之君，受到的限制却非常之多，处境如同放逐和幽禁。所以，当曹氏政权受到威胁的时候，没人有能力站出来。做大做强后的司马氏，在关键时刻，十分轻易地倾覆了曹氏政权。

有鉴曹魏政权薄待宗室，晋武帝司马炎便大封同姓宗室，同姓诸王皆有选吏、置军之权，且可以"入秉机衡，出作岳牧"，在政治上的势力尤大。西晋对于宗室的倚重，超过东汉。这也为日后的"八王之乱"埋下祸根。

晋武帝统一天下后，贪图享乐，骄奢淫逸。他在全国搜罗姬妾一万多人，供自己淫乐。每天他都发愁不知道跟谁同寝，便乘坐羊车在宫殿之间逡巡，宿住羊车随意停留之处。有许多姬妾为了得到宠幸，便将盐水洒在门前的竹子上，引羊驻足。

晋武帝司马炎死后，太子司马衷继位，即晋惠帝。他就是那位人饿死了却问"何不食肉糜"、听到青蛙叫便问"叫声是为公还是为私"的皇帝。这个中国历史上堪称"弱智"的晋惠帝，给同姓诸王留下了自己也能当皇帝的想象空间。

由于晋惠帝的无能，朝政由杨太后的父亲权臣杨骏把持。

又矮又丑、心性狠毒的皇后贾南风十分不满，她也有专制朝政的野心。于是，在晋惠帝继位的第二年，她就与楚王司马玮、汝南王司马亮密谋，以杨骏谋反为名，调集两王兵马入京，杀掉杨骏，废黜杨太后，灭其三族数千人。三个月后，她又以同样的罪名、同样的手段杀死继任宰相，以谋反罪杀死非她亲生的皇太子。藩王擅自入京，干涉朝政，这个"潘多拉的盒子"一经打开，就再也无法收拾，长达十六年之久的"八王之乱"开始了。赵王司马伦伪造诏书进入皇宫，杀死了作恶多端的贾南风。晋惠帝成了诸王可以任意挟带的傀儡，奔波在战争途中。

而此时，在西晋王朝的北部，觊觎很久的五个少数民族（匈奴、鲜卑、羯、羌、氐）终于看到机会。他们在诸王的杀伐之间左右站位，壮大自己。再加上南方的民变，整个西晋王朝成了到处杀伐的巨大战场，白骨蔽野，河流漂尸。骨肉相残的司马氏诸王相互残杀得所剩无几。307年，晋惠帝突然死亡（有人说是被东海王司马越毒死），晋惠帝的异母弟弟司马炽继位，改元永嘉，由司马越辅政，实际掌握了朝政大权。"八王之乱"以东海王司马越胜利而告终。

此时的西晋王朝已名存实亡。304年，早已在山西建立了汉赵政权的匈奴贵族刘渊，带领匈奴大军围绕在洛阳、长安一带，其他的少数民族也纷纷进入中原，大批的世家大族，为避战乱，纷纷迁入江南。

晋怀帝永嘉五年（311年），汉赵军队攻陷洛阳，俘获晋怀帝，逃往项城（今河南项城）的东海王司马越忧惧而死。匈奴军队在洛阳城里到处烧杀抢掠，杀死王公士民十余万人。不久，繁华的洛阳城断壁残垣，铜驼荆棘。313年，晋怀帝被杀，晋怀帝的侄子司马邺在长安即位，是为晋愍帝，改元建兴。316年，汉赵军队攻陷长安，俘获晋愍帝。至此，这个仅传三世、历四主，共计五十二年的西晋王朝灭亡，中国北部进入了战乱不休、相互屠杀的五胡十六国时期。

就在"八王之乱"接近尾声的时候，依附东海王司马越的琅邪王司马睿受命为平东将军，留守下邳。永嘉元年（307年），司马睿接受琅邪世家大族王导、王敦兄弟的建议，移镇建邺（今江苏南京）得到了晋怀帝的同意，并获任安东将军，都督扬州诸军事。

西晋灭亡后，317年，司马睿在王导、王敦兄弟的辅佐下，即位皇帝，是为东晋。与其说是司马氏建立了王朝，倒不如说是王氏家族以司马氏的名义建立了王朝。"王马共天下"的政治开端，让东晋一开始就陷入权臣当道的历史窘境。

东晋王朝偏安江南后，首先面临的一大政治任务就是北复中原，平定不断涌起的农民起义。当然，立国江左的东晋，依靠荆州、扬州的实力，与北方划江而守，在对抗北方入侵时，均发挥了重要的作用。但二州之间围绕中央权力展开的军事斗争，使二州关系多次出现紧张的情形。可以说，荆州和扬州两系军阀，明争暗斗，互为消长。朝廷左右其间，随波摇摆，成就了一个个建功立业的功臣。功臣一旦位高权重，就觊觎这风雨飘摇的皇位，于是就有了新的平叛，然后又有了新的功臣。

> 这些军阀夺取政权的步骤，几乎有一个普遍的公式：一是握有军事大权；二是占有两个军事要地之一，或者是长江上流武昌、江陵、荆州一带，或者是建业以西京口一带；三是对内要有军事上优越的表现，先是平造反的，取得更高的军事地位，就慢慢自己也对造反垂涎起来；四是对外也要立功，因为这时一般人所感觉最大的问题还是收复北方失地，在这一方面如果没有表现，是不容易受人拥护的，这更是一个十分重要的政治资本；最后就是取得像曹操、司马懿那样的"阿衡"的地位以后，就请皇帝"禅让"。（李长之《陶渊明传论》）

作为开国功臣的王敦，手握军事大权，专横跋扈，引起了司马睿的不满。于是提拔刘隗、刁协等其他士族人士，用以制衡王敦。王敦大怒，发兵京城建康（今江苏南京），击败朝廷军队。司马睿忧愤而死，王敦自拜丞相，准备篡位。

权臣苏峻是在平定王敦之乱中立下战功的，拜为冠军将军，封邵陵郡公，后因不满兵权被削发生叛乱。

陶渊明的曾祖父陶侃凭借镇压流民起义起家，继而又因平定苏峻叛乱为东晋王朝的延续立下了不世之功，官至侍中、太尉、荆江二州刺史，都督八州诸军事，封长沙郡公，位极人臣。只有他"功遂辞归，临宠不忒"（《命子》），没有篡位的野心和行动。

东晋军阀桓温（荆州刺史）因为消灭巴蜀的成汉政权而立战功，被封为征西大将军，又三次北伐，建立功勋，奢求加受九锡，不能如愿，便带兵入朝，废黜当朝皇帝，只是不久病逝，篡位阴谋未能得逞。

桓温死后，扬州系太傅谢安执政。谢安侄子谢玄组建的"北府兵"，经过"淝水之战"，声势大振，东晋王朝有了一段回光返照般的振奋。但不久后，谢安病逝，朝廷上司马道子和儿子司马元显父子专国，招权纳贿，无所不为，朝政重新陷入混乱。

桓温的儿子桓玄，就是起兵反对权臣司马道子专政而壮大起来的。他杀死司马道子后把持朝政，最后威逼晋安帝禅让，建立桓楚政权。

刘裕则因为大军讨伐桓玄，消灭桓楚政权，恢复东晋王朝，得以总揽东晋大权，官拜相国，受封宋王。

从王敦叛乱到苏峻叛乱，再到桓温、桓玄父子的谋逆，直至刘裕弑君立主。最后，"禅让"的报应落在了司马家族的身上，刘裕接受晋恭帝的"禅让"建立了刘宋王朝。只是司马家族的下场更惨，晋恭帝虽然让出了皇位，但仍被刘裕残忍杀害。

从317年到420年，东晋传四世，凡十一主，共计103年。司马氏虽然名有南面之尊，却实为权臣任意摆布的工具。傀儡的日子是压抑的，刀尖上的舞蹈也很难善终。从晋元帝到晋恭帝，凡十一帝平均寿命仅三十三岁，其中后三位都是非正常死亡。晋简文帝虽然活了五十一岁，但在位仅有两年，就被废黜。

有人统计，西晋五十二年的历史，发生了九十多场战争，年均二次，东晋103年的历史，发生了二百多场战争，年均三次，居历朝历代之冠。

（二）魏晋风度

在这个"八表同昏"（《停云》）、丛林法则的嗜血年代，文明是屠弱的。兵连祸结，苍生涂炭，裹胁着大批有政治抱负的文人士大夫，在这恶浊的洪流中，他们如釜鱼幕燕，常常朝不保夕，命悬一线，许多人甚至转瞬间就成了刀下之鬼。

这是一个被杀者名单：因慨叹董卓之死而被杀害的东汉名臣、文学家、书法家蔡邕，因无视权贵、生性傲然而被曹操杀死的名士祢衡、孔融、崔琰、杨修，因拒绝征召而被司马昭杀死的"竹林七贤"领袖嵇康，因"八王之乱"而被杀死的文学大家张华、陆云、陆机和潘岳，因劝导王敦不要叛乱而被杀的方术士郭璞，因才高八斗不为世容而被宋文帝杀害的山水诗人谢灵运，还有文人范晔、檀道济等。

少部分在死亡边缘被溅上一身血污的文人士大夫肃然而恐，悄然噤声。摆在他们面前的最大问题就是如何避祸远嫌，保住生命。毕竟，失去了生命一切都无从谈起。

许多人默默地收起了不合时宜的政治热情，开始一种新的人生思考，转入清谈避世、山林隐逸。整个魏晋的文人士大夫阶层呈现出了别样的风气和特征。

其一，"清谈"成为一种时尚。所谓清谈，就是言谈不涉及政治，不评论时事，不臧否当朝人物。谈的都是与政治和时局毫无关系的玄之又玄的大道理。士族名流相遇，不谈国事，不言民生。谁若谈及则被贬讥为专谈俗事，没有风雅。这种不切实务、不务民生的清谈，实际上就是"虚无之谈，尚其华藻，此无异于春蛙秋蝉，聒耳而已"（杨泉《物理论》）。

这是知识界对政治的集体噤声。清谈渐成一时的风雅和时尚，脱离儒学，着力老庄，掺杂佛学，注重无为、养生和空灵的幻境。竹林七贤中的阮籍就是因出言精妙而深得司马昭的赞许。据《世说新语·德行》记载："晋文王称阮嗣宗至慎，每与之言，言皆玄远，未尝臧否人物。"

到了东晋，清谈之风更加盛行不衰，上至君王，下至庶民，就连晋简文帝司马昱都"清虚寡欲，尤善玄言"（《晋书·简文帝本纪》）。著名大臣王导、庾亮、谢安皆尚清谈，清谈甚至成了一些人入仕的终南捷径。名士王濛、刘惔、殷浩就是因为清谈有名而被王导、庾亮提拔重用的。

其二，饮酒成为一种癖好。"仪狄始作酒醪，变五味。"（《世本》）自古以来，酒就是文人或酬酢或创作或消愁解忧的工具。"何以解忧，唯有杜康"（曹操《短歌行》），魏晋文人可以说达到了嗜酒如命的依恋程度。宋人叶梦得在《石林诗话》中道出了其中的原因："晋人多言饮酒有至于沉醉者，此未必真意在于酒。盖时方艰难，人各惧祸，惟托于醉，可以粗远世故。"竹林七贤中的嵇康、阮籍、阮咸、刘伶就是这样"纵酒昏酣、遗落世事"（《三国志·魏书·王粲传》）的奇葩。近乎荒唐的是，阮籍在母亲去世时，依然饮酒如常。阮咸把酒倒入猪食槽，与猪共饮。刘伶曾一饮一斛，一醉三年。据《世说新语·任诞》记载，"刘伶病酒，渴甚，从妇求酒。妇捐酒毁器，涕泣谏曰：君饮太过，非摄生之道，必宜断之！伶曰：甚善。我不能自禁，唯当祝鬼神，自誓断之耳！便可具酒肉。妇曰：敬闻命。供酒肉于神前，请伶祝誓。伶跪而祝曰：天生刘伶，以酒为名，一饮一斛，五斗解酲。妇人之言，慎不可听！便引酒进肉，隗然已醉矣"。刘伶一喝醉酒，就一丝不挂地待在家里，朋友责备他太不文雅，他却说："天地就是我的房屋，房屋就是我的衣服，你干吗要钻进我的裤子里呢？"陶渊明临死之前也曾感叹："但恨在世时，饮酒不

得足。"(《拟挽歌辞三首》)

另外，文人嗜酒也能享受酒中之趣。他们在醉酒中脱离现实世界，达到物我两忘的幻境。许多人"三日不饮酒，觉形神不复相亲"(《世说新语·任诞》)。文人雅会，必须饮酒助兴。王羲之曾与谢安、孙绰等四十一人在会稽山阴的兰亭雅集，曲水流觞，饮酒赋诗。天下第一行书《兰亭集序》便由此产生。

其三，食散成为一种恶习。食散是指服食"五石散"，又称"寒食散"，由石钟乳、石硫磺、白石英、紫石英、赤石脂五种药物组成。据《世说新语·言语》记载："寒食散之方虽出于汉代，而用之者寡，靡有传焉，魏尚书何晏首获神效，由是大行于世，服者相寻也。"何晏之所以服食五石散，是由于他酒色过度、精神不济，误以为服食可以补精益气，可以有病治病，无病延年。在他的带动下，社会的中上阶层服食五石散成为一种风气。

其实，五石散虽然能暂时增强体力，但毒性十足，服食不当，无异于慢性自杀。许多人因为长期服食中毒丧命。唐代孙思邈曾呼吁世人"遇此方，即须焚之，勿久留也"(《四库提要辨证》)，它就像清朝末年的鸦片一样，伤民害国。正如近代学者余嘉锡在其《寒食散考》所言："讵刀圭入口，困顿终身，举天下之壮夫，化而为疲癃残疾，求国无危，不可得也。由是积弱不振，神州陆沉，覆亡丧乱相随属。"

其四，寄情山水成为一种风气。身逢乱世，"人生若寄"（《荣木》）的感受会更加深刻。儒家经学的衰落与老庄精神的兴盛，使返璞归真、崇尚自然的风气大盛。他们将自我与自然山水融为一体，将原本清冷、荒芜的山林变成淡泊、清静的山水佳境，并升华成隐逸的审美品格。文人士大夫纷纷融入自然、追慕自然、体味自然，寄情山水成为一种爱好和风气。山水诗人谢灵运在给庐陵王刘义真的信中说："会境既丰山水，是以江左嘉遁，并多居之。"（《与庐陵王义真笺》）

《晋书·王羲之传》云："（羲之）不乐在京师，初渡浙江，便有终焉之志。会稽有佳山水，名士多居之。谢安未仕时，亦居焉。孙绰、李充、许询、支遁等，皆以文义冠世，并筑室东土，与羲之同好。尝与同志宴集于会稽山阴之兰亭。"

文人士大夫远离尘世的喧嚣，满眼自然山水，心神超越，人与自然高度契合，于是诗情迸发，留下许多空灵、美丽的山水佳作，后世莫及。

其五，音乐怡情成为一种追求。竹林七贤中的嵇康认为，音乐"可以导养神气，宣和情志，处穷独而不闷"（嵇康《琴赋序》）。"说平生，浊酒一杯，弹琴一曲，志意毕矣！"（嵇康《与山巨源绝交书》）

阮籍"善弹琴，当其得意，忽忘形骸，时人多谓之痴"（《晋书·阮籍传》），阮咸"妙解音律，善弹琵琶"（《晋书·阮咸传》）。

谢安"中年以来，伤于哀乐"。王羲之劝他："年在桑榆，自然至此，顷正赖丝竹陶写。"（《晋书·王羲之传》）

王羲之的两个儿子王献之和王徽之，都善于弹琴。据《晋书·王徽之传》记载："献之卒，徽之奔丧不哭，直上灵床坐，取献之琴弹之，久而不调，叹曰：'呜呼子敬，人琴俱亡，因顿绝。'"

陶渊明更是对琴爱不释手，常常"清琴横床，浊酒半壶"（《时运四首（其四）》），"陈书辍卷，置酒弦琴"（颜延之《陶征士诔》）。

其六，隐逸避世成为一种生活方式。兵连祸结的年代，政权更迭变幻莫测，政治迫害频仍。人们的生命意识开始觉醒，文人士大夫普遍感叹时光的飘忽与生命的无常，对生命充满了无限的留恋与惋惜。他们若想免受嫌疑迫害，逃离官场是最简单、明智的选择。东晋史学家袁宏的《三国名臣序赞》云："夫时方颠沛，则显不如隐；万物思治，则默不如语。"因此，魏晋时期，逃遁山林、隐居避世的文人士大夫非常之多。清末学者陈寅恪先生甚至认为，陶渊明的《桃花源记》是纪实文章，所纪乃北方人逃避苻秦淫虐统治隐居坞堡之事。光《晋书·隐逸传》就列出孙登、夏统、陶渊明等三十八位隐士。以庐山慧远法师为中心，专心研究佛学并结成莲社的隐士达一百二十三人之多。他们大多学识渊博、品德高尚、不随俗流，无不寄心于佛学。但其中也不乏一些取巧之士、无耻之徒，以隐逸换隐士之名，谋求"姜太公钓鱼"般曲折入仕效果。他们在隐居中摆出一副虔诚出世、蔑视权贵、淡泊自守的姿态，一旦朝廷征辟，就迫不及待出山入仕。

这些生活在丛林法则时代的文人士大夫，大多都有一个济世创业的宏愿，但残酷的现实逼迫他们不得不清谈酗酒以保命，服散音乐以忘忧，寄情山水以怡情，隐逸逃遁以避世。他们用黄易老庄释怀自己，用山水田园陶冶自己，用佛国净土慰藉自己。他们最大限度地采取各种手段来维护自己作为一个人活着的尊严，这种尊严也许就是所谓的魏晋风度吧！

（三）无奈的反弹

苦难孕育辉煌的艺术，这是世事无奈的反弹。

魏晋时期的政治是分裂的、混乱的，上至士大夫下至黎民百姓，都是很痛苦的，但从文化史、艺术史、思想史的角度看，却是辉煌、灿烂的一代。

政治的无出路，激起文人士大夫个人思想的高度活跃。在这片曾经腐尸遍野、血迹斑斑的土地上，酝酿出另外一种生命力量：从"建安七子"的建安风骨，到"竹林七贤"的竹林风流；从"正始名士"何晏、王弼的玄心洞见，到"兰亭名士"谢安、王徽之的狂放不羁；从慧远法师"白莲社"的净土佛经，到葛洪《抱朴子》的炼丹方术；从王羲之的书法《兰亭集序》，到顾恺之的绘画《洛神赋图》；从嵇康音乐论著《琴赋》，到戴逵雕塑作品《郑玄碑》；从谢灵运开风气之先的山水诗，到陶渊明独具一格的田园诗；等等。

其中，最值得深入研究的就是陶渊明，那可是当时开得最卑微、最朴素的一朵文艺小花。他"闲静少言，不慕荣利"（《五柳先生传》），他从不附庸风雅地清谈，从不随波逐流地服散，他嗜酒但从不酗酒，他并没有刻意地深入山林做隐士，他甚至拒绝加入当时隐士趋之若鹜的"白莲社"。南宋理学家朱熹说："陶渊明，古之逸民。""晋宋人物，虽曰尚清高，然个个要官职，这边一面清谈，那边一面招权纳货。陶渊明真个能不要，此所以高于晋宋人物。"

他一生绝大部分时间都生活在乡野田园，读书赋诗，饮酒弄琴，与其他普通农民一样，辛苦耕作，固守清贫，尽力维护和保持着作为人的尊严和风度。陶渊明留下的作品并不多，今存诗歌一百二十多首和文赋十二篇。他的诗文写意为主自然平淡，不事雕绘，是真性情的自然流露。这与那个喜欢剪红叠翠、长赋宏骈的年代格格不入。因此，他是被冷落的，是名不见经传的，虽然生前好友、当时的文坛重镇颜延之为其作诔，稍后的昭明太子和沈约为其作传，也只是敬重其气节操守，对其文才、诗才并没有过多的称许。

然而，就是这朵当时最卑微、最朴素的小花，却是根扎得最深，花香最浓，结的果子最实，传播得最为久远。自唐宋开始，人们对他的重视由人品转向作品。他的诗文开始走进人们的视野，并逐步登上文学界的神坛。其作品的艺术性和思想性对后世文人如李白、杜甫、白居易、苏轼等都产生了巨大的影响。他平淡自然的艺术境界被世人纷纷追求和效仿，特别是宋朝文人在反对雕琢提倡朴素之风时曾强调："宁从陶令野，不取孟郊新。"他"不为五斗米折腰"的倔强精神成为后世文人自由精神的神圣堡垒。总之，他的文学世界成为其后中国文人士大夫的精神归宿。

南北朝时期的文学批评家钟嵘首次发现了陶渊明作品的魅力："文体省净，殆无长语。笃意真古，辞兴婉惬。每观其文，想其人德。世叹其质直。至如'欢颜酌春酒''日暮天无云'，风华清靡，岂直为田家语邪！古今隐逸诗人之宗也。"（钟嵘《诗品》）

北宋王安石评价其作品："渊明趋向不群，词彩精拔，晋、宋之间，一人而已。"

南宋陆游在《读陶诗》中说："我诗慕渊明，恨不造其微……千载无斯人，吾将谁与归。"他还勉励自己说："学诗当学陶，学书当学颜。"将陶诗与颜真卿书法作为诗和书法艺术的巅峰。

元代诗人元好问有诗赞曰："一语天然万古新，豪华落尽见真淳。南窗白日羲皇上，未害渊明是晋人。"（元好问《论诗三十首（其四）》）

明代文学家宋濂称赞曰:"陶靖节诗,如展禽仕鲁,三仕三止,处之冲然,出言制行,不求甚异于俗,而动合于道,盖和而节,质而文,风雅之亚也。"(宋濂《题张泐和陶诗》)

清代诗人龚自珍有诗赞曰:"陶潜酷似卧龙豪,万古浔阳松菊高。莫信诗人竟平淡,二分《梁甫》一分《骚》。"(龚自珍《杂诗三首(其二)》)

清末学者王国维说:"屈子之后,文学上之雄者,渊明其尤也。"(王国维《文学小言》)

美学家朱光潜也说:"渊明在中国诗人中的地位是很崇高的。可以和他比拟的,前只有屈原,后只有杜甫。屈原比他更沉郁,杜甫比他更阔大多变化,但是都没有他那么醇,那么炼。屈原低回往复,想安顿而终于没有得到安顿,他的情绪、想象和风格都带着浪漫艺术的崎岖突兀的气象;渊明则如秋潭月影,澈底澄莹,具有古典艺术的和谐静穆。杜甫不免有意雕绘声色,锻炼字句,时有斧凿痕迹,甚至有笨拙到不很妥帖的句子;渊明则全是自然本色,天衣无缝,到艺术极境而使人忘其为艺术。后来诗人苏东坡最爱陶,在性情与风趣上两人确有许多类似,但是苏爱逞巧智,缺乏洗练,在陶公面前终是小巫见大巫。"①

---

① 朱光潜:《诗论》,生活·读书·新知三联书店1984年版,第277页。

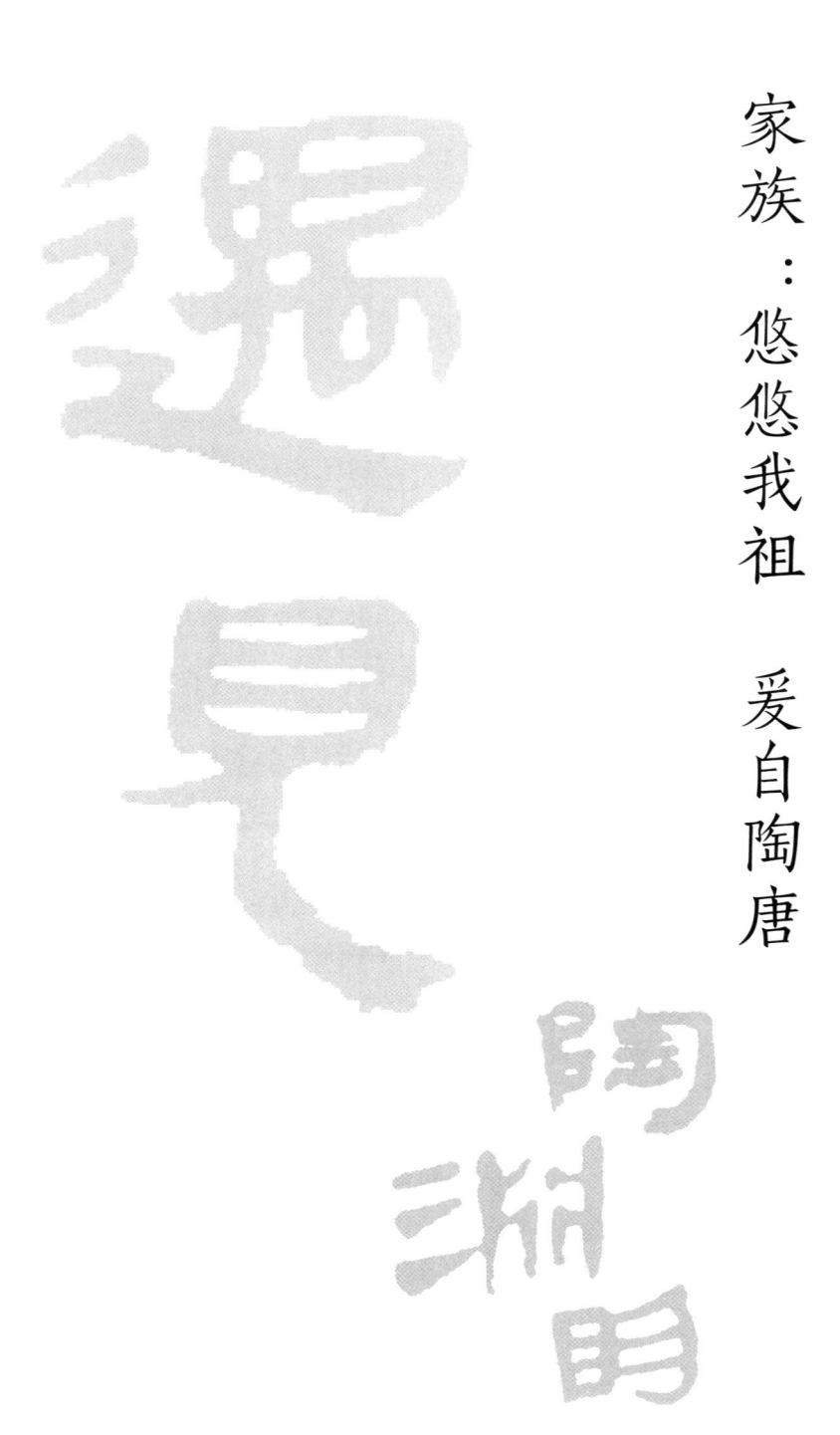

家族：悠悠我祖　爰自陶唐

"浑浑长源，蔚蔚洪柯。群川载导，众条载罗。"(《命子（其四）》)

万事万物都是有源头的。探究一个人心智性格的形成，也同样脱离不开他所在的家族。家族的血脉延续和传承熏习，对一个人禀赋的养成，更具有穿透力。家族奋发有为的荣耀，往往影响和激励着后人，人们总结取得荣耀的经验，形成家训，来明扬祖德、启迪子孙、鞭策后世，以求代代能立志成才、扬名立万。

陶渊明也不例外，他希望自己的儿子能弘扬祖德，传承家族荣耀。一首《命子》诗透露出他的这一愿望，诗的前半部分历数了自己的家族过往，称颂着先辈的业绩，同时也流露出他积极入世、追比先祖的志向和心态；后半部分则勉励儿子们继承祖辈家风、努力成才。

（一）基因图谱

在《命子》这首诗里，陶渊明为自己的生命起源画出了一条基因谱线：陶唐—虞宾—御龙—司徒陶叔—愍侯陶舍—丞相陶青—桓公陶侃—祖父陶茂—父亲陶逸—陶渊明。

陶渊明是怀着无限景仰和自豪的心情来叙述先祖往事的，对自己和儿子们与先祖的差距感到惭愧。这里，我们就从陶氏先祖的传承，来参透陶渊明的心理世界。

命子（其一）

悠悠我祖，爰自陶唐。

邈焉虞宾，历世重光。

御龙勤夏，豕韦翼商。

穆穆司徒，厥族以昌。

这首诗的大意为，我家源自遥远的尧帝，尧帝的儿子丹朱是我们的祖先。他被舜帝敬为上宾，从此以后，世代荣光。御龙氏效力于夏代，豕韦氏又辅佐商朝。我那端庄肃穆的陶姓始祖陶叔，从周朝开始开启了陶姓的繁荣。

尧帝陶唐

"悠悠我祖，爰自陶唐。"(《命子（其一）》)陶唐就是传说中的尧帝，是中国上古时期部落联盟的首领。"尧"是其谥号，号放勋，是黄帝的玄孙，帝喾之子，十三岁时受封于陶（今山西临汾），十五岁改封唐地（今山西太原），故称陶唐氏。

尧帝在位期间，联合友邦，讨伐四夷，统一华夏。他建立百官，管理百姓，制定历法，治理水患，受到天下黎民的信任与爱戴。《尚书·尧典》对其有高度评价："钦明文思安安。允恭克让，光被四表，格于上下。克明俊德，以亲九族。九族既睦，平章百姓。百姓昭名，协和万邦。黎民于变时雍。"

这段话翻译过来是说，他恭敬节俭，明察四方。善理天下，深谋远虑。为人宽厚温和。他讲求诚信，恪尽职守，又很谦让。他的光芒照耀四方，思虑至于天地。他发扬美好的道德，使家族和睦。家族和睦之后，和睦之礼在百官族姓间就辨别彰明了。百官族姓明白了和睦之礼，诸侯国之间就会友好和睦，天下的百姓因此就会亲善和平了。

虞宾丹朱

"邈焉虞宾，历世重光。"(《命子（其一）》)虞宾就是尧的嫡长子丹朱。据说，丹朱出生时，全身通红，因而取名朱，又因受封于丹水，故名丹朱。丹朱聪明智慧，但性情刚烈，认死理。当尧帝选择继承人时，有人推荐丹朱，说他乃嫡长子，性情开明，当为继承者。尧帝则认为，丹朱"心既顽嚚，又好争讼"，所以没有传位于他，而是传位给了贤能的舜。舜，号有虞氏，史称虞舜。丹朱敬重虞舜的贤德，并不反对他继承帝位。虞舜也十分敬重丹朱的为人，以宾客的礼仪对待丹朱，故称虞宾。

御龙氏和豕韦氏

"御龙勤夏，豕韦翼商。"（《命子（其一）》）御龙氏就是丹朱的第十八世孙，相传为尧帝的祁姓后裔，出生时手中有如"刘累"二字的掌纹，故名刘累，生于夏朝帝王孔甲时期，因替孔甲养龙有功而被赐姓御龙氏。后来，刘累所养的两条龙忽有一只死亡，他将其烹熟送给孔甲进食。孔甲吃后，顿觉是珍馐美味，直至吃完仍意犹未尽。过了不久，孔甲希望刘累再送些上次的美味来。刘累生怕事情败露，悄悄逃跑到鲁阳（今河南鲁山），隐藏起来。为躲避孔甲的追捕，他用名字中的刘代替了自己的本姓祁。

商汤灭夏之后，刘累的后人被商王封于豕韦（今河南滑县）。此后，御龙氏又称豕韦氏。

司徒陶叔

"穆穆司徒，厥族以昌。"(《命子（其一）》)陶叔就是曹叔振铎，是周武王的同母弟弟。武王克商，后封于曹国都城陶丘（今山东定陶），故人称曹叔振铎为陶叔。曹叔振铎执政期间，体察民情，爱护百姓，广施周礼，深受爱戴。他就是陶姓的最早祖先，是陶渊明家族姓氏的起源。

命子（其二）

纷纷战国，漠漠衰周。
凤隐于林，幽人在丘。
逸虬绕云，奔鲸骇流。
天集有汉，眷予愍侯。

这首诗的大意为，在乱世纷纷的战国，陶姓曾衰颓冷落。凤凰隐没于林，隐士幽居于野丘。虬龙本应奔腾于乌云之上，鲸鱼本该搏击于奔流之中。到了汉代，上天眷顾了我们的先祖陶舍。

命子（其三）

於赫愍侯，运当攀龙。
抚剑夙迈，显兹武功。

书誓山河，启土开封。

亹亹丞相，允迪前踪。

这首诗的大意为，赫赫有名的愍侯陶舍，命中注定辅佐汉帝刘邦，战功赫赫，舍身护主，威名远扬。汉帝刘邦盟誓封赏，泽被我陶姓子孙，历世荣光，先祖陶青，勤勉不倦，继承其父陶舍，将祖宗的功业进一步弘扬。

愍侯陶舍

"於赫愍侯，运当攀龙。"（《命子（其三）》）周朝后期，礼崩乐坏，周室衰微，战乱纷纷。陶渊明的先祖自陶叔之后，"凤隐于林，幽人在丘"，直到秦末汉初，陶舍的出现。

陶舍，济阴人（今山东定陶），秦二世时任朝廷少府铜丞，随秦国大将章邯迎击陈胜吴广起义军，立下战功，是秦末名将。

秦末巨鹿之战时，率军队驻扎在棘原，项羽的军队驻扎在漳河南，两军对阵，但因军队疲惫，陶舍一直相持未战。当时，秦二世听信赵高谗言，以陶舍领军怠战，杀其父陶立中。陶舍一怒之下率领部从投奔项羽，成为项羽部将黥布的太宰。后又随黥布投奔了刘邦，并以军功授中尉。

在楚汉争霸的最后一战——垓下之战中，陶舍献计刘邦，命将士夜唱楚歌，瓦解楚兵，迫使其军心散乱，战斗力锐减。刘邦采用了陶舍的计谋，使楚军彻底丧失了信心。最后，项羽自刎乌江。后来,他又帮助刘邦清除异己,诱捕韩信,为刘邦建汉立下汗马功劳,被刘邦引为心腹重臣,跟随左右。在刘邦讨伐叛将陈豨的战斗中,陶舍又以身护主,胸中流矢。刘邦感其忠勇,封陶舍为开封侯,封爵的誓言说:"使河如带,泰山若厉,国以永宁,爰及苗裔。"这句意思是说,除非黄河如衣带,泰山如磨石,国不得亡也,爵位当世代相传。第二年,陶舍因旧伤复发而亡,谥号"惠"。

丞相陶青

"亹亹丞相,允迪前踪。"(《命子(其三)》)陶青,陶舍之子,承袭开封侯。西汉王朝曾试图攻打匈奴,却不知道匈奴兵力的虚实,于是就派任御史大夫的陶青等人出使匈奴,打探虚实。陶青到达匈奴后,明察暗访,得知此时的匈奴兵强马壮,汉朝军队劳师远袭,绝对不可能取得胜利。于是就给朝廷提出了和亲的策略。之后,陶青又出使匈奴,订立了议和联姻的盟约。公元前156年,汉景帝派陶青到代国边塞与匈奴和亲。陶青不辱使命,忠诚担当,顺利完成了任务,为北方边塞换来了几十年的和平。

归朝后,陶青升任丞相,御史大夫为晁错。汉景帝听取了晁错的建议,冒着风险强行削藩,引发了"七国之乱"。在这关键的时刻,丞相陶青联合廷尉张欧、中尉陈嘉等保护皇室,同时,弹劾晁错,并将其腰斩于东市,以安抚藩王,想尽一切办法，平息了"七国之乱"。

诛杀晁错是汉景帝不得已而为之的行为，对晁错的死，他一直怀有深深的歉意。因此，在"七国之乱"后，汉景帝开始对原来弹劾晁错的大臣动手，陶青敏锐地觉察到皇帝的心思，立即借病辞去丞相一职，回乡养老。果然，陶青辞职不久，汉景帝便展开了对弹劾晁错诸人的清算，就连平定"七国之乱"的功臣周亚夫也没有逃脱厄运。而功成身退的陶青却幸免于难，开封侯的爵位也世袭罔替。

（二）近世族谱

在陶渊明的近世家族中，让其感到最亲近、最荣光，对其性格影响最深远的莫过于以陶侃为代表的内族血亲和以孟嘉为代表的外族血亲了。两个家族不同的历史、不同的环境形成了两种不同的性格基因。两种性格巧妙地融合，成就了一个崭新的陶渊明。

因此，我们必须展开他的近世族谱，了解一个个鲜活的人物性格，来为陶渊明鲜明的性格寻根溯源。

曾祖父陶侃

命子（其四）

浑浑长源，蔚蔚洪柯。

群川载导，众条载罗。

时有语默，运因隆窊。

在我中晋，业融长沙。

命子（其五）

桓桓长沙，伊勋伊德。

天子畴我，专征南国。

功遂辞归，临宠不忒。

孰谓斯心，而近可得。

《命子（其五）》一诗的大意是，长沙公英姿威武，功勋卓著。天子赐其世袭的爵位，分掌兵权专司南征，但他功成身退，不恋荣宠，如此高尚的情操，近世也实在不多见。

"桓桓长沙，伊勋伊德。"陶侃，这位挣扎出寒门而又在乱世杀伐中脱颖而出的曾祖父，是陶渊明心中的一座雄伟山峰，一座只能仰望却难以跨越的山峰。

陶侃，字士衡（一作士行），出生于三国吴景帝永安二年（259年），发迹于西晋"八王之乱"，建功于东晋，官至侍中、太尉、荆江二州刺史，都督八州诸军事，封为长沙郡公，晋成帝咸和九年（334年）去世，享年七十六岁，获赠大司马，谥号"桓"。

陶侃是丞相陶青的第十二世孙，其父陶丹为三国东吴的扬武将军，他因功曾被封为柴桑侯。后因东吴灭国而家道中落。陶侃出生没几年，陶丹就去世了，陶家遂沦落成鄱阳一带的一寒门小户。为了生计，陶侃不得不随母亲湛氏迁居到庐江浔阳（今江西九江），靠母亲纺纱织布抚养长大。陶侃长大后，依托父亲的一点点余荫，在当地谋得鱼梁吏的职位，也就是一个管理渔业的小官。

陶侃的母亲湛氏是一位通情达理、聪慧明智、家教严格的好母亲。陶侃任鱼梁吏期间，为了孝敬母亲，他让人给母亲捎去一罐腌鱼。母亲湛氏收到后，让送鱼人原物送返，并写信责备儿子："汝为吏，以官物见饷，非唯不益，乃增吾忧也。"（《世说新话·贤媛》）这句意思是说，你作为一个官员，拿公家的东西来孝敬我，不仅是坏事，还徒然增加了我对你前程的担忧。

一次，陶侃与同僚饮酒，喝得酩酊大醉，放浪形骸，狂言乱语，被人搀扶到家后，一头倒在床上，人事不省。等他醒来，母亲湛氏严厉斥责了他：欲成大事之人，绝不能嗜酒成性，醉酒误事。后来，母子二人约法三章，每次饮酒，绝不超过三杯。从此，陶侃践守此约，终身不曾违背。

在门第森严的东晋社会，除了世族和门阀，一般家族的孩子想出人头地，是难上加难。陶母湛氏深知这个道理。就在陶侃以鱼梁小吏的职务养家糊口、平安度日时，一个千载难逢的机会来了。

陶公少有大志，家酷贫，与母湛氏同居。同郡范逵素知名，举孝廉，投侃宿。于时冰雪积日，侃室如悬磬，而逵马仆甚多。侃母湛氏语侃曰：'汝但出外留客，吾自为计。'湛头发委地，下为二髲，卖得数斛米，斫诸屋柱，悉割半为薪，锉诸荐以为马草。日夕，遂设精食，从者皆无所乏。逵既叹其才辩，又深愧其厚意。明旦去，侃追送不已，且百里许，逵曰：'路已远，君宜还。'侃犹不返。逵曰：'卿可去矣，至洛阳，当相为美谈。'侃乃返。逵及洛，遂称之于羊晫、顾荣诸人，大获美誉。（《世说新语·贤媛》）

古人讲究"身体发肤，受之父母"，而陶侃的母亲为了招待贵客，竟然将自己的头发剪去卖掉，换来米粮。又把准备建房的木料砍掉，劈为柴薪，还把家人坐卧的草垫锉碎当作马料，悉心地招待客人。这就是"截发留宾"的典故，其目的就是让陶侃结识像范逵这样能为之引荐仕途的人物。

范逵果然不负所望，路过庐江郡府时，见到太守张夔，极力赞美陶侃。于是，张夔立即召陶侃为督邮，领枞阳县令。在任枞阳县令时，陶侃的才能得以发挥，声名远播，不久便升为主簿。

陶侃为人厚道，知恩图报。一次，张夔的妻子大雪天生病，需到百里之外接请医生。众属僚面对天寒大雪，都感到束手无策，陶侃却说："侍君侍父是为臣为子之义，郡守的夫人就如同我们的母亲一样，哪有母亲有病而子女不尽心的道理？"说罢，陶侃冒雪主动前往，接请医生，医好了太守夫人的病。他的行为让大家十分敬佩，从此，陶侃的名声更加远扬。长沙太守万嗣来到庐江，见到陶侃，诚心赞叹："君终当有大名！"（《晋书·陶侃传》）并让自己的儿子与陶侃结为好友而去。

后来，太守张夔举陶侃为孝廉，陶侃得以到洛阳发展。他见到了当年范逵为其引见的同乡羊晫和顾荣，这两位可是当时京城的名人。

羊晫，豫章国郎中令，京城名士；顾荣，江南大姓，原吴国丞相顾雍之孙，吴灭国后来到洛阳，与陆机、陆云并称"洛阳三俊"。羊晫见到陶侃后，称赞曰："《易》称贞固足以干事，陶士行是也……此人非凡器也。"（《晋书·陶侃传》）这句意思是说，陶侃绝非凡俗之辈，他能坚持正道，足以成大事。与羊晫和顾荣的相交，让陶侃的名声更加远播。不久，他又结识了当时的辅政大臣司空张华。

"八王之乱"开始后，战火蔓延到长江之畔，江南局势开始动荡不安。江北的百姓因战乱和天灾纷纷南迁。晋惠帝太安二年（303年），义阳（今河南新野）人张昌招募流民聚众起义，攻下江夏郡，旬月之间，聚众三万多人，引起了朝野的恐慌。朝廷立即任命刘弘为南蛮校尉和荆州刺史，令其率军镇压张昌。

刘弘，字和季，汉末扬州刺史刘馥之孙，曹魏镇北将军刘靖之子，与晋武帝司马炎私交甚厚，深得辅政大臣司空张华的器重。刘弘早闻陶侃大名，立即辟陶侃为南蛮长史，派其前往襄阳讨伐张昌。陶侃不负众望，率领精锐，身先士卒，一举击败张昌，先后斩首级数万，平定荆州，一战成名。朝廷以军功封其为东乡侯。不久，陶侃又因平定陈敏叛乱被封为江夏太守，加封鹰扬将军。

西晋灭亡之后，琅邪王司马睿放弃中原，偏安江南，建立东晋，是为晋元帝。晋元帝早闻陶侃英武之名，为了壮大皇权，极力拉拢陶侃，下诏封陶侃为龙骧将军、武昌太守，并派其征战广州，平息叛乱，陶侃不负众望，功封柴桑侯。

胸怀大志的陶侃并没有因此停下前进的脚步，收复中原的雄心时时都在他胸中激荡。据《晋书·陶侃传》记载：

> 侃在州无事，辄朝运百甓于斋外，暮运于斋内。人问其故，答曰："吾方致力中原，过尔优逸，恐不堪事。"其励志勤力，皆此类也。

这句是说，他在州里，每天早上把屋内的几百块砖搬到室外；傍晚时，再把它们搬到室内。有人问他为什么这样做，他说，我将致力恢复中原，生活不能太过安逸，应不断加强锻炼，否则就会意志消沉，以后很难担当大事。

不久，朝廷重臣王敦叛乱。他以高官厚禄诱使陶侃归附，但陶侃不为所动，并奉诏率军讨伐王敦，迅速平定了王敦之乱。陶侃因此被朝廷封为都督荆州、雍州、益州、梁州诸军事，领护南蛮校尉、征西大将军、荆州刺史，其他原来的职衔不变。荆楚百姓无不拍手相庆。

此时，陶侃的势力已经权倾朝野，但他并没有居功自傲，而是更加勤于吏职，恭敬好礼，严守人伦。陶侃终日正襟危坐，军中事务虽千头万绪，但没有丝毫遗漏。远近来往信札，他都亲自书写答复，下笔如流。门前宾客不断，他都坚持迎来送往，不分亲疏贵贱。

陶侃治军严格，珍惜光阴，反对浮漂懒惰。他坚决反对部将属下等闲谈游戏荒废时光，耽误练功学习。他常告诫大家："大禹圣者，乃惜寸阴，至于众人，当惜分阴，岂可逸游荒醉，生无益于时，死无闻于后，是自弃也。"（《晋书·陶侃传》）这句是说，大禹是圣人，尚且珍惜寸阴，至于普通人，当珍惜分阴，怎么能贪图安逸沉醉于无聊游戏之中呢？这样活着于世无益，死后不留名声，就是自暴自弃。

据《晋中兴书》记载：

> 侃尝检校佐史，若得樗蒲博弈之具，投之，曰："樗蒲，老子入胡所作，外国戏耳，围棋，尧、舜以教愚子，博弈，纣所造。诸君国器，何以为此？若王事之暇患邑邑者，文士何不读书，武士何不射弓？"谈者无以易也。

陶侃经常检查下属工作，若看到掷色子、围棋、赌博等游戏之具，必然会抓起来扔掉。他说，掷色子是老子到蛮夷之地时所做的游戏而已，围棋是尧、舜为愚蠢的人所做的游戏，"六博"是纣王所发明的。你们都是主持国政的人才，何必干这些无聊的事呢？何不在闲暇的时候，文士读书，武士习武，以待国家有患之日。

陶侃与人友善，爱惜民力，心思又十分缜密。若有下属给他送礼，他都会询问礼物的来源，如果是自己劳动得来的，即使礼物很轻，他也会很高兴地接受，且回赠的礼物更重；如果礼物来路不正，他就会严厉斥责，坚决拒绝。有一次，陶侃外出巡游，看见一士兵手里把玩一把未成熟的稻谷，就问他拿一把未成熟的稻谷做什么。那士兵说路上无聊，就随便拔几束玩一玩。陶侃勃然大怒："汝既不田，而戏贼人稻！"执而鞭之。（《晋书·陶侃传》）

"尝课营种柳，都尉夏施盗拔武昌郡西门所种。侃后自出，驻车施门问：此是武昌西门柳，何以盗之？施惶怖首伏，三军皆称其察。"《世说新语·政事》这几句意思是说，军营提倡种植柳树，都尉夏施偷武昌郡西门的柳树种在自己营地门口，陶侃出门巡检时，敏锐地发现了此事，严加斥责，让三军将士十分钦佩他的明察，做事不敢弄虚作假。

在陶侃的治理下，当地百姓勤于耕作，生活富裕，人丁兴旺；军队纪律严明，训练刻苦，兵强马壮。在他的辖区，到处都是一派繁荣兴旺的景象。

但陶侃并没有像其他一些官员那样夸富斗奢、追求享乐，而是更加节俭，时刻准备练兵备战。当时，江边正在造船，陶侃命人将废弃的木屑和锯下的竹根都保管起来，很多人都不知道为什么。后来一次雪后初晴，门厅之外余雪犹湿，陶侃就命人用收集的木屑铺地防滑。

后来为伐蜀建造战船时，急缺坚硬的木楔子，陶侃就命人把先前积攒的竹根拿出来，劈成一个个坚硬的木楔子，解了燃眉之急。这时人们才恍然大悟，纷纷赞叹陶侃的细致和缜密。

晋明帝驾崩后，年幼的晋成帝即皇帝位，外戚庾亮辅政。冠军将军苏峻反叛朝廷。陶侃虽与庾亮之间有些嫌隙，但他摒弃前嫌，以朝廷大业为重，起兵讨伐，很快平息了苏峻之乱。陶侃因此又被任命为侍中、太尉，加授都督交州、广州、宁州等七州军事，再加羽葆鼓吹，进封长沙郡公，食邑三千户，又赐绢八千匹。

不久，陶侃又因杀掉违抗皇命的郭默，被朝廷下诏领江州刺史、都督江州军事，部下增设左右长史、司马、从事中郎四人，掾属十二人。皇帝拜其为大将军，特许他佩剑上殿，入朝不行拜见礼，赞拜不呼其名。此时的陶侃已经位极人臣，势可震国，但他却"功遂辞归，临宠不忒"。

晋成帝咸和七年（332年），陶侃上表辞职："臣少长孤寒，始愿有限，过蒙圣朝历世殊恩，陛下睿鉴，宠灵弥泰。有始必终，自古而然，臣年垂八十，位极人臣，启手启足，当复何恨……此方之任，内外之要，愿陛下速选臣代使，必得良才，奉宣王猷，遵成臣志，则臣死之日犹生之年。"（《晋书·陶侃传》）

陶侃为人忠厚，知恩图报。为了报答他一路走来的贵人，在他退位之前，任命对他有知遇之恩的张夔之子张隐为参军，范逵之子范珧为湘东太守，以刘弘的曾孙刘安为掾属，并上表盛赞知己好友尚书梅陶。只因梅陶曾在给亲戚曹洪的信中写道："陶公机神明鉴似魏武（曹操），忠顺勤劳似孔明（诸葛亮）。"（《晋书·陶侃传》）

陶侃病重，让位归老长沙时，将军械、仪仗、车马等悉数造册登注，封存仓库，并亲自加锁，上交朝廷。

晋成帝咸和九年（334年），陶侃驾鹤西去，终年七十六岁。晋成帝下诏曰："故使持节、侍中、太尉，都督荆、江、雍、梁、交、广、益、宁八州诸军事，荆、江二州刺史，长沙郡公，经德秉哲，谋猷弘远。作藩于外，八州肃清；勤王于内，皇家以宁。……今遣兼鸿胪追赠大司马，假蜜章，祠以太牢。"（《晋书·陶侃传》）又策命谥号为"桓"。

如此盛名，若陶侃地下有知，也一定为有这样的荣耀而自豪。

命子（其六）

肃矣我祖，慎终如始。

直方二台，惠和千里。

於皇仁考，淡焉虚止。

寄迹风云，冥兹愠喜。

这首诗的大意为，我的祖父严肃且稳重，勤勉敬业，慎终如始。他严明正直，以身作则，遍施恩惠，让人如沐春风。我的父亲慈心可赞，恬淡无为，不求功名。虽暂时脱身于仕途，得失之间不喜不忧。

陶侃共有十七个儿子，其中陶洪、陶瞻、陶夏等九个儿子史书上有记载，其他都无声名传世。陶渊明的祖父陶茂就是其中的一个，在陶渊明的《命子》诗中有记录。

祖父陶茂

由于陶侃出身寒微，即使他建立了不世功业，陶氏家族仍然没有跻身门阀世族之列。陶侃去世后，他的位置迅速被皇帝的舅舅庾亮取代。继承其爵位的儿子陶夏，因为杀害与其争夺爵位的弟弟陶斌而被庾亮放黜。陶侃的另一个儿子陶称又因找庾亮理论而被杀害，陶侃所聚积起来的家族威望就这样一点点地散去，往日的荣耀光环也渐渐暗淡下来，只有一个名不见史载的儿子陶茂因贤良正派，仍在武昌太守的位置上,他就是陶渊明的祖父。"慎终如始,惠和千里"是陶渊明对其祖父陶茂的高度评价。

陶茂有一个姐姐,是陶侃的第十个女儿,嫁给了当时的江南风流名士孟嘉。他们的结合生下了陶渊明的母亲。也就是说,陶茂的儿子娶了孟嘉的女儿,是亲上加亲的姑表关系。

父亲陶逸

《晋书·陶渊明传》称:"陶潜,字元亮,大司马侃之曾孙也。祖茂,武昌太守。"其中并没有载明他父亲的名讳和官职,只有民间一些陶氏家谱记载其曾为安城太守。在《命子》诗中,陶渊明也只字未提父亲的名讳和履历,只说出他父亲的性格"淡焉虚止"。我们猜测,很可能因其不善逢迎的性格,得罪当道,丢官去职,再加上平素不善经营生产,致使家族陷入困境。在陶渊明八岁那年,他就离开人世,真正地"寄迹风云"了,从而使陶渊明"自余为人,逢运之贫,箪瓢屡罄,绤绤冬陈"(《自祭文》)。

少年失怙,是一种苦难。这苦难让年少的陶渊明看尽人世冷暖,遍尝世事心酸,但也正因如此,陶渊明虽处官位而不失气节,虽居贫困而又能自力更生。

叔父陶淡

陶逸的弟弟陶淡,字处静,也是从小不营家务,好读

《易经》，善于卜筮。陶淡"好导养之术，谓仙道可祈，年十五六，便服食绝谷，不婚娶"（《晋书·陶淡传》）。在家人的强迫之下，陶淡才结婚生子，但他有家不回，在长沙临湘山中结庐居之，养一只白鹿，与之为伴。亲朋好友来找寻他，他就悄悄翻山涉水，躲得远远的。州里考举秀才，家人通知他去参加考试，他立即逃往罗县埠山中，再没有回家，至死不知去向。

外祖父孟嘉

如果说陶侃是陶渊明心中的一座山峰，那么，外祖父孟嘉则是陶渊明心中的汪洋大海，这大海以无限的包容和宁静，融化了陶渊明由大山带来的激情，进而幻化成一道独特的美丽风景。

孟嘉的妻子是陶渊明曾祖父陶侃的第十个女儿。孟嘉的第四个女儿是陶渊明的亲生母亲。孟氏和陶氏是两代姻亲，是亲上加亲的关系。

陶渊明在他母亲去世的时候，为自己的外祖父写下了传记：《晋故征西大将军长史孟府君传》。为自己的外祖父作传，陶渊明恐怕是第一人，这也是他唯一一篇为他人所作的传记。陶渊明像歌颂古代圣贤一样，怀着一种敬仰、一种爱戴、一种亲情，写尽了孟嘉"温雅平旷、冲默远量、行不苟合、言无夸衿、任怀得意、融然远寄"且喜怒绝不形于色的名士形象。

孟嘉，字万年，东晋名士，江夏郡鄳（今河南罗山一带）人。早年便名扬京师，后历任庐陵从事、江州别驾、征西参军等职，在任上受到了陶侃、庾亮、褚裒、桓温等人的器重和欣赏，并受到晋穆帝的亲自接见。

孟嘉的曾祖父孟宗，官至三国时吴国司空。"二十四孝"故事中"孟宗哭竹"的主人公就是他。孟宗年少丧父，与母亲相依为命，母亲年老病重时，想喝鲜竹笋汤，但适值寒冬，没有竹笋。孟宗无奈，跑到竹林之中，扶竹痛哭。他的孝心感天动地，地面突然开裂，长出鲜竹笋数株。孟宗大喜，采回家里，做汤奉母，母亲喝罢，立刻病愈。

孟嘉的祖父孟揖，曾担任庐陵太守。孟嘉幼年丧父，和母亲及两个弟弟一起生活。孟嘉在家孝敬长辈，和睦兄弟，深受乡里称赞；在外襟怀淡泊，语言简默，很有度量。他风流倜傥，儒雅潇洒。好饮酒，虽酒多也从不失态，深受同辈人的敬佩。同郡的名士郭逊，以清高的节操闻名，名声在孟嘉之上，但对孟嘉赞赏、推许有加。因此，孟嘉二十岁时就已经名冠州里，声传京师。陶渊明的曾祖父陶侃早闻孟嘉之名，十分赏识他，并将自己的第十个女儿嫁给了孟嘉。

陶渊明的曾祖父陶侃死后，当时皇帝的舅舅征西将军庾亮，接替陶侃，都督江、荆、豫、益、梁、雍六州诸军事，兼领江、荆、豫三州刺史，出镇武昌（今湖北鄂州）。当时，孟嘉以名士身份，被征召为庐陵郡从事。一次孟嘉从郡里回来，被庾亮召见，并询问下面风俗好坏。孟嘉以为，是非臧否都有辱名士风范。于是说，待我回旅舍问一问随从小吏。回到旅舍之后，孟嘉收拾好行李，自解官职，步行还家，与老母家人共相欢乐，一派和悦。不久，庾亮又任命孟嘉为劝学从事，这是一个符合其道德修养的职务，孟嘉这才从容接受。

时任豫章太守的褚裒，字季野，河南阳翟（今河南禹州）人，干练温和，有才识，有雅量，是当时的大政治家。他到武昌看望庾亮，适逢正月初一，庾亮正宴请众多名流俊贤。孟嘉坐在一边，离主座很远。席间，褚裒问庾亮："江州有位孟嘉，他在哪里？"庾亮说："他就在其中，你自己找吧！"褚裒一一看过之后，突然指着面无表情、纹丝不动的孟嘉说："我猜应该是这个人吧！"

庾亮十分惊奇，于是更加器重孟嘉。不久将其推举为秀才，后又做庾亮弟弟安西将军庾翼府功曹，还做过江州别驾、巴丘令，最后又做了征西大将军桓温的参军。

孟嘉任桓温参军时，有一年重阳节，桓温带领文武官员登山赏菊，在山上宴饮。突然一阵风把孟嘉的帽子吹落在地，但他十分镇静，"未尝有喜愠之容"，依然像刚才一样谈笑风生，举杯畅饮。过不久，孟嘉起身如厕，桓温趁机让人捡起帽子，写下一纸条放在其座位上，嘲笑其落帽而不自知，有失体面。孟嘉归来，戴上帽子，不动声色地看过纸条，命左右拿笔，奋笔疾书，为自己辩解。一会儿工夫，一篇文采四溢的文章就写成了。宾朋争相传阅，击案叫好。孟嘉的名士风采更是锦上添花。"龙山落帽"的典故从此流传。唐朝诗人元稹曾有诗赞曰："登楼王粲望，落帽孟嘉情。"（《答姨兄胡灵之见寄五十韵》）

当时的晋穆帝司马聃闻其大名，亲自在东堂召见他。孟嘉却以脚疾不能行拜见之礼而婉拒。但晋穆帝还是下诏，命人将其扶入东堂见面。

孟嘉在州府为人正直，待人和气。每每心有感悟，就超然驾车直去龙山，顾影畅饮，至晚方归。他"好酣饮，逾多不乱。至于任怀得意，融然远寄，傍若无人"（《晋故征西大将军长史孟府君传》）。桓温曾问孟嘉，酒有什么好喝的，而你那么爱喝？孟嘉笑着回答："您只是没得到酒中的意趣罢了。"桓温又问关于歌伎弹唱的问题，说："为什么弹的弦乐听起来不如吹的管乐，而吹的管乐又不如歌伎的歌喉声乐呢？"孟嘉回答："这大概是渐近自然的原因吧！"

桓温曾经对孟嘉感慨："人不能没有权势呀，否则我怎么能够驾驭住你呢？"言语之中透露着对孟嘉的叹服。

后来，孟嘉升任从事中郎，迁长史。病逝于家中，享年五十一岁（一作五十三岁）。

叔外祖父孟陋

叔外祖父即外祖父孟嘉的弟弟孟陋，是位名副其实的隐士和学者。孟陋年少时就品德端正，清白贞洁，被人赞为"清操绝伦"。生活上他布衣蔬食，唯一的爱好就是"以文籍自娱"。为了节约时间多读书，他"口不及世事，未曾交游，时或弋钓，孤兴独往，虽家人亦不知其所云也"（《晋书·孟陋传》）。孟陋十分有孝心，母亲死后，他竟然十余年不饮酒食肉。后来在邻居的劝说下，他才恢复了正常饮食。

晋简文帝闻其大名，"命为参军"，他竟然"称疾不起"。有人建议大将军桓温请他出来做官，桓温说："会稽王尚不能屈，非敢拟议也。"（《晋书·孟陋传》）孟陋知道后解释道："桓公正当以我不往故耳。亿兆之人，无官者十居其九，岂皆高士哉？我疾病，不堪恭相王之命，非敢为高也。"（《晋书·孟陋传》）他不为名所累，潜心研读圣贤学问。"博学多通，长于三礼。注《论语》，行于世"（《晋书·孟陋传》），被人称为"学为儒宗"，在东晋文学史上占有一席之地。当时的大学问家袁宏曾为孟陋作铭，称其"少而希古，布衣蔬食，栖迟蓬荜之下，绝人间之事，亲族慕其孝。大将军命会稽王辟之，称疾不至。相府历年虚位。而澹然无闷，卒不降志，时人奇之"（袁宏《孟处士铭》）。

陶渊明总结孟嘉说："始自总发，至于知命，行不苟合，

言无夸衿，未尝有喜愠之容。好酣饮，逾多不乱。至于任怀得意，融然远寄，傍若无人！"（《晋故征西大将军长史孟府君传》）

这不仅是对外祖父的评价，似乎也是陶渊明自身的写照。而这个帮边的叔外祖父孟陋，恐怕更像是陶渊明的一生。

在这条长长的基因谱线中，陶渊明追溯着并寻找着的是一种荣耀、一种高贵，甚至说是一种不屈，抑或一种规律与选择。

一方面，他有着曾祖父陶侃出身寒微所具有的质朴和勤奋；另一方面，他也有着外祖父孟嘉士族阶层所具有的高贵与镇静。祖先们机遇来临时，乘时则起，"显兹武功"；遭遇乱世时，则"凤隐于林"，"幽人在丘"。这一巧妙的性格与际遇的结合，都深深地刻进陶渊明的骨子里，融入他的血液中，形成一种傲然不屈却又淡焉虚止的精神与人格。同时也为他准备了两种人生道路的选择：有道则仕，无道则隐。

遇见

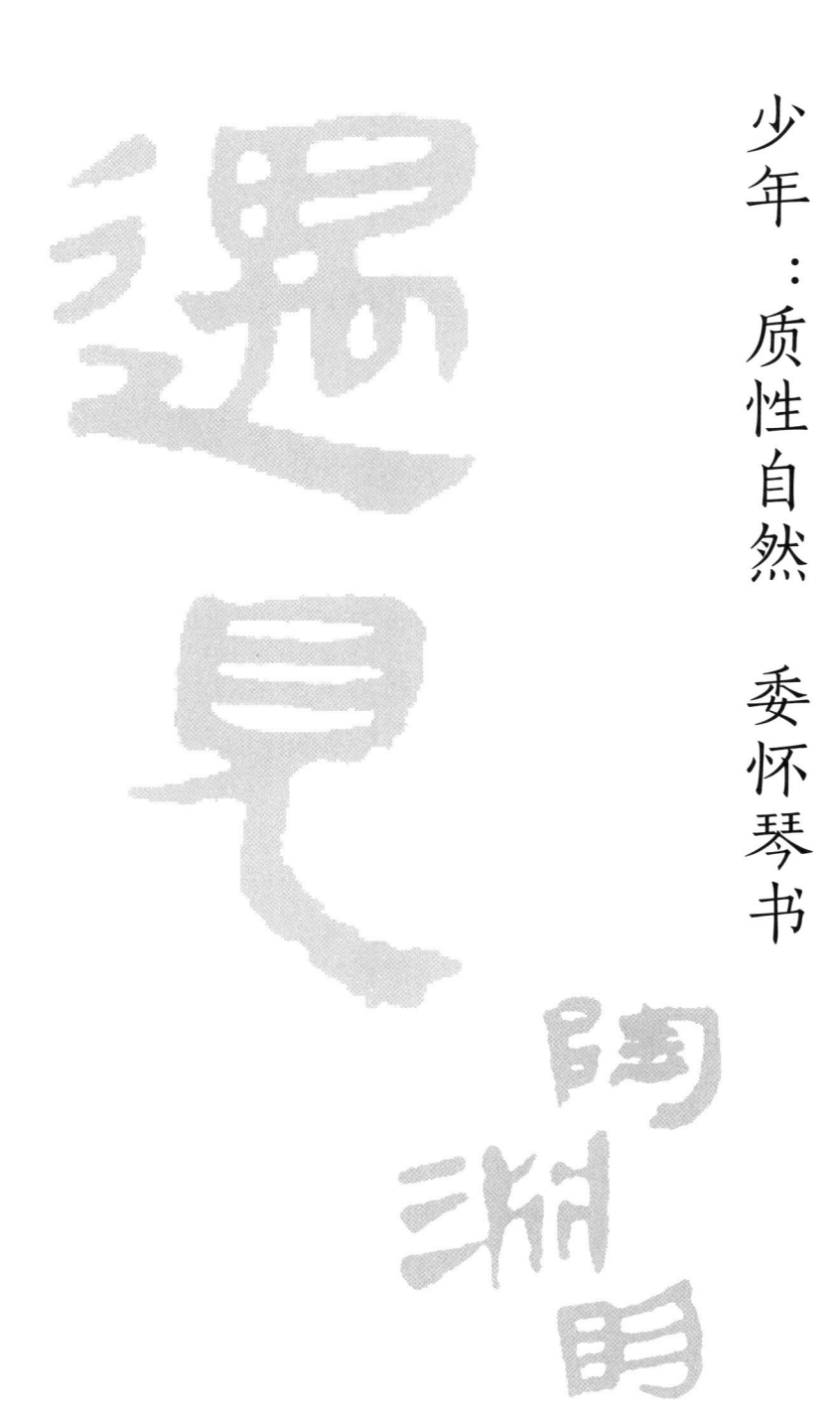

少年：质性自然　委怀琴书

陶渊明

"忆我少壮时，无乐自欣豫。"(《杂诗十二首（其五）》)

陶渊明自幼修习儒家经典，闲静少言，念善事，抱孤念，爱丘山，有猛志，不同流俗。虽然家庭贫穷，但他沉静好学，既积累了儒学的仁爱与进取，又修养了道家的质朴和自然，为他贫困潦倒的生活埋下了伏笔，也为他深厚的文学造诣打下了坚实基础。

（一）柴桑古村落

匡庐奇秀甲天下。

庐山，又名匡庐，山体呈椭圆形，南北长约二十五公里，东西宽约二十公里，已命名的山峰有一百七十一座。它北枕长江，东偎鄱阳湖，以雄、奇、险、秀闻名于世，是一千多年来，历代文人墨客讴歌的理想天国，号称"人文圣山"。

"庐山之美在山南，山南之美数秀峰。"

秀峰为庐山五大丛林之一，位于庐山南麓，山奇水秀，风景优美。李白笔下"飞流直下三千尺，疑是银河落九天"之黄岩瀑布就在这里。秀峰由香炉、鹤鸣、双剑、姐妹、文殊、龟背诸峰组成。

香炉峰如紫烟缭绕，鹤鸣峰似鸣鹤飞翔，双剑峰势如芙蓉插天，姐妹峰姿如娟娟秀女，文殊峰似尖锥屹立，龟背峰像行龟遇云。这些山峰千姿百态，层峦流翠，风光旖旎，聚尽了庐山之美。

"柴桑古村落，栗里旧山川。"（白居易《访陶公旧宅》）

站在秀峰之上，远眺西南，十多里处，有一座根连庐山的小山，是山南般若峰延续出来的，名叫虎爪崖。远远望去，崖下"卉木繁荣，和风清穆"（《劝农》）。一条小瀑布从山涧跳跃而出，汇成一条小溪，名叫清风溪。在摇曳翠竹与葱茏田园的掩映下，蜿蜒的清风溪如飘带般穿行在林草、稻田、村落之中。

"暧暧远人村，依依墟里烟。狗吠深巷中，鸡鸣桑树颠。"（《归园田居（其一）》）在溪水弯曲的臂膀里，一个古朴的小村落坐卧其中。

"方宅十余亩，草屋八九间。"（《归园田居（其一）》）走近村口，迎面一座十多亩地的方宅大院，破旧的柴门在两棵松树的衬托下显得格外静穆，原本稀疏的篱笆爬满了藤蔓，成了一道绿色的院墙，院内"屋舍俨然"（《桃花源记》），八九间草屋错落有致，杂树环绕，"榆柳荫后檐，桃李罗堂前"

(《归园田居（其一）》）。室内时有书声，时有琴声，夹杂着室外的鸡鸣狗吠，这一切都在告诉人们，这是一个并不富裕却充满书香的耕读之家。

晋简文帝咸安二年（372年），在曾祖父陶侃去世三十多年后，陶渊明出生在这个美丽静谧却古朴贫穷的山村小院里。

（二）弱年逢家乏

陶侃虽然建立了不世功业，但出身低微的陶氏家族仍然不被视为显贵的门阀世族，经常遭人鄙视，被戏称为"溪狗"。苏峻叛乱时，陶侃已经位高权重，温峤和庾亮投奔陶侃。温峤劝庾亮请求陶侃出兵镇压，但庾亮担心被拒绝而犹豫不决。温峤却说："溪狗我所悉，卿但见之，必无忧也！"（《世说新语·容止》）可见，无论陶家建立怎样的不世功业，仍然会因为出身而遭人鄙视。

因此，在陶侃死后不久，他的位置就迅速被皇帝的舅舅庾亮所取代。继承其爵位的儿子陶夏，因为杀死与其争夺爵位的弟弟陶斌，被庾亮削官放黜。陶侃的另一个儿子陶称率领二百多人到武昌面见庾亮，"亮大会吏佐，责称前后罪恶，称拜谢，因罢出。亮使人于阁外收之，弃市"。庾亮杀害陶称后，还上疏朝廷说陶称"父亡不居丧位，荒耽于酒，昧利偷荣"（《晋书·陶侃传》）等。其实，不管陶称是否应该诛杀，庾亮的真实目的就是要迅速取代陶氏家族的地位。

从此，陶侃所聚积起来的家族威望一点点地散去，陶家往日的荣耀光环也渐渐暗淡下来。其第十（或言第九）个儿子陶范任光禄勋，陶范的儿子陶夔也就是陶渊明的堂叔，任太常卿。另外，还有一个名不见史载的儿子陶茂，仍侥幸在武昌太守的位置上。

陶茂有两个儿子，一个叫陶逸，一个叫陶淡。两人从小受到了良好的教育，都博学多才。但他们性情"淡焉虚止"，不爱功名，蔑视仕途官场，只爱读书弹琴、吟风弄月，安静而悄然的生活是他们共同的爱好。陶逸和陶淡都娶了姑姑家的女儿，他们的姑父兼岳父就是名震四方的风流名士孟嘉，是亲上加亲的关系。陶渊明出生的时候，父亲陶逸正丢官赋闲在家，叔叔陶淡于多年后干脆离家出走，隐居大山之中。

陶逸是因为什么丢官，历史并无记载，但他虽然赋闲在家，却不怨天尤人，而是恬淡生活，泰然处之。儿子陶渊明的出生给他带来了无比的喜悦，此后，他倾尽全力教育孩子，直到八年之后的372年，晋简文帝咸安二年，陶逸因病无奈地离开了一妻一妾，一子一女。陶渊明的母亲孟氏，大家闺秀，知书达礼，娴静而贤淑。她一边辛勤地操持家务，一边悉心地教育孩子读写弹琴，先天的遗传和后天的影响与教育，为陶渊明创造了一个别样的读书环境，也早早地为他非凡而独特的一生埋下了伏笔。

"自余为人，逢运之贫，箪瓢屡罄，绤绤冬陈。"（《自祭文》）自从父亲赋闲在家，家里就缺少了养家糊口的俸禄，只能靠祖上留下来的十几亩薄田来维持一家人的生计。

"炎火屡焚如，螟蜮恣中田。风雨纵横至，收敛不盈廛。"（《怨诗楚调示庞主簿邓治中》）当时的浔阳柴桑，正在遭受连年的自然灾害，不是旱灾就是水灾，不是风灾就是蝗灾，收成微薄，再加上战乱连连，盗匪猖獗，全家"耕植不足以自足"（《归去来兮辞 并序》）。父亲去世之后，生活就更加艰难了。

"慈妣早世，时尚孺婴，我年二六，尔才九龄。"（《祭程氏妹文》）陶渊明有一个小自己三岁的同父异母的妹妹，由庶母所生，后被称作程氏妹。"爰从靡识，扶髦相成。"（《祭程氏妹文》）在他们孩童时代，兄妹两人互相爱护，结伴成长。在陶渊明十二岁那年，他的庶母、程氏妹的母亲去世了，从此，又少了一个支撑家庭的劳力。

"父则同生，母则从母。"（《祭从弟敬远文》）敬远，即陶敬远，是陶渊明的堂弟。陶逸去世之后，其他族里长辈希望陶淡能走入仕途，食国家俸禄，减轻家里的负担，劝他参加州府里的征辟。陶淡以为这都是俗事，十分有损名节，便离家出走，逃遁于深山之中，一直杳无音讯，不知所终。从此，陶家只剩下孟嘉的两个女儿带着三个孩子艰难度日。

"相及龆齿，并罹偏咎，斯情实深，斯爱实厚！念畴昔日，同房之欢，冬无缊褐，夏渴瓢箪，相将以道，相开以颜。岂不多乏，忽忘饥寒。"(《祭从弟敬远文》)陶渊明和从弟敬远，这对相差十五六岁的兄弟，虽然都失去了父亲，但他俩与妹妹同住一处，十分欢乐。尽管冬天没有棉衣保暖，夏天只能靠箪食瓢饮勉强度日，但他们以道义相互勉励，相互愉悦，以解忧愁。

"少而穷苦，每以家弊，东西游走。"(《与子俨等疏》)年幼的陶渊明成了家里的顶梁柱，他不得不代替母亲，经常领着弟弟妹妹，不断地来往于外祖父等亲戚家寻求接济和帮助，这是他一辈子也无法抹去的记忆。

"弱年逢家乏"(《有会而作》)，穷困的家境并没有使年少的陶渊明自甘堕落、自趋下流，反而使他显现出超乎年龄的平淡和自然。

"弱龄寄事外，委怀在琴书，被褐欣自得，屡空常晏如。"(《始作镇军参军经曲阿》)年龄虽小但能寄于人事之外，只倾心于读书和弹琴，虽然穿着粗布衣服，三饥两饱，也能安然自得。如此质性自然的性格，如此委怀琴书的爱好，持重而老成，在他这个年龄段的孩子中实在不多见。

（三）少无适俗韵

首先来说他质性自然的性格。

"少无适俗韵,性本爱丘山。"(《归田园居(其一)》)栗里南村背靠风景秀丽的庐山,周围云山奇景,水光山色,万物葱茏,人像鸟儿一样融入这大自然中,像花草树木一样快乐地生长。在离陶家不远的清风溪畔,有一块从山崖上滚落下来的巨石,长宽各一丈有余。溪水在巨石旁积水成潭。山石水平如砥,可卧数人。这就是后来人称的"醉石";石下潭清水净,清澈见底,游鱼来往如梭,人称"濯缨池"。陶渊明经常于溪畔石头上读书,声调抑扬顿挫,回应流水潺潺;他经常林间弹琴,琴声宛转悠扬,相和布谷催耕。他有时稻田捉鱼,归来泥水满身;有时竹林大睡,醒来竹笋支床。美丽的大自然潜移默化地赋予了陶渊明质性自然的性格。

另外,代表着魏晋风度的孟嘉、孟陋,以及父亲,还有逃遁于深山的叔父,也在后天强化了陶渊明质性自然的性格。他那位可爱的外祖父,几乎是他的一个既和蔼亲切又神秘高贵的梦。他从不哀怨父亲的丢官与早逝,也不抱怨叔父陶淡的离家出走,他甚至幻想着自己也走进深山老林,去寻找和追随那个倔强又有趣的叔叔。

(四)游学好六经

再来说他委怀琴书的爱好。

"好读书,不求甚解,每有会意,便欣然忘食。"(《五柳先生传》）陶渊明从小酷爱学习，儒家经典是他最初的启蒙。

"少年罕人事，游学好六经"（《饮酒诗二十首（其十六）》），"六经"指《诗经》《尚书》《仪礼》《易经》《乐经》《春秋》，乃儒家六部经典著作，是自周代以来皇室与贵族教育的经典课目。学习这些著作，是出仕的必经之路。因此，儒家思想奠定了陶渊明所有学问的基础。"弱龄寄事外，委怀在琴书。"（《始作镇军参军经曲阿》）

"古人惜寸阴，念之使人惧。"（《杂诗十二首（其五）》）陶渊明深知"诗书敦宿好"（《辛丑岁七月赴假还江陵夜行途中》）。因此，他谨记曾祖父陶侃要求的"人惜寸阴"之家训，勤奋学习，早早地"历览千载书"（《癸卯岁十二月中作与从弟敬远》），"得知千载上，政赖古人书"（《赠羊长史》）。即便是农忙时节，他也会一放下农具就立即拿起书。"既耕亦已种，时还读我书。"（《读山海经十三首（其一）》）他经常"诗书塞座外"（《咏贫士七首（其二）》），书不离自己左右。

陶渊明谦虚地说自己读书不求甚解，其实并非不求解也，每有异议，他都会虚心求教，与人"疑义相与析"（《移居二首（其一）》）。

古人发明琴瑟是为了顺畅阴阳之气，纯洁人心，代表着尊贵与高雅。作为陶侃和孟嘉的后人，这也成了陶渊明的必读和必修。在许多人看来，原本晦涩的书谱和技艺，陶渊明却爱不释手，甚至达到了痴迷的程度。"少学琴书，偶爱闲静,开卷有得,便欣然忘食。"(《与子俨等疏》)热爱是最好的老师,委怀琴书的爱好使陶渊明小小年纪便崭露头角,初见峥嵘。昭明太子萧统赞扬他说:"博学、善著文、颖脱不群。……其文章不群,辞彩精拔,跌宕昭彰,独超众类,抑扬爽朗,莫与之京。"(萧统《陶渊明集序》)

"忆我少壮时,无乐自欣豫,猛志逸四海,骞翮思远翥。"(《杂诗十二首(其五)》)陶渊明虽然质性自然,委怀琴书,但儒家济世救民、立功立德的基因却深深地浸入他的骨血之中,他的热血里仍奔流着任侠好义的激情。曾祖父长沙公陶侃的旷世伟业,是他永远的骄傲与自豪,时时激励着他的少年壮志。梁启超曾指出:"他是一位极热烈极有豪气的人。"(梁启超《陶渊明之文艺及其品格》)这种豪气可以说气吞斗牛:"少时壮且厉,抚剑独行游,谁言行游近,张掖至幽州。"(《拟古九首(其八)》)这种豪气贯穿了他的一生,陶渊明虽然早早归隐田园,但到老他依然敬慕慷慨悲歌的义士,颇有些雄心未已的遗憾。

他崇尚永不言弃而留得身后之名的夸父:"夸父诞宏志,乃与日竞走。俱至虞渊下,似若无胜负。神力既殊妙,倾河焉足有!余迹寄邓林,功竟在身后。"(《读山海经十三首(其九)》)

他敬畏衔木填海、猛志常在的精卫鸟及与黄帝争位的刑天:"精卫衔微木,将以填沧海,刑天舞干戚,猛志固常在。"

(《读山海经十三首（其十）》)

他爱戴为秦穆公殉葬的奄息、仲行和针虎三位良臣："弹冠乘通津，但惧时我遗。服勤尽岁月，常恐功愈微。忠情谬获露，遂为君所私。出则陪文舆，入必侍丹帷。箴规向已从，计议初无亏。一朝长逝后，愿言同此归。厚恩固难忘，君命安可违。临穴罔惟疑，投义志攸希。荆棘笼高坟，黄鸟声正悲。良人不可赎，泫然沾我衣。"（《咏三良》）

他崇拜为知己而死的燕赵悲歌之士荆轲："燕丹善养士，志在报强嬴。招集百夫良，岁暮得荆卿。君子死知己，提剑出燕京。素骥鸣广陌，慷慨送我行。雄发指危冠，猛气冲长缨。饮饯易水上，四座列群英。"（《咏荆轲》）

《咏三良》与《咏荆轲》这两首诗可谓惊天地泣鬼神，慷慨激昂，悲壮淋漓，读后令人豪情顿生。可见，少年时的陶渊明胸怀壮志豪情，有着为忠信赴死的赤胆忠心，有着为知己而死的忠诚怀抱。

（五）唯《闲情》一赋

最后来说他热情细腻的爱情。

十八岁是胸怀壮志豪情的年纪，也是个憧憬美好爱情的年纪，陶渊明心中的爱情是细腻的，也是热情奔放的。他的一篇《闲情赋》洋洋洒洒、热烈而激情，既展示了他无尽的少年才华，又流露出他对美好爱情的极度渴望。

　　陶渊明在这篇赋中描写了一位倾国倾城的绝色佳人，希望能与其日夜相伴，形影不离，甚至愿自己能化作她身上或身边的器物，永远相伴在她的身边。

　　　　愿在衣而为领，承华首之余芳；
　　　　悲罗襟之宵离，怨秋夜之未央。
　　　　愿在裳而为带，束窈窕之纤身；
　　　　嗟温凉之异气，或脱故而服新。
　　　　愿在发而为泽，刷玄鬓于颓肩；
　　　　悲佳人之屡沐，从白水以枯煎。
　　　　愿在眉而为黛，随瞻视以闲扬；
　　　　悲脂粉之尚鲜，或取毁于华妆。
　　　　愿在莞而为席，安弱体于三秋；
　　　　悲文茵之代御，方经年而见求。
　　　　愿在丝而为履，附素足以周旋；
　　　　悲行止之有节，空委弃于床前。
　　　　愿在昼而为影，常依形而西东；
　　　　悲高树之多荫，慨有时而不同。
　　　　愿在夜而为烛，照玉容于两楹；
　　　　悲扶桑之舒光，奄灭景而藏明。
　　　　愿在竹而为扇，含凄飙于柔握；

悲白露之晨零，顾襟袖以缅邈。

愿在木而为桐，作膝上之鸣琴；

悲乐极以哀来，终推我而辍音。

（《闲情赋》）

此赋所写的"十愿"，实在是我国情书的首创佳作。该篇赋的大意为：我愿变成她衣服的领襟啊，承受她娇美面庞上的香馨；可惜罗裳在夜晚就要脱去，如何忍受这长夜漫漫。

我愿化作她衣服上的衣带啊，紧紧束住她窈窕的细腰；可惜气候冷热变化，衣裳随之脱旧换新，终不能永随其身。

我愿化作她发上的油膏啊，滋润她乌黑的披肩长发；可惜佳人经常洗发，油膏就会随着清水流走。

我愿化作她秀眉上的黛妆啊，随她远望近看而逸采飞扬；可惜脂粉只有新描初画才好，一旦卸妆便化为乌有。

我愿化作她卧榻上的草席啊，呵护她柔弱的躯体于三秋时节；可惜天一寒凉绣锦就会替代草席，要等到来年方能再被使用。

我愿化作丝线成为她脚上的素履啊，随她纤纤细足四处行走；可惜进退行止有所节制，睡觉的时候仍会被弃置在床前。

我愿化作她白天的影子啊，跟随她优美的身躯到处游走；可惜一到多荫的大树之下，影子就会消失得无影无踪。

我愿化作她黑夜时的蜡烛啊，映照她的花容在堂前梁下焕发光彩；可惜一旦天亮，就要烛熄火灭，隐藏光明。

我愿化作竹枝成为她手中的扇子啊，在她的盈盈之握中扇出微微凉风；可惜白露之后天气渐凉，我只能远远地望着佳人的襟袖独自叹息。

我愿化作桐木，成为她膝盖上的素琴；可惜一旦欢乐享尽，哀愁重来，终将把我丢弃而息音。

十愿接踵，十怨联翩；情意浓烈，情思缭绕；辞藻华丽，变化自然；逐层生发，一气呵成！利用自己无限的渴望，衬托出美人的姿色与品德。有后人称赞曰："如奇峰突起，秀出天外，词采华茂，超越前哲。"清代文学家陈沆评价："晋无文，唯渊明《闲情》一赋而已！"

陶渊明的母亲孟氏读到《闲情赋》之后，不禁为儿子的才华所震撼，她在暗自高兴的同时，也意识到自己的孩子已经到了谈婚论嫁的年龄。母亲孟氏仔细思量村子周边和儿子曾经去过的地方，按图索骥，找到了自家娘家的一家陈姓邻居。只有他家的姑娘与儿子年龄相当，姿色俊美。虽然比不上孩子笔下的倾国倾城，但也是周边最漂亮的姑娘了。当然，后世也有人研究后指出，《闲情赋》应作于他丧偶后。

根据父母之命，媒妁之言，陶渊明结婚了，妻子陈氏虽没有《闲情赋》中女子那般绝色佳人，却也娇美动人，性情温顺。小夫妻爱情似火，恩爱有加。第二年，陶渊明的大儿子陶俨便出生了。

"弱冠逢世阻，始室丧其偏。"(《怨诗楚调示庞主簿邓治中》)

不出两年，在陶渊明三十岁左右的时候，妻子陈氏不幸因病去世，离开了这个虽然一贫如洗却温暖和美的家。

陈氏去世后，家里缺了一个主要的劳动力，又多了一个孩子，依靠母亲和姨妈根本无法承受繁重的家务。故陶渊明的母亲孟氏又为陶渊明续娶了第二任妻子翟氏。

（六）翟家四世

翟氏出身隐逸世家，高祖父翟汤是有名的隐士，曾祖父翟庄，祖父翟矫，父亲翟法赐，都像翟汤一样道德高尚、学问渊博、屡辞征辟、结茅隐居，史称"翟家四世"。

翟汤，字道深，浔阳柴桑人，与陶家为乡邻。他为人敦厚纯朴，仁让廉洁，名闻四方。翟汤不问世事，带领家人隐居庐山之中，耕而后食。即便有人馈赠，也斗升不受。永嘉末年，盗贼流寇四起。但闻其声名，皆不敢犯，乡人十分依赖他。

翟汤不求为官，喜山水。东晋初年，司徒王导征辟其为官，他坚辞不就，隐居于庐山中。始安太守干宝与翟汤世交甚厚，知道他十分清贫，特地派人送给他一船吃穿用度的货物，并叮嘱下属说："翟公清廉，你把书信和货物送到就赶快回来。"翟汤收到货物后，无法奉还，就把货物变卖，换成丝帛寄还干宝，干宝深为叹服，更加敬重翟汤了。征西大将军庾亮闻其大名，上疏晋成帝推荐其为国子博士，翟汤婉辞不受。

翟汤虽隐迹山林，却关心国家统一大业。当国家征发僮奴、宾客当兵，准备大举征伐时，主管官吏专门交代免除翟汤家的兵役。翟汤闻知后，将家中仅有的几个奴仆悉数交给乡吏，乡吏奉命不予接受。于是翟汤又解散了自己的仆役，使之成为国家编户，依律纳税服役。翟汤的名声再次闻名朝廷，皇帝再次征辟他为散骑常侍，翟汤又坚辞不至，直到七十三岁老卒于家中。

翟庄，字祖休。从小就以孝顺闻名远近。他遵奉父亲翟汤的情操，不喜欢结交趋炎附势之人，不接受他人赠送的钱财，自己种粮自己吃，每每出语不俗。他以钓鱼为乐，只钓鱼不打猎，每当有人问起："渔猎同是害生之物，而先生止去其一，何哉？"翟庄曰："猎自我，钓自物，未能顿尽，故先节其甚者。且夫贪饵吞钩，岂我哉！时人以为知言。"(《晋书·翟庄传》)就是说，打猎由我发生，钓鱼的行为由鱼饵发出，不能全部去掉，就先去掉那个伤害行为严重的，所以我只钓鱼，不打猎。到了晚年，翟庄连鱼也不钓了。常常端坐在柴门旁边，饿吃豆羹，渴饮泉水。州府征召他出来做官，他也和父亲一样拒绝了,直到老死柴门,享年五十六岁。"(翟庄)子矫亦有高操,屡辞辟命。矫子法赐,孝武帝以散骑郎征,亦不至。世有隐行云。"(《晋书·翟庄传》)

翟法赐少守家业,立屋于庐山顶,丧亲后,便不复还家。"不食五谷,以兽皮结草为衣,虽乡亲中表,莫得见也。州辟主簿,举秀才,右参军,著作佐郎,员外散骑侍郎,并不就。后家人至石室寻求,因复远徙,违避征聘,遁迹幽深。浔阳太守邓文子表曰:'奉诏书征郡民新除著作佐郎南阳翟法赐,补员外散骑侍郎。法赐隐迹庐山,于今四世,栖身幽岩,人罕见者。如当逼以王宪,束以严科,驰山猎草,以期禽获,虑致颠殒,有伤盛化。'乃止。后卒于岩石之间,不知年月。"(《宋书·翟法赐传》)

从这段文字中可以看出,翟法赐是一个隐居辟谷、信奉道教之人,所谓五斗米道也可能是浔阳翟氏世袭的宗教。这或许是这一家族崇尚隐逸的深层文化背景。

翟氏家族与孟氏家族、陶氏家族多有来往,陶渊明早年丧妻,翟法赐的女儿心甘情愿地嫁入了陶家。《南史·隐逸传》云:"其妻翟氏,志趣亦同,能安苦节,夫耕于前,妻锄于后云。"

晋孝武帝太元十三年(388年),陶渊明迎来了他的第二个儿子陶俟。陶俟的降生,带给陶家的不仅是欢乐,也是一份沉重的负担。

怀抱着嗷嗷待哺的陶佚，眼看着已能满地跑却面黄肌瘦的长子陶俨，再看看华发早生、皱纹满面的母亲，还有被艰苦劳动掩盖了美丽青春的妻子翟氏，尽管她没有一丝一毫的怨言，环视周围破败不堪的院落，陶渊明第一次尝到了人生的挫败感，大丈夫连自己的家庭都不能照顾，何以救世济民？他感到无比惭愧，躬耕不能自足，只有一个选择，"畴昔苦长饥，投耒去学仕"（《饮酒诗二十首（其十九）》）。

遇见 陶渊明

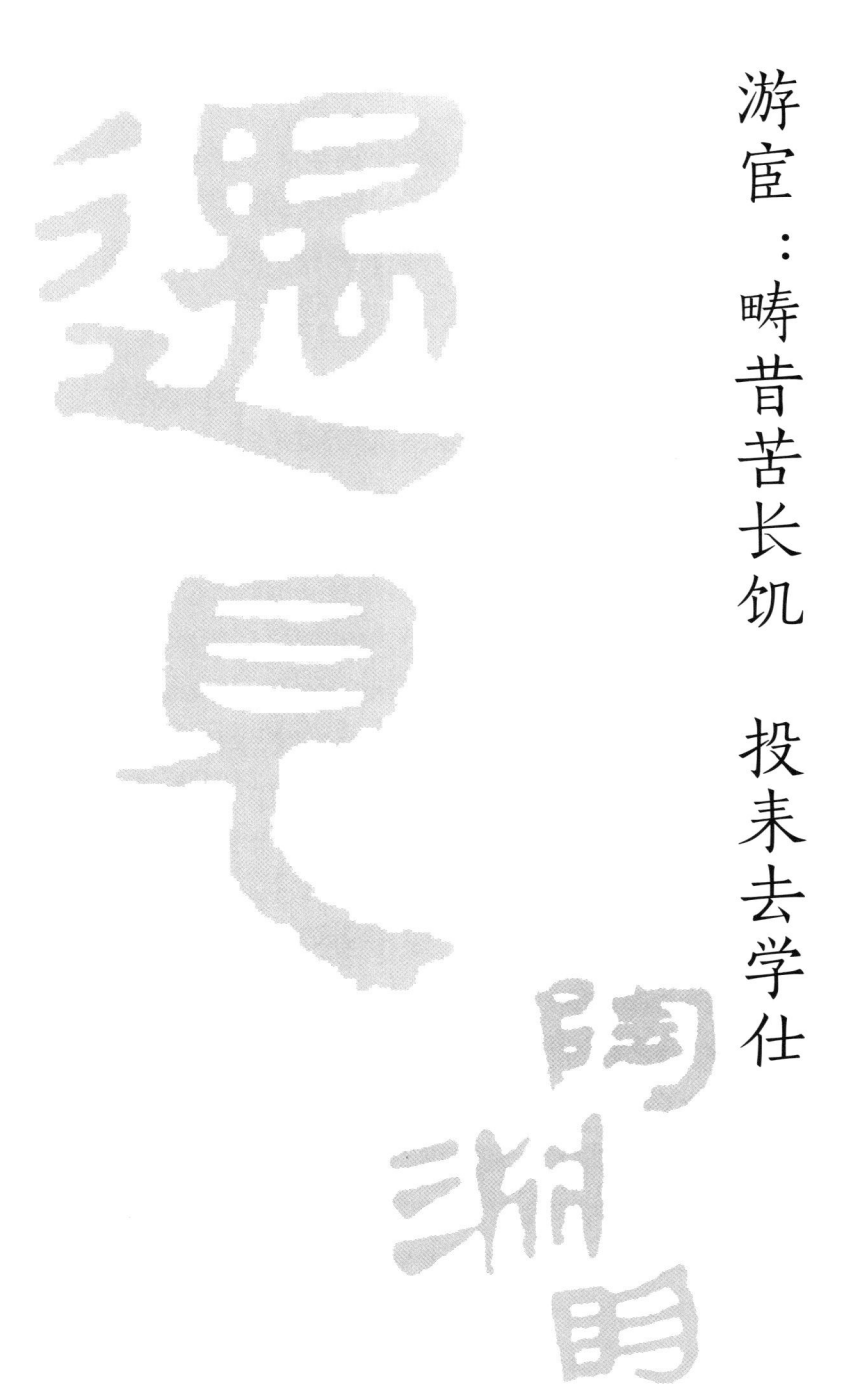

游宦：畴昔苦长饥 投耒去学仕

"荏苒经十载，暂为人所羁。"(《杂诗十二首（其十）》)

陶渊明游宦为官的时间，大概从二十二岁到三十四岁，即从晋孝武帝太元十八年（393年）至晋安帝义熙元年（405年），从江州祭酒到彭泽县令，前后断断续续共十二年。在这十二年里，东晋王朝也一直挣扎在灭亡的边缘。

晋孝武帝太元八年（383年）八月，前秦苻坚亲率八十万大军大举南下入侵，东晋王朝岌岌可危。在宰相谢安以及谢玄、谢石的精心策划和镇定指挥下，再加上被俘的爱国将领朱序的军情，瓦解了敌人的斗志，东晋军队仅以八万兵力逆转战局，取得胜利，收复了北方许多失地，这就是历史上以少胜多的经典战例——淝水之战。之后，东晋王朝进入短暂的回光返照般的稳定期。

两年后，宰相谢安去世，谢玄所建立的北复中原的北府军逐渐被刘牢之等人掌握。晋孝武帝司马曜利用士族门阀缺乏人才的空档期，暂时恢复了皇权，遂以其弟弟司马道子代替谢安执政，成为东晋开国江左以来最有权力的皇帝。但司马曜耽于享乐，沉湎酒色，造成朝政日趋昏暗。

晋孝武帝太元二十一年（396年），皇帝司马曜与宠妃张贵人戏言："你年近三十，美色大不如从前，我明天就废了你，找一个貌美的姑娘。"张贵人怒火中烧，遂起杀心，于当晚趁司马曜喝醉，用被子将睡梦中的晋孝武帝活活捂死，谎称皇帝"魇崩"。晋孝武帝的死亡加速了东晋走向覆灭的速度。

之后继位的是司马曜的儿子司马德宗，这是一位比西晋惠帝还要弱智的皇帝。据《晋书·安帝纪》记载："帝不惠，自少及长，口不能言，虽寒暑之变，无以辨也。凡所动止，皆非己出。"意思是说，司马德宗从小到大，没说过一句话，不知饥饱，不辨寒暑，吃喝拉撒一概不能自理，大小事务全靠别人照料。皇帝的大权全部由他三十三岁的叔父司马道子把持。

司马道子和他的哥哥一样也是酒鬼，崇尚佛教，又奢侈浪费，成天沉湎酒色，他把政权交给两个助手王国宝、王绪。这两个酒肉之徒不自量力，为了巩固皇权，在羽翼未满的情况下，企图驱逐削弱一些地方上根深蒂固的军事势力，引起了驻守京口的大将军王恭的不满。王恭，字孝伯，晋阳（今山西太原）人，司徒左长史王濛之孙，光禄大夫王蕴之子，晋孝武帝皇后王法慧之兄，胸有宰辅之志。晋安帝隆安元年（397年），王恭指派部将刘牢之发兵京城，指名讨伐王国宝和王绪。

刘牢之，字道坚，彭城郡（今江苏徐州）人。生长于尚武世家，其人面色紫赤，须目都异于常人，性格深沉刚毅，为人足智多谋，最初，他应谢玄的邀请加入北府军，任参军，后因功升任鹰扬将军、广陵相。淝水之战时，荣立大功，晋升龙骧将军，为王恭最为倚重的部将。司马道子见刘牢之兵临城下，不得不把王国宝和王绪杀掉，以平息事端。

从此，司马道子不再相信外人，把权力交给了自己的儿子司马元显，自己则整日喝酒，不理朝政。"道子日饮醇酒，而委事于元显。"（《晋书·会稽王道子传》）这个从小就养尊处优的纨绔子弟，很快就发现了权力带给人的极大快乐与满足。他运用权力的第一个念头竟然是针对经常管教自己的老爹。一天，他趁司马道子酒醉，教唆白痴皇帝司马德宗下诏，将其父亲的宰相兼扬州刺史的职务全部免除，并由自己替代。司马元显继续了王国宝、王绪消除地方军事势力的举措，再次遭到地方的反对。

晋安帝隆安二年（398年），镇北将军王恭再次起兵讨伐司马元显。但此时的刘牢之已私下被司马元显收买，临阵倒戈，归顺朝廷，最终王恭兵败被斩杀。刘牢之因此接替王恭接管兖、青、冀、幽、并、徐、扬七州及晋陵军务、镇军将军。

有了刘牢之的辅助，司马元显更加志满意得、目空一切。为了增加兵力，他下令征调江南所有世族门阀"免奴为客者"（由奴仆转为荫客的人）全部进京服兵役，激发了江南大规模的孙恩农民起义。晋安帝隆安三年（399年），东晋历史上最大的一次农民起义，一下子搅乱了东晋的局势，各股势力以剿匪为名，纷纷壮大林立，跃跃欲试，时时觊觎着京城建康。

刘牢之奉司马元显之命，镇压孙恩起义，将孙恩赶出会稽（今浙江绍兴）后，将起义军追杀到海边。随后，孙恩又沿海北上，从长江口进逼京口。晋安帝隆安四年（400年），咨议参军刘敬宣和参军刘裕合击孙恩，最终令孙恩败走海上。第二年，孙恩再次从长江入海口进逼京城建康。司马元显命令刘牢之大军出击，迫使孙恩败走江北，自杀身亡，从而解决了京城危机。刘牢之因此名声大振。

而此时，荆州刺史桓玄也以讨伐孙恩为名，在没有得到朝廷允许的情况下，顺江而下，逡巡在京师周围，伺机夺权。桓玄是桓温的幼子，靠父亲余荫取得高位，他也是一位纨绔子弟，但比司马元显这位纨绔子弟多一些底层斗争的经历，多一些阴谋伎俩。

司马元显对桓玄的叛乱，又愤怒又恐惧。晋安帝元兴元年（402年），他亲任大元帅，以刘牢之为前锋都督、征西大将军、领江州刺史，迎战桓玄。但刘牢之早已被桓玄收买劝降，在桓玄已兵临城下之时，刘牢之一直按兵不动，导致军队不战自溃，司马元显被活捉，连同他的父亲司马道子一起被桓玄处决。

"一人三反，岂得立也？"（《资治通鉴》卷一百一十二）

刘牢之的反复叛变，导致他威信扫地，众叛亲离，部下战将纷纷出走四散。看到刘牢之没有利用价值后，桓玄也对他十分冷淡，最终使刘牢之自杀身亡。

桓玄以征服者的身份做了几个月的宰相，就迫不及待地废掉了皇帝司马德宗，自立皇帝，建立楚国。他的这一举动，给因平叛孙恩而成名的刘裕一个起兵勤王的合理理由。刘裕既骁勇善战、身先士卒，又阴险狡诈、专横跋扈；受到将士们拥戴。他带兵攻杀桓玄，桓玄一败再败，最后放弃建康，挟司马德宗撤退至根据地江陵，但仍然被追杀致死。桓玄只做了六个月的皇帝，司马德宗便重登皇位，刘裕则成为一人之下、万人之上的权臣，掌握了大权。

可惜刘裕只是另一个桓玄，取皇帝位而代之是他的最终目的。但他也知道事业艰难，必须不断地壮大军事实力，获取胜利，才能在门阀士族中树立社会威望。于是，大举北伐，恢复中原成了刘裕建功立业的第一步。

晋安帝义熙十三年（417年），刘裕攻陷后秦帝国都城长安，皇帝姚泓连同他的皇子皇孙一起被俘，被斩于首都建康。东晋帝国的国威在刘裕手中达到了百年以来的高峰。正当举国上下都渴望继续扫荡北方割据政权、恢复旧河山的时候，刘裕却就此止步，因为他的目标不是统一中国，而是那望眼欲穿的皇帝宝座。

晋安帝义熙十四年（418年），刘裕派人处死司马德宗，立他的弟弟司马德文为皇帝。两年后的420年，刘裕复将司马德文废黜，自此东晋王朝灭亡。随后，刘裕自立为皇帝，建立宋国，史称刘宋。刘宋王朝历时五十九年，成为南朝四个短命王朝中的第一个。

在这期间，陶渊明曾四次出仕，又四次归隐，直到彻底打消为官的念头，回归田园，重返自然。

（一）江州祭酒

政治的混乱导致地方势力的割据，你方唱罢我登场，地方豪强纷纷开衙建府，自行征辟官员，曹魏时期建立的九品中正制完全遭到破坏，选官的标准完全依托门第的高低，形成了"上品无寒门，下品无世族"和"举贤不出世族，用法不及权贵"的局面。高门士族子弟往往弱冠之年便由吏部直接选拔入仕，而不必经过察举。他们"六籍无一亲。终日驰车走，不见所问津"（《饮酒诗二十首（其二十）》）。他们大多是只会清谈说玄的贵族子弟，很少有真才实学，终日无所事事，到处奔走游玩。而各州郡的征辟官吏除看门第高低外，多招揽一些投机钻营的鼠辈，甚至还选用一些流氓无赖之徒，"凡所接幸，皆出自小竖"（《晋书》卷六十四），以便欺压盘剥百姓。

陶家由陶侃聚积起来的家族势力已经衰弱下来，在陶渊明准备出仕的时候，承袭陶侃爵位的长沙公已经默默无闻，只有一个名叫陶夔的堂叔在太常卿的位置上。

"亲老家贫,起为州祭酒。"(沈约《宋书·隐逸传》)学而优则仕。晋孝武帝太元十八年(393年)江州府征辟二十二岁的陶渊明为江州祭酒。

东晋的国土,以长江中游九江为界,东有扬州,下辖豫章、鄱阳、庐陵、临川、南康、建安、晋安七郡,护卫着建康;西有荆州下辖武昌、桂阳、安成三郡,西可以入关中,北可以入洛阳,是东晋王朝的桥头堡。东部扬州常常代表着中央皇权的势力,而西部荆州常常为权臣把控。因此,九江地理位置十分重要。为了缓冲地方权臣对首都建康的威胁,朝廷增设江州(今江西九江),分庐江郡之浔阳(浔阳,古称寻阳,今湖北黄梅)县和武昌郡之柴桑县合立浔阳郡,隶属江州。也就是说,江州府设在浔阳郡,距离陶渊明的老家柴桑很近。

祭酒,出自《仪礼·乡射礼》:"获者南面坐,左执爵,祭脯醢。执爵兴,取肺坐祭,遂祭酒。"指端着酒杯祭祀,后引申为飨宴酹酒祭神的长者。汉魏以后成为官职名称,汉代有博士祭酒,为博士之首,西晋以后改为国子祭酒,东晋时期各州府设祭酒从事,简称祭酒。据《宋书·百官志下》记载,州祭酒分掌诸曹:兵、贼、仓、户、水、铠,也就是掌管一州内兵器督造、治安、钱粮储调、户口田赋、农桑水利、军服供应的官员。

陶渊明一入仕便为州府内的重要职位，是否有堂叔太常卿陶夔的关照我们不得而知，但当时陶渊明的孝顺和才华是十分出名的，由此可以断定，他的品行和才能是足以撑起祭酒这项工作的。他甚至发誓要"奉上天之成命，师圣人之遗书；发忠孝于君亲，生信义于乡闾"（《感士不遇赋》），要做一个孝亲、忠君的好官吏。

然而，当时的东晋王朝"真风告逝，大伪斯兴，闾阎懈廉退之节，市朝驱易进之心"（《感士不遇赋》），也就是说，淳朴的风气消失了，虚伪之风盛行，廉洁谦让的操行在民间被淡忘，追逐高官厚禄的侥幸之心在官场上日益泛滥。

陶渊明出任江州祭酒的时候，正是司马道子和司马元显父子秉国专政时期，怀着远大抱负走马上任江州祭酒的陶渊明并没有看到自己光明的前景。

当时的江州虽为鱼米之乡，却因北方流民进入后人口众多，面临无兵无粮的困局。一些门阀世族圈占土地，大量庇荫人口以为家奴或门客，形成了强大的势力集团。一旦有事，家奴可为兵，形成地方武装，甚至可以与朝廷抗衡。而这些问题，根本就不是一个地方官员所能解决的，州府根本不能撼动这些世家大族的利益，只能盘剥压迫当地普通农民来完成任务，维持生存。许多当地农民迫于田赋与兵役的压力，有的入山为匪，有的背井离乡四处乞食，"自丧乱以来，农桑不修，游食者多，皆由去本逐末故也"（《晋书·熊远传》）。

"秉耒欢时务，解颜劝农人。"(《癸卯岁始春怀古田舍二首（其二）》)农桑不修，就是断了江山社稷的根本。作为江州祭酒的陶渊明意识到问题的严重性，他深入乡野，出入阡陌，劝解农民莫忘农时，耕食自足。

> 悠悠上古，厥初生民。傲然自足，抱朴含真。
> 智巧既萌，资待靡因。谁其赡之？实赖哲人。
> 哲人伊何？时惟后稷。赡之伊何？实曰播植。
> 舜既躬耕，禹亦稼穑。远若周典，八政始食。
> 熙熙令德，猗猗原陆。卉木繁荣，和风清穆。
> 纷纷士女，趋时竞逐。桑妇宵兴，农夫野宿。
> 气节易过，和泽难久。冀缺携俪，沮溺结耦。
> 相彼贤达，犹勤垄亩。矧伊众庶，曳裾拱手。
> 民生在勤，勤则不匮。宴安自逸，岁暮奚冀？
> 儋石不储，饥寒交至。顾余俦列，能不怀愧？
> 孔耽道德，樊须是鄙。董乐琴书，田园不履。
> 若能超然，投迹高轨。敢不敛衽，敬赞德美。
>
> （《劝农》）

劝农即劝课农桑，是古代基层政府官员在农忙季节，巡行乡野、鼓励耕种的一项例行活动。这首诗共涉及如下人物：依次是后稷、舜、禹、冀缺、长沮、桀溺、孔子、樊须和董仲舒。其中舜、禹、孔子的生平就不再赘述，其他几个逐一介绍，以便深刻理解诗意。

后稷，黄帝的玄孙，帝喾嫡长子，是母亲姜嫄因脚踏一巨人脚印怀孕而生。姜嫄生下后稷后，感觉有不祥之兆，就把他抛入一个狭窄的巷子，想让过往的牛马将其踩死，过往的牛马却纷纷避开。姜嫄又把他丢到结冰的河面上，天上忽然飞来一只大鸟，用丰满的羽翼将婴儿裹起，以免他冻死。姜嫄以为这是神的指示，于是又重新将其抱回精心抚养，起名曰"弃"。

弃在孩提时，便能识别许多农作物，并相宜种植。长大后，遍识稼穑，特别善于种植稷和麦。尧帝将其举为农官，教民耕种。后来，被人们尊为农耕的始祖、五谷之神。

冀缺，原名郤缺，东周时晋国冀（今山西河津）人，因其食邑在冀，而称冀缺。冀缺的父亲郤芮是晋惠公时的大夫，拥立晋惠公为君，重耳回国时又倒戈。后怕被晋文公（重耳）惩罚，密谋烧掉晋文公寝宫以杀害晋文公。计划失败后逃往秦国，后被秦穆公诱杀。冀缺因此成了罪臣之子，只能回到家乡冀地生活。回到家乡的冀缺并没有因此消沉，而是和妻子一起躬耕田间，自食其力，二人更是相敬如宾。有一次，晋文公的亲信路过冀地，看到他们夫妻勤劳耕作的场面，非常感动，回去向晋文公报告说，冀缺为有德君子，可以治民。晋文公宽宏大量，将其重新召回朝堂。后来冀缺屡立战功，不断得到荐拔，掌管晋国大政。他以德治国，历事数君，德高望重。

长沮、桀溺的故事，出自《论语·微子第十八》。他们两人是春秋末期楚国的隐士，因不满当时礼崩乐坏的社会风气而结伴隐居乡间，耕种避世，以求洁身自好。

一天，长沮、桀溺正在田野中合力耕地，孔子因迷路驾车从此地经过，看到正在劳作的两人，孔子让子路上前询问附近可有过河的渡口，并由此展开了三人之间的对话。后由子路将之前的对话转告孔子，所表现的正是孔子汲汲于救世的襟怀。

樊须，字子迟，是孔子七十二贤弟子中重要的人物，他继承孔子的教育理念兴办私学，也因重农重稼的思想而广受推崇。据《论语·子路第十三》记载，樊须向孔子请教如何种庄稼。孔子说，"吾不如老农"。又请教如何种菜园。孔子说，"吾不如老圃"。樊须离开后，孔子却说："小人哉，樊须也！上好礼，则民莫敢不敬。上好义，则民莫敢不服。上好信，则民莫敢不用情。夫如是，则四方之民襁负其子而至矣，焉用稼？"（《论语·子路第十三》）

意思很明白，如果通过我们的学问使统治者做到立德、修身、诚信，四方百姓都会来归附，稼穑之事不就成了小事吗！

董仲舒，西汉著名的思想家和政治家。他"罢黜百家，独尊儒术"的主张被汉武帝采用，使儒学成为中国社会的正统思想，影响长达两千多年。据《史记》记载，董仲舒在汉景帝时任博士，主要讲授《公羊春秋》，他钻研课业，讲授认真深刻，上门求学的人排起长队，有的三年也不曾见面。而董仲舒也因好学不倦，足不出户，三年未到自家的园中看上一眼。

本诗的前面部分，以后稷、舜、禹、长沮、桀溺等先贤为例，从正面鼓励耕作，然后从反面教育人们：你若不能像孔子、董仲舒一样从事超然于衣食需求之外的高尚且伟大的事业，就一定要顺应农时，辛勤耕作，以免"儋石不储，饥寒交至"。

从陶渊明引用的几个人物可以看出，年轻的时候，他有积极入世的儒家思想，也想像先皇、孔子及董仲舒一样，救世济民，建功立业。同时，他也有飘然出世的老庄思想，也想像沮、溺等人一样避开俗世，隐居乡野。入世与出世，这两种矛盾的思想，贯穿了陶渊明的前半生，直至他"不为五斗米折腰"，弃官彭泽县令，彻底归隐乡野。

这首《劝农》诗环环相扣，情真意切，他劝解人们，贤明君主、贤达隐士都能够躬耕自保，更别说我们普通老百姓了。陶渊明希望现在能一下子回归到"卉木繁荣，和风清穆"的上古气象，保持着"傲然自足、抱朴含真"的淳朴民风。

然而当时的官场："陛下忧劳于上，而群官未同戚容于下，每有会同，务在调戏酒食而已，此二失也。选官用人，不料实德，惟在白望，不求才干，乡举道废，请托交行。有德而无力者退，修望而有助者进；称职以违俗见讥，虚资以从容见贵。是故公正道亏，私涂日开，强弱相陵，冤枉不理。今当官者以理事为俗吏，奉法为苛刻，尽礼为谄谀，从容为高妙，放荡为达士，骄蹇为简雅，此三失也。"（《晋书·熊远传》）

这是一位大臣给皇帝奏折中的一段话，真实描述了当时的官场乱象：官员与朝廷不能同心同德，大小官员相聚在一起，只会逢场作戏、吃喝玩乐，选官用人不看品德、不看才能，只看虚名，乡里人才察举之道已经荒废，要当官就必须托关系、找门路，有德有才而无门路的人得不到任用，只修虚名又有门路的人充斥官场。履职尽责的人会因不合时宜被嘲笑，清谈务虚的人会因时尚潇洒受人追捧。公正的道路关闭了，歪门邪道就会盛行，社会上以强凌弱，官府内狱讼堆集。踏实干事业的成了俗吏，奉公执法的成了酷吏，恭敬守礼被视为谄媚，不理公务成为时尚，而放荡不羁被视为旷达，骄傲笨拙却成了简素高雅。

就像柏杨先生的《中国人史纲》中所说，"所有行政官员以不过问行政实务为荣，地方官员以不过问人民疾苦为荣，法官以不过问诉讼为荣，将领以不过问军事为荣。结果，引起全国性空前的腐烂"。可以说，东晋的政权从上到下，到处都充满了腐朽与黑暗。

当时的江州刺史是王凝之。王凝之，字叔平，书圣王羲之的次子，中书令王献之的兄长。宰相谢安的侄女谢道韫，就是那位形容下雪若"柳絮因风起"的才女，是他的妻子。王凝之受琅邪王氏的荫庇，得以为官。他深得其父王羲之书法之传，擅长草书、隶书，但于从政方面却是一塌糊涂。他迷信"五斗米教"，自认为只要有天师神仙的帮助，自己便能法力无边。

"五斗米教"，是早期道教派别。始创于东汉顺帝（126—144年）年间，由张陵（又名张道陵）在四川著作道书二十四篇，自称"太清玄元"，建立道教基层组织，收徒设教。奉其道者，须纳五斗米，时称"五斗米道"，后世也称之为"天师道"。

张道陵之孙张鲁在曹操远征巴蜀时，受到封赏，随曹操到了内地，天师道徒几万户被安置于长安、洛阳、邺城等地。至此，天师道开始在内地传播。很多贵族也纷纷加入天师道，如王羲之，祖辈都信仰"五斗米教"，其儿子王徽之更是有过之而无不及。

"不堪吏职，少日自解归。"（沈约《宋书·陶潜传》）质性自然，委怀琴书，纯洁得如赤子一般的陶渊明，满怀着理想而来，看到的却是一片污秽和肮脏。陶渊明踮着脚尖小心地行走其中，不久就感到疲惫不堪，他厌恶不着边际的空谈，他鄙视貌似时尚的放荡，他憎恨不理政务的虚伪，他像一只年幼的雄狮，误入一群肮脏的争抢腐尸的鬣狗之中。"天下有道则见，无道则隐……邦无道，富且贵焉，耻也。"（《论语·泰伯第八》）这里绝非久留之地。

"彼达人之善觉，乃逃禄而归耕。"（陶渊明《感士不遇赋》）

既然天下无道，那就归隐田园、躬耕自食吧！那里有洁净的山水，有美丽的风光，有无拘的自由，有最爱的亲人。于是，陶渊明选择了逃离。在一个整个官衙都在酣睡的早晨，他收拾好自己的行装，迎着初升的太阳，沐浴着清凉的微风，急切地奔往家的方向。

回到家里不久，妻子翟氏为他生下了一对双胞胎儿子，一个起名陶份，另一个起名陶佚。看着一对可爱的儿子，陶渊明决心用辛勤的劳动来养活一家人，无论多苦多累，都不离开。

这一归耕达四五年之久。其间，州府三次征召他回去为官，他"初辞州府三命"（颜延之《陶征士诔》），都坚决地拒绝了。

陶渊明对生活的要求并不高，"岂期过满腹，但愿饱粳粮。御冬足大布，粗绨以应阳"（《杂诗十二首（其八）》）。他十分热爱劳动，不愿意过坐享其成的生活。

> 人生归有道，衣食固其端。
> 孰是都不营，而以求自安。
> 开春理常业，岁功聊可观。
> 晨出肆微勤，日入负耒还。
>
> （《庚戌岁九月中于西田获早稻》）

农忙时节，他和家人一起耕作。由于靠天吃饭，灾害频仍，日子过得十分清苦。

"有酒有酒，闲饮东窗。"（《停云四首（其二）》）

但他以苦为乐，在农闲时节，他读书、弹琴、饮酒、写文章，怡然自得，浑然忘记了日子的贫困。人们叹服陶渊明的才华，但对他弃官隐居，不食俸禄，让全家人受穷，却颇有微词。为了表明自己的态度，解释自己的行为，显示自己的志向，陶渊明写下一篇《五柳先生传》，风靡一时。

> 先生不知何许人也，亦不详其姓字。宅边有五柳树，因以为号焉。闲静少言，不慕荣利。好读书，不求甚解。每有会意，便欣然忘食。性嗜酒，家贫不能常得。亲旧知其如此，或置酒而招之。造饮辄尽，期在必醉。既醉而退，曾不吝情去留。环堵萧然，不蔽风日。短褐穿结，箪瓢屡空，晏如也。常著文章自娱，颇示己志。忘怀得失，以此自终。

赞曰：黔娄之妻有言："不戚戚于贫贱，不汲汲于富贵。"极其言，兹若人之俦乎？酣觞赋诗，以乐其志，无怀氏之民欤？葛天氏之民欤？

短短一百七十多字的文章，立意新奇、行文简洁，塑造了一个卓然不群、人格高尚的艺术形象。爱读书饮酒、甘于贫穷、写文章自娱，这就是陶渊明，这就是他的全部，传达出他安贫乐道的情怀和不愿为官的态度。

在这篇文章里，陶渊明提到黔娄之妻，我们首先认识一下黔娄。

黔娄，号黔娄子，齐国有名的隐士。黔娄自幼饱读诗书，学富五车，著有四篇著作，名叫《黔娄子》。此书阐释了阴阳相生、天人合一的法理，可预知未来，验证吉凶。

他的理论备受重视，鲁恭公曾聘他为相，他婉言谢绝；齐威王请他为卿，他又拒绝接受。因为黔娄看不惯乱世的不平，鄙视蝇营狗苟的富贵利禄，他和妻子施良娣在济之南山（济南千佛山）凿石为洞，隐居生活，日子虽然穷苦，但他却安贫乐道，与妻子相濡以沫。

黔娄死后，孔子的高徒曾参前去吊唁，看到黔娄的尸体放在破窗之下，身上还穿着旧袍子，下面垫着一张烂草席，一块短小的白布覆盖在尸体上面。盖着头了，脚会露出来；盖着脚了，头又会露出来。曾参十分心酸，说把布斜着盖就盖住全身了。不料施良娣却说道："斜之有余，不若正之不足，先生生而不斜，死而斜之，就会违背他先前的意愿。"曾参听后，痛哭流涕。他又问施良娣："先生之终，何以为谥？"施良娣说："以'康'为谥！"曾参不解地说："先生在时，食不充饥，衣不遮体，死则手足不能覆盖，棺材旁也没有祭祀的酒肉，生不得其美，死不得其深，何乐于此而谥为'康'乎？"

施良娣答道："昔先生，君尝欲授之政，以为国相，辞而不为，是有余贵也。君尝赐之粟三十钟，先生辞而不受，是有余富也。彼先生者，甘天下之淡味，安天下之卑位。不戚戚于贫贱，不汲汲于富贵。求仁而得仁，求义而得义。"（《列女传·鲁黔娄妻传》）又为什么不能谥号为"康"呢？

这就是黔娄，一个满腹经纶的黔娄，一个视荣华富贵如敝履的黔娄，一个安贫守志的黔娄。

这就是黔娄之妻，一个与丈夫志同道合的妻子。

后来，陶渊明还专门写下赞美咏叹黔娄的诗，表达自己的敬意和爱戴。

安贫守贱者，自古有黔娄。
好爵吾不荣，厚馈吾不酬。
一旦寿命尽，弊服仍不周。
岂不知其极，非道故无忧。

从来将千载，未复见斯俦。

朝与仁义生，夕死复何求！

（《咏贫士七首（其四）》）

关于黔娄的传说中，我们不曾听说过黔娄夫妻有家人，所以两个人吃饱，全家不饿。而陶渊明却有一大家子人，上有母亲、姨母，中有程氏妹、从弟敬远，下有四个嗷嗷待哺的儿子，仅靠十几亩田地实在无法满足一家人的需要。因此，饥寒交迫的日子经常出现，"俛俛辞世，使汝等幼而饥寒"（《与子俨等疏》），但自己又"性刚才拙，与物多忤"（《与子俨等疏》），实在不愿意踏入污秽不堪的官场。

"余尝感孺仲贤妻之言，败絮自拥，何惭儿子。"（《与子俨等疏》）这句话是说，我常常想着孺仲妻子的话，自愿忍饥受困，不必因殃及儿子而惭愧。这里的"孺仲"，就是东汉时期的王霸。西汉末年，王莽篡位，建立新朝。自幼志向清高的王霸，抛弃官位，绝交仕宦，抱病而归。他隐居乡野，茅屋蓬户，固守贫志。朝廷连年征召他入朝做官，他都不同意。

王霸的妻子也和丈夫一样，志节高尚，求志修德。王霸与同郡的令狐子伯是好朋友。后来，令狐子伯做了楚郡的相国，儿子也做了郡功曹。令狐子伯让儿子给王霸送一封信。儿子去见王霸时，车马随行，前呼后拥，十分排场。王霸的儿子当时正在田中耕作，他放下锄头，跑回家里，见到令狐子伯的儿子时，感到局促不安，胆小害怕得不能直视对方。王霸看到儿子的举动，非常惭愧。客人走后，他久久卧床不起。王霸的妻子问他什么原因，王霸说："我与令狐子伯并不差上下，他的儿子穿着光鲜，举止得当，而咱们的儿子头发蓬乱，牙齿稀疏，不知礼节，见了客人都害羞。父子恩深，我感到对不起他呀！"妻子却说："你从小修炼清正的节操，不慕荣华富贵，怎么就为了儿子的一时窘迫，竟忘了自己的志向，反而惭愧了呢？"

王霸听了妻子一席话，顿觉释然，一下子从床上起来，从此不再怀疑自己的选择，一家人共同过起了安静的隐居生活。

"但恨邻靡二仲，室无莱妇，抱兹苦心，良独内愧。"（《与子俨等疏》）首先，这里的"二仲"是指东汉时期的隐士裘仲、羊仲。说起"二仲"，必须先说说蒋诩。蒋诩，字元卿，西汉杜陵（今陕西西安）人，为兖州刺史，以廉洁正直著称。王莽篡汉后，他辞官归隐故里，闭门不出。院子里荆棘丛生，只留下三条小路。那是隐逸之士羊仲、裘仲二人经常与蒋诩来往留下的。后来用"三径"代指隐士的居所。"三径就荒，松菊犹存"（《归去来兮辞》）中的"三径"就是此意。可见，当时周围邻里是没有人赞成陶渊明的选择的。

另外，这里的"莱妇"是指老莱子之妻，她是一位贤明的列女。老莱子是和老子、孔子同时代的人物，他崇尚道家，向往无为而治，所以，有人讹传其和老子是同一个人。其实，他是中国历史上著名的孝子，"二十四孝"故事中的"老莱娱亲"说的就是他。据说，老莱子不愿"受人官禄，为人所制"，所以隐居山村，他的妻子与其志趣相投。据刘向《列女传·楚老莱妻》记载：老莱子逃世隐居，躬耕于蒙山之阳，"葭墙蓬室，木床蓍席，衣缊食菽，垦山播种"。有人告诉楚王说：老莱子，贤士也。于是楚王驾车来到老莱子的隐居之地，当时老莱子正在家里编织畚箕。楚王说："寡人愚陋，独守宗庙，愿先生幸临之。"老莱子谦虚地说："仆山野之人，不足守政。"楚王再次请求，老莱子就有些动摇了，打算追随楚王。

楚王走后，老莱子之妻提着畚箕、背着柴草从田野回来，问老莱子门口为什么有那么多车辙印，老莱子说明了原因，不料，妻子愤怒地说道："妾闻之：可食以酒肉者，可随以鞭捶；可授以官禄者，可随以铁钺。今先生食人酒肉，授人官禄，为人所制也，能免于患乎？"于是扔下畚箕和柴草，拿起行李，拂袖而去。

老莱子顿然悔悟，追妻子逃世而去。全家逃到江南深山，隐世而居，老莱子的妻子叹曰："鸟兽之解毛，可绩而衣之。据其遗粒，足以食也。"

从这里我们可以看出，逃禄而归耕的陶渊明，不仅要经受生活的磨难，更要承受来自外部和内心的重压。

（二）镇军参军

　　晋安帝隆安二年（398年），陶渊明接受镇军将军刘牢之的征辟，二十七岁的他就任镇军参军。这一年陶渊明的第五个儿子陶佟出生。

　　一个壮劳力的离开，给一个五个孩子的家庭几乎带来灭顶之灾。作为权宜之计，陶渊明和母亲、姨妈商定，将母亲、妻子翟氏和五个孩子，搬回江陵，那里是母亲的娘家，还有舅父等诸多亲友相助，并且与出嫁的程氏妹家较近，而姨妈和从弟敬远则留守柴桑老家。安顿好一家人后，陶渊明远赴京口走马上任。

　　当时的刘牢之，因背叛王恭，刚刚被司马元显批准接替王恭接管兖、青、冀、幽、并、徐、扬七州及晋陵军务，拜镇军将军。所谓参军，就是参谋军中事务。陶渊明与刘敬宣关系交好，与刘裕却不投机。刘裕，这位从北府军成长起来的一代枭雄，让陶渊明后来见识到了他的凶残与虚伪，使陶渊明更加坚定了自己的归隐决心。晋安帝隆安三年（399年），大规模的江南农民起义——孙恩起义开始了。

　　孙恩，字灵秀，琅邪（今山东临沂）人，是永嘉南渡世族琅邪孙氏的后人，出生在会稽（今浙江绍兴）。孙氏家族信奉五斗米道，其叔父孙泰为五斗米道教主，信众数十万人。

五斗米道徒举行的起义已经严重威胁到朝廷安全，为稳固统治，孙泰被会稽王司马道子流放广州。孙泰到广州后，继续宣传五斗米道。声势愈加浩大，朝廷无奈，又把他召回，升任新安太守，想利用高官厚禄收买他。可是孙泰做了大官以后，五斗米道的势力更加壮大了。于是，朝廷下令杀了孙泰。跟随叔父的孙恩被迫逃入东南海岛，并在沿海一带联络教徒，继续壮大势力。当司马元显下令征发江东八郡"免奴为客"以充兵役时，孙恩领导下的五斗米道教徒蜂拥而起。起义军先攻上虞，又欲破袭会稽郡。

当时，镇守会稽郡的正是陶渊明担任祭酒时的江州刺史王凝之。兵临城下之时，同样深信五斗米道的王凝之既不出兵，又不设防，整天在室内念经祷告。官署请求出兵，他说，我已经向大仙请示，借了数万鬼兵驻守各个要塞，不用担心反贼。不久，孙恩轻而易举攻陷会稽，王凝之及其子女被杀。他的妻子谢道韫，听说反贼已经杀到城下，镇定自若，命令婢女抬着自己的轿子，在家门外亲自用刀杀掉几个贼兵，之后被俘。被俘后的她坚贞不屈，孙恩感其忠勇，将其释放。谢道韫重归故里，一直寡居终老。

朝廷急派镇军将军刘牢之率领北府兵前往镇压。刘牢之先是派部将桓宝和儿子刘敬宣直逼曲阿（今江苏丹阳），合击孙恩，又亲率大军东征，屡战屡胜，一直打到浙江。孙恩畏惧，率部逃亡至海上。刘牢之因此被拜为前将军，都督吴郡诸军事，并回师镇守京口。

"在昔曾远游，直到东海隅。"(《饮酒诗二十首（其十）》)

陶渊明一做刘牢之参军，便开始颠簸在征战孙恩的路途之中。"遥遥从羁役"(《杂诗十二首（其九）》)、"驱役无停息"《杂诗十二首（其十）》，东飘西荡、南北奔走的漂泊生活，烽火连天、血腥杀戮的战争场面，让他无限思念田园的安宁和家乡的亲情。

当行军至曲阿的时候，陶渊明写了这首《始作镇军参军经曲阿》：

> 弱龄寄事外，委怀在琴书。
> 被褐欣自得，屡空常晏如。
> 时来苟冥会，宛辔憩通衢。
> 投策命晨装，暂与园田疏。
> 眇眇孤舟逝，绵绵归思纡。
> 我行岂不遥，登降千里余。
> 目倦川途异，心念山泽居。
> 望云惭高鸟，临水愧游鱼。
> 真想初在襟，谁谓形迹拘。
> 聊且凭化迁，终返班生庐。

这首诗的大意为，原本淡泊自持、安贫乐道，但为生活所迫，无奈跻身仕途，离开了美丽自由的家乡田园，舟车劳顿、千里跋涉，异乡的风景早已厌倦，真后悔自己当初的选择，羞见家乡高翔的飞鸟，愧对家乡水中的游鱼，我真正的心灵之乡在老家啊！我终将会回到大自然的怀抱。

这首诗叙述了陶渊明违心出仕的原因，抒发了他对田园自由生活的深深怀念，真切地反映出他出仕与复归的心理纠结与矛盾。

晋安帝隆安四年（400年）五月，兵败的孙恩被驱赶至海岛之上，军中暂时平静。随刘牢之驻扎京口的陶渊明实在忍受不住思乡之情，便请假回乡探视柴桑的姨母和江陵的母亲。假期一经批准，陶渊明欣喜若狂，收拾行装弃岸登舟，计算着回到家乡的日子，想象着见到家乡的样子。"行行循归路，计日望旧居。一欣侍温颜，再喜见友于。"（《庚子岁五月中从都还阻风于规林二首（其一）》）

然而，计划赶不上变化，船行至一个叫规林的地方，偏偏遭遇大风，被迫停留在一个避风湖湾。太阳渐渐西落，黄昏已至，夜幕即将降临，周围草木葱茏，岸上夏木枝繁叶茂，越发显得幽暗无边，离家虽然仅百里之遥，险峻的庐山就在眼前，却只能望山兴叹。

    凯风负我心，戢枻守穷湖。
    高莽眇无界，夏木独森疏。

>谁言客舟远，近瞻百里余。
>
>延目识南岭，空叹将焉如。
>
>（《庚子岁五月中从都还阻风于规林①二首（其一）》）

离开家乡行役苦，回归家乡行路难啊！人生无常，凶险难择，就像这大风巨浪一样。盛年短暂，人的一生究竟要的是什么？只有身与心的自由才是人生的最高境界与生命的真正意义。

>自古叹行役，我今始知之。
>山川一何旷，巽坎难与期。
>崩浪聒天响，长风无息时。
>久游恋所生，如何淹在兹。
>静念园林好，人间良可辞。
>当年讵有几？纵心复何疑！
>
>（《庚子岁五月中从都还阻风于规林二首（其二）》）

回到柴桑，又回到江陵，陶渊明看到家里的生活因他的俸禄已有明显改观。在柴桑的从弟敬远已成了家里的壮劳力，把田园打理得井井有条，姨母的身体也很好。在江陵的母亲

---

① 规林：地名，今地不详。据"延目识南岭"可知，距今江西九江不远。

虽然多病,但精神尚好,儿子们调皮淘气、嬉戏玩乐、乐不思学,妻子翟氏因长期劳作显得疲惫,孩子们读书学习的劲头亦不足。

陶渊明一回到家里,便不再想离开,在家停留三四个月时间。在家里,他一边教五个孩子读书弹琴,一边亲自播种并看护庄稼,同时遍读奇书,著文自娱。"见树木交荫,时鸟变声,亦复欢然有喜。常言五六月中,北窗下卧,遇凉风暂至,自谓是羲皇上人。"(《与子俨等疏》)

陶渊明的欲望值很低,看到树木枝叶交错成荫,听见候鸟嬉戏鸣叫,他就十分高兴。夏天里坐卧北窗之下,习习凉风吹过,便自以为是上古伏羲氏以前悠哉悠哉自由幸福的古人了。

食人俸禄,身不由己。正在如"羲皇上人"一样悠然自得的陶渊明突然接到军中命令,远在海上漂泊的孙恩有卷土重来的迹象,要求他立即返回军中受命。

晋安帝隆安五年(401年),孙恩果然率领起义军从长江入海口逆流而上,围困京城建康。而远在江陵的荆州刺史桓玄也仿佛看到了机会,想浑水摸鱼,极力上书朝廷,请求入京护卫。朝廷上下都猜到了这位野心家的目的,因此,司马元显坚决拒绝了桓玄的请求。于是,司马元显一方面在长江之上设置重兵,坚持阻止桓玄入京,另一方面派刘牢之镇压孙恩起义军,迫使其败走江比,自杀身亡,暂时缓解了京城困局。

"遥遥从羁役,一心处两端。"(《杂诗十二首(其九)》)

就在陶渊明随刘牢之屡战屡胜，有望得到擢拔的关键时刻，他却再次乞假归家，因为他想念远在江陵的妻子和孩子，牵挂身体有病的母亲。但生性多变又计谋多端的刘牢之却给陶渊明一个如鲠在喉的任务，为他的还家之旅平添一股无奈的感伤。虽然刘牢之在京城位居司马元显之下，但身在长江上游的桓玄也是雄才大略，他知道桓玄一旦顺江而下，必是自己与桓玄的生死之战。刘牢之知道陶渊明的外祖父孟嘉曾是桓玄父亲桓温的部下，至今，陶渊明本人也在桓玄手下工作，再说，陶母现也在江陵。刘牢之想让陶渊明在江陵长驻，了解桓玄的实力，观察他的动向，时时传递信息，以便制定自己的战略决策。

接受了这一任务后，陶渊明的心情十分复杂。他心想：我堂堂一文士，怎么能干细作一样的差事？但他又有些心动，毕竟可以陪伴在老母和家人身边。于是，陶渊明匆匆离开了京口，逆流而上，回荆州江陵，名为探亲，实为赴命去了。

闲居三十载，遂与尘事冥。
诗书敦宿好，林园无世情。
如何舍此去，遥遥至南荆。
叩枻新秋月，临流别友生。
凉风起将夕，夜景湛虚明。
昭昭天宇阔，皛皛川上平。

> 怀役不遑寐，中宵尚孤征。
> 商歌非吾事，依依在耦耕。
> 投冠旋旧墟，不为好爵萦。
> 养真衡茅下，庶以善自名。

（《辛丑岁七月赴假还江陵夜行涂口》）

这首诗的大意为，在家闲居近三十年，隔绝了身外俗世。平日里只有读书之乐，园林清净，如今却舍此而去，堕入凡尘，连探视母亲也要回到遥远的江陵。秋夜的孤月，高悬空中，凉风吹拂的夜空，澄澈空明，皎洁的江面一片宁静，而行役疲惫的我无暇安睡，夜半逆水而行。追求官禄绝不是出自本心啊，我心依恋的依然是田园躬耕。真想赶快返回柴桑故里，不能被庸俗的官禄所缠绕，只愿隐居在茅舍修养心性，这才能保持我的名节清操。这是发自肺腑的真情实感，是反感行役、厌弃仕途的真切表现。

面对澄明静穆的夜空，他对江水和秋月发出了自己的心声："商歌非吾事，依依在耦耕。"这里的"商歌"和"耦耕"是两个典故。商歌，典出《淮南子·道应训》。春秋时一个叫宁戚的人想向齐桓公谋求官职，就在齐桓公经过的地方"击牛角而疾商歌"，从而成功引起齐桓公的注意，后成就大业。商声凄凉悲切，后遂以"商歌"比喻自荐求官。耦耕，典出《论语·微子第十八》："长沮、桀溺耦而耕。"长沮、桀溺是春秋时期楚国的两位隐士，因不满当时礼崩乐坏的社会风气而结伴隐居乡间，耕种避世，以求洁身自好。

或许在当时，只有这秋风明月与这不息的江水才能理解陶渊明澄明如镜的心境吧！

回到江陵后，陶渊明按照刘牢之的安排，几乎走遍了整个荆州。荆州之地，虽然只有武昌、安成、桂阳三郡，却相当于今天湖北、湖南的全境。这里土地肥沃，物产丰富。虽然屡遭战争的破坏，但只要有短短几年的和平间隙，生产就会迅速发展起来。特别在交通不便、远离战火的武陵一带，甚至出现了百姓安居乐业的景象。陶渊明《桃花源记》的素材就源自于此。

桓玄在这里设置新的郡县，招募流民，迁徙蛮族，一边大力发展生产，一边扩军备战。此时的荆州在桓玄的治理下，物资充盈，兵强马壮，包括长江之上的许多军事要塞，都由重兵把守。桓玄已经在荆州做大做强，其实力已远远超过朝廷，如果顺江而下，司马家的天下必然灰飞烟灭。

陶渊明知道，刘牢之生性多变，面对桓玄的强大兵力，他绝对不会忠于司马家族，投降桓玄是必然的结局。与这等人共事，实在令人不堪。因此，游历完荆州各地之后，陶渊明就有了不再回军中的打算，他准备留下来过自己的生活，陪伴母亲，照顾孩子，打理自己的诗酒田园。

然而，天有不测风云，人有旦夕祸福。

昔在江陵，重罹天罚。
兄弟索居，乖隔楚越。
伊我与尔，百哀是切。
黯黯高云，萧萧冬月。
白雪掩晨，长风悲节。
感惟崩号，兴言泣血。

（《祭程氏妹文》）

晋安帝隆安五年（401年）冬天，一个冷风呼啸的早晨，陶渊明的母亲孟氏不幸因病去世，这位家里压舱石般的老人的离去，让陶渊明有失去重心般的眩晕，伤心至极的他号啕大哭，以致口吐鲜血。

这位贤惠的大家闺秀嫁至陶家以来，相夫教子，夫唱妇随，吃苦受累，却从来没有丝毫的怨言，家传的风雅与高贵伴随她的一生，一如陶渊明笔下的黔娄之妻、老莱子之妇。在她的影响下，陶渊明饱读诗书，性格谦和，志向高远却又不随波逐流，他将自己的声名看得比自己的生命还重要，宁愿忍饥挨饿，也坚决固守名节，决不放任自流。

虚舟纵逸棹，回复遂无穷。
发岁始俯仰，星纪奄将中。
南窗罕悴物，北林荣且丰。

> 神萍写时雨，晨色奏景风。
>
> 既来孰不去，人理固有终。
>
> 居常待其尽，曲肱岂伤冲。
>
> 迁化或夷险，肆志无窊隆。
>
> 即事如已高，何必升华嵩。

(《五月旦作和戴主簿》)

这首诗的大意为，时间像空舟在流水中飞逝，日月循环运行无尽无穷。由外在的自然景色变化，由实入虚，写到命运的变化安危难测，表达诗人的人生哲学和生命观。陶渊明知道时光不停，人生如草木，必有一死。擦去眼泪后的他辞去刘牢之镇军参军的职务，一心为母亲丁忧守孝二十七个月，直至晋安帝元兴三年（404年）三月。

这期间，朝廷的形势就像陶渊明预测的那样，桓玄大军顺江而下，逼近朝廷，刘牢之叛变朝廷，桓玄攻入都城建康，自称太尉，全权摄政。晋安帝元兴二年（403年）十二月，桓玄终于实现了父亲桓温想干却没有干成的事，他自我加冕，篡位登基，改国号楚，将晋安帝幽禁在浔阳柴桑城，称为平固王。

后来和陶渊明、周续之并称为"浔阳三隐"的柴桑县令刘遗民耻于与桓玄为伍，弃官逃禄，隐居庐山之中了。

但好景不长，晋安帝元兴三年（404年）二月，原刘牢之参军刘裕起兵讨伐桓玄。三月，桓玄挟持晋安帝逃往发迹之地江陵。五月，桓玄兵败身死。在这次战争中，刘牢之之子刘敬宣因大败桓玄的三哥，也是其得力干将桓歆，为打垮桓玄起到了关键的作用，被刘裕奏请朝廷，任建威将军、江州刺史镇守浔阳。

（三）建威参军

到了浔阳，刘敬宣想起了陶渊明，急忙拜陶渊明为建威参军，于是，刚刚居江陵为母丁忧期满的陶渊明举家迁返柴桑旧居。

丁忧期间，陶渊明的心境十分复杂。对刘牢之的多变，他鄙视人性唯利是图的丑陋，而对桓玄的篡逆，他又感受到世道的险恶，尽管外祖父孟嘉曾是桓玄父亲桓温的长史，但陶渊明仍深恶痛绝这种残暴与贪婪。战争使整个江陵百业凋零，民不聊生。孟家虽然仍是官宦家族，但生活也过得十分拘谨。这时的陶渊明十分想念家乡浔阳柴桑。他思念家乡的姨母和从弟敬远，想念家乡的老宅是否"三径就荒，松菊犹存"（《归去来兮辞》），想念家乡的田园是否稻花飘香，蛙声一片。他已经暗下决心，丁忧之后，隐居乡旷，解脱自己。

在给从弟敬远的诗里，他写道：

> 寝迹衡门下，邈与世相绝。
> 顾眄莫谁知，荆扉昼常闭。
> 凄凄岁暮风，翳翳经日雪。
> 倾耳无希声，在目皓已洁。
> 劲气侵襟袖，箪瓢谢屡设。
> 萧索空宇中，了无一可悦。
> 历览千载书，时时见遗烈。
> 高操非所攀，谬得固穷节。
> 平津苟不由，栖迟讵为拙！
> 寄意一言外，兹契谁能别？
>
> （《癸卯岁十二月中作与从弟敬远》）

这首诗的大意是，隐居茅舍好像已与尘世隔绝，就连白天柴门依然关闭，年终风雪交加，寒风凄切，放眼户外，白雪皎洁，薄衣难敌寒风，就连粗茶淡饭也时有时缺。空空荡荡的房子里，没有一件让人高兴的事情。常阅读千年古书，书中古人的仁义节操实在令人敬仰，虽然不高攀古人，但固守穷节还是可以做到的。那种钩心斗角、残酷杀伐的所谓大道实在不能走啊，隐居躬耕也是一种选择。我的心情恐怕也只有你敬远弟能够理解吧！

在这首诗里，陶渊明告诉人们，既然无法在这肮脏险恶的环境中生存，那固守穷节、寝迹衡门就是最好的解脱之道。

此时的陶渊明不禁想起了家乡的春天和春天里的田园。

在昔闻南亩，当年竟未践。
屡空既有人，春兴岂自免。
夙晨装吾驾，启涂情已缅。
鸟哢欢新节，泠风送余善。
寒草被荒蹊，地为罕人远。
是以植杖翁，悠然不复返。
即理愧通识，所保讵乃浅。

（《癸卯岁始春怀古田舍二首（其一）》）

先师有遗训，忧道不忧贫。
瞻望邈难逮，转欲志长勤。
秉耒欢时务，解颜劝农人。
平畴交远风，良苗亦怀新。
虽未量岁功，即事多所欣。
耕种有时息，行者无门津。
日入相与归，壶浆劳近邻。
长吟掩柴门，聊为陇亩民。

（《癸卯岁始春怀古田舍二首（其二）》）

多么美好的春天，多么肥沃的田园，贫穷的我怎能面对耕种袖手旁观？清晨我驾上马车，心情欢畅地直奔田园，惠风和畅，百鸟鸣叫，走过荒草覆盖的小路，来到偏远的家田，这里没有军中嘈杂，只有心安理得的逍遥和自由。

先师孔子早有遗训："君子忧道不忧贫！"《论语·卫灵公第十五》立志耕耘自足才是正途，辛勤劳动换来禾苗的茁壮成长，无论收获如何，这个过程就十分令人欢心，日出而作，日落而归，闲暇之余，以酒慰邻，掩闭柴门，读书弹琴，这才是真正的生活，生命的真谛就在这里。

这首诗上下联系，反复吟咏，回环跌宕，言深境远。格调平淡自然，浑然天成。将自己的所思所想，敞开心扉，毫无保留地倾诉出来，如泉水流泻，清新自然。这就是陶渊明最真实的心情，也是他不断追求的清新和自然。

接到刘敬宣的征辟，陶渊明又喜又忧，喜的是这位昔日同僚，没有像他的父亲刘牢之一样善变而又脆弱，如今因功而位居江州刺史的大位；忧的是该怎么拒绝他真诚的邀约，陶渊明就是怀着这样的心情挈妇将雏回到老家柴桑的。

畴昔家上京，六载去还归。
今日始复来，恻怆多所悲。
阡陌不移旧，邑屋或时非。
履历周故居，邻老罕复遗。
步步寻往迹，有处特依依。

流幻百年中，寒暑日相推。

常恐大化尽，气力不及衰。

拨置且莫念，一觞聊可挥。

（《还旧居》）

离开江陵，回到阔别多年的家乡柴桑，东西街道、村宅旧居仍是原来的样子，只是有些房舍已经坍塌，一片萧瑟衰败的景象，许多老人和自己的母亲一样已经离开了人世。岁月沧桑，人生无常，真担心自己身体尚可而生命将尽，徒有"猛志逸四海"的雄心，哎，这真是多余之虑啊，倒不如举杯痛饮，醉卧忘怀！

破败的老家，凋敝的民生，陶渊明甚至连修补房屋的钱都没有，哪里还能奢望开怀饮酒？于是，他就接受了建威将军刘敬宣的征辟，打算再凭借建威参军这一职位，为破败的家乡、贫困的乡邻以及以后的隐居做些事情。他这样告诉自己的亲人："聊欲弦歌以为三径之资，可乎？"

晋安帝元兴三年（404年），陶渊明来到浔阳，出任建威将军刘敬宣的参军一职。刘敬宣虽然是幕僚，但他也只是野心家刘裕手中的一枚棋子。刘裕摄政之后，他并没有真心辅助东晋朝廷重整旗鼓，发展生产，救助民生，而是惦记着如何继续壮大自己的实力，以收复国土为名，建功立业，以达到谋逆篡国的目的。江州是长江口中游的要冲之地，上扼荆州，下镇首都建康，以刘敬宣的功勋，不应该占据如此重要的位置，但刘敬宣被刘裕视为亲信，所以才有如此安排，这为一年后刘敬宣的被迫辞职埋下了伏笔。

晋安帝义熙元年（405年）二月，在刘裕的护送下，晋安帝从江陵回到首都建康复位为帝。在刘裕平叛桓玄的战争中，立功最大的莫过于刘毅了。刘毅，字希乐，彭城沛国（今江苏沛县）人，东晋左光禄大夫刘镇的儿子。在与刘裕一起平叛桓玄的过程中，立功最大，却被刘裕奏请出任豫州刺史，册封南平郡公。因此，当刘裕护送晋安帝回建康后，曾与刘敬宣有隙的刘毅派人对刘裕说："如敬宣之比，宜令在后。""闻已授郡，实为过优；寻复为江州，尤用骇惋。"（《资治通鉴》卷一一四）意思是说，以刘敬宣的功劳担当江州刺史一职，实在不公平，令人惊骇。因惧于刘毅的势力，刘裕默许了刘毅的质疑，刘敬宣听说之后，感到十分不安，为了支持刘裕并保全自己，他不得不立即上表请求辞职，而奉令前去建康呈辞职表的，就是陶渊明。

陶渊明知道，随着刘敬宣的辞职，自己也要离开了，因为他知道，刘毅为纨绔子弟，嫉妒心强，不肯屈于人下。刘敬宣辞职后，他必然占据荆州、江州之位，最终不会为人所辖，而会反叛刘裕。奉使入京完成使命，便是回归田园之时。如诗中所说："人生无根蒂，飘如陌上尘。"（《杂诗十二首（其一）》）

顺江而下，行至钱溪（今安徽贵池东），陶渊明停舟登岸，因为这里有一支陶氏先祖的分支。多年前，陶渊明曾经在这里应酬过陶氏宗族的事务，故地重游，事事如昔，他感到十分亲切。

> 我不践斯境，岁月好已积。
> 晨夕看山川，事事悉如昔。
> 微雨洗高林，清飙矫云翮。
> 眷彼品物存，义风都未隔。
> 伊余何为者，勉励从兹役。
> 一形似有制，素襟不可易。
> 园田日梦想，安得久离析。
> 终怀在归舟，谅哉宜霜柏。
>
> （《乙巳岁三月为建威参军使都经钱溪》）

这首诗的大意为，好久没有踏上这片土地了，日出日落，山川依旧，事事如昔。微雨洗尘，林木翠绿，天空清爽，欢快的鸟儿迎风高翔。风雨及时，万物丰茂。而我却不合时宜，奔波着脱离本心的差役，我日思夜想的美丽田园啊，我离开得太久了。不久，我将会回到你的怀抱，如霜中的松柏一样高高地挺立。

该诗前半部分写景，后半部分感怀，通过对景物的描述，抒发了自己的思乡之情和归隐之念。陶渊明想告诉人们，自己归田适志的襟怀始终没有改变过，无论经历怎样的风霜雪雨，他都会像松柏一样，保持着自己的情操和品德，呵护着自己的心灵家园。

（四）彭泽县令

奉命使都归来，陶渊明直接回到故里柴桑，回到了他魂牵梦绕的诗酒田园。但现实是残酷的："余家贫，耕植不足以自给。幼稚盈室，瓶无储粟，生生所资，未见其术。"（《归去来兮辞 并序》）

这句的大意为，家境贫困，田地收成有限，不能自给自足。家里孩子多，瓮里没有积蓄的粮食，孩子们都嗷嗷待哺，找不到维持生计的办法。可见，离开俸禄，陶渊明根本就养不起一家老小。

"亲故多劝余为长吏，脱然有怀，求之靡途。会有四方之事，诸侯以惠爱为德，家叔以余贫苦，遂见用于小邑。于时风波未静，心惮远役。彭泽去家百里，公田之利，足以为酒。故便求之。"（《归去来兮辞 并序》）

这几句的大意为，亲友们又极力劝我从仕，我也有这样的思虑，但求取一官半职暂时也没有途径。恰巧遇到四方勤王的大事，诸侯大臣都以广施惠爱作为美德。我的叔父见我家境贫困，就举荐我任职于小县县令。这时，讨伐桓玄的战争还没有结束，我心里也害怕出远差。彭泽县离家只有百余里路程，公田里种植的粮食，足够酿酒，故而就向叔父谋求这个官职。于是，家叔陶夔就推荐我为彭泽县令。

陶夔，明代陶贵编的《丹杨陶氏宗谱》记载，他是三国时吴国交州刺史陶璜的后代，陶渊明的从叔，也就是堂叔。晋孝武帝太元十九年（394年），陶夔任晋安郡太守（治所在今福州）。任内，他勤政爱民，尤其重视文章典籍。因见闽地日益开发，却久无图志，于是广征文献，博采旧闻，撰成《闽中记》。后任朝廷太常卿。晋安帝义熙三年（507年）春五月，司马德宗在江陵复位。陶夔奉刘裕之命，前往江陵迎请晋安帝司马德宗回京城，龙船行至临近建康一个叫作板桥的地方，因江上突起大风，所乘龙舟侧翻沉没，陶夔与同行十余名官员一同遇难。陶夔的离世，标志着陶氏家族的彻底没落。

说实在的，这个彭泽县令对陶渊明并没有多少吸引力，唯一使他动心的是离家很近，不足百里，并且有公田之利，可以种秫酿酒。

晋安帝义熙元年（405年）仲秋时日，陶渊明"不以家累自随"（萧统《陶渊明传》），只携妻子翟氏及幼子前去彭泽县赴任县令一职。其余四个儿子则在家自力更生。

临行之前，他专门雇用一个长工，并且告诉孩子："汝旦夕之费，自给为难，今遣此力，助汝薪水之劳。此亦人子也，可善遇之。"(萧统《陶渊明传》)也就是说,这一长工与你们年龄相仿,也是别人家的儿子,希望他们要像善待自己一样善待他。

彭泽,因"彭蠡泽(今鄱阳湖)在西"而得名。鄱阳湖古称彭蠡、彭蠡泽、彭泽,西汉初年开始建县。307年设立浔阳郡时,将原属豫章的彭泽县划入浔阳郡。彭泽县有公田三百亩,陶渊明上任的时候,正赶上种植秋粮的季节,看到这片肥沃的土地,陶渊明好像看到了一片郁郁葱葱的高粱,红红的高粱穗幻化成了一坛坛的佳酿。于是,生性嗜酒的陶渊明命令属下将三百亩地全部种上高粱,并自我陶醉地说:"吾尝得醉于酒足矣!"妻子翟氏听后十分反对,毕竟人还是要吃饭的,不能光喝酒啊!于是,她苦苦相劝,要多种稻子,先解决吃饭问题。最后陶渊明做出了妥协:"乃使二顷五十亩种秫,五十亩种粳。"(萧统《陶渊明传》)

然而,好景不长,还没有等到高粱成熟,陶渊明就厌倦了当彭泽县令的生活。"及少日,眷然有归欤之情。何则?质性自然,非矫厉所得。饥冻虽切,违己交病。尝从人事,皆口腹自役。于是怅然慷慨,深愧平生之志。犹望一稔,当敛裳宵逝。"(《归去来兮辞 并序》)

陶渊明刚入官场,便有了回乡的心情。究其原因,是因为他本性率真,无法适应熙熙攘攘、苟且钻营的官场。饥饿寒冷虽然让人感到痛苦,但违背自己的意愿,则更使他身心疲惫，在官场上应酬周旋，完全是为了填饱肚子。因此，他惆怅又后悔，为平生的抱负无法实现而深感惭愧。时时都在想着等到高粱成熟，就收拾行装，乘着夜色悄悄离去。

"云无心以出岫，鸟倦飞而知还。"（《归去来兮辞》）

可惜还没等到高粱成熟，快到年底的时候，浔阳郡派督邮到县里督导工作。

所谓督邮，又称都邮，是汉代隋初官职名，为督邮书掾、督邮曹掾的简称。何为书掾、曹掾？掾，缘也。朱骏声曰："掾，本训当为佐助之谊，故从手。"原为佐助的意思，后为副官佐或官署属员的通称：掾吏。书掾、曹掾都是服务于长官的职吏。《汉书·朱博传》："出为督邮书掾，所部职办。"

督邮始置于西汉中期，郡府职吏，协助郡守国相监察属县，督送邮书，兼及捕系盗贼，录送囚徒。《后汉书·卓茂传》："平帝时，天下大蝗……独不入密县界，督邮言之。太守不信，出自案行，见乃服焉。"李贤注："《汉书》《志》曰：郡监县有五部，部有督邮掾，以察诸县也。"督邮在汉朝达到权力顶峰，魏晋时地位似不如前代，后设置渐少，隋初废郡，督邮一并废除。

大家耳熟能详的关于督邮的历史典故就是三国时期张翼德怒鞭督邮。《三国演义》第二回"张翼德怒鞭督邮 何国舅谋诛宦竖"，讲述了一位督邮，前往刘备担任县尉的安喜县巡察。这个索贿受贿成瘾的督邮，遇上了刚正不阿的刘玄德，索要不成遂怀恨在心，想要陷害刘备，刚好被莽撞人张飞发现，便被绑起来狠狠地抽了一顿，也算为刘备出了一口恶气。这个典故出自《三国志·蜀书·先主传》："灵帝末，黄巾起，州郡各举义兵，先主率其属从校尉邹靖讨黄巾贼有功，除安喜尉。督邮以公事到县，先主求谒，不通，直入缚督邮，杖二百，解绶系其颈着马柳，弃官亡命。"

关于督邮还有一个成语"平原督邮"。《世说新语·术解》曰："桓公有主簿善别酒，有酒辄令先尝，好者谓'青州从事'，恶者谓'平原督邮'。"魏晋时期，桓温手下的一个主簿善于辨别酒的好坏，他把好酒叫作"青州从事"，因为青州有个齐郡，齐与脐同音，好酒力一直达到脐部。把次酒叫作"平原督邮"，因为平原郡有个鬲县，鬲与膈同音，次酒的酒力只能到达胸腹之间。将督邮比作酒，可见督邮的职务已经被赋予了耐人寻味的意蕴。

督邮品级不高，但权力不小，是没有功名的小吏争相追逐的香饽饽。而这位督邮正是陶渊明任江州祭酒时州府里的一个无赖小儿，靠着欺压百姓、投机钻营一路起来。对此，陶渊明颇不以为意，甚至带有几丝轻蔑。

当督邮被前呼后拥着走进县衙的时候，陶渊明还在城外的田里察看高粱的收成。他一身布衣，赤脚光腿，一副农夫的模样。属下官员急忙跑来，请他赶紧回衙，并告诉他要身着官服，具礼拜见，否则得罪督邮，后果不堪设想。陶渊明自然知道督邮的分量，更知道他的贪婪。每年的督导检查其实就为炫耀官威、大肆敛财，丝毫的怠慢都会带来灾难性的后果。但陶渊明实在过不了自己这一关，不禁喟然长叹："我岂能为五斗米折腰向乡里小儿？"

"寻程氏妹丧于武昌，情在骏奔，自免去职。仲秋至冬，在官八十余日。"（《归去来兮辞 并序》）

就在陶渊明为是否拉下面子拜见督邮的时候，他突然接到一封来自武昌的信：远嫁武昌的程氏妹去世了。这一消息彻底打消了陶渊明的所有顾虑，他知道，无畏的断然离开可能会招致无谓的陷害。至此，他终于有了一个冠冕堂皇的借口："即日解绶去职"（萧统《陶渊明传》），远赴武昌，为妹妹奔丧而去。自仲秋到现在，为官一共才八十多天。

临行前，一篇《归去来兮辞》向世人宣告，以明心志。陶渊明终于痛下决心，坚定不移地回归田园，用一篇文章与自己的过去做了一个彻底的决裂与了断。

归去来兮，田园将芜胡不归？既自以心为形役，奚惆怅而独悲？悟已往之不谏，知来者之可追。实迷途其未远，觉今是而昨非。舟遥遥以轻飏，风飘飘而吹衣。问征夫以前路，恨晨光之熹微。

乃瞻衡宇，载欣载奔。僮仆欢迎，稚子候门。三径就荒，松菊犹存。携幼入室，有酒盈樽。引壶觞以自酌，眄庭柯以怡颜。倚南窗以寄傲，审容膝之易安。园日涉以成趣，门虽设而常关。策扶老以流憩，时矫首而遐观。云无心以出岫，鸟倦飞而知还。景翳翳以将入，抚孤松而盘桓。

归去来兮，请息交以绝游。世与我而相违，复驾言兮焉求？悦亲戚之情话，乐琴书以消忧。农人告余以春及，将有事于西畴。或命巾车，或棹孤舟。既窈窕以寻壑，亦崎岖而经丘。木欣欣以向荣，泉涓涓而始流。善万物之得时，感吾生之行休。

已矣乎！寓形宇内复几时，曷不委心任去留？胡为乎遑遑欲何之？富贵非吾愿，帝乡不可期。怀良辰以孤往，或植杖而耘耔。登东皋以舒啸，临清流而赋诗。聊乘化以归尽，乐夫天命复奚疑！

这篇辞赋的大意为，回去吧！田园都将要荒芜了，为什么不回去呢？既然自己的心灵被躯壳所役使，那为什么还悲愁失意？我明悟过去的错误已不可挽回，但明白未发生的事尚可补救。我确实误入迷途，但不算太远，已觉悟如今的选择是正确的，而曾经的行为才是迷途。船在水面轻轻地飘荡前进，轻快前行，风儿轻飘，吹起了衣袂翩翩。我向行人询问前面的路，恨天亮得太迟。

终于看到了自己的家，我心中欣喜，奔跑过去。家僮欢快地迎接我，幼儿们守候在门庭等待。院子里的小路快要荒芜了，松菊还长在那里。我带着幼儿们进入屋室，早有清酿溢满了酒樽。我端起酒壶酒杯自斟自饮，看着院子里的树木，觉得很愉快。倚着南窗寄托傲然自得的心情，我觉得住在简陋的小屋里也非常舒服。天天到院子里走走，自成一种乐趣，小园的门经常关闭着，我拄着拐杖出去走走，随时随地休息，不时抬头望着远方。云气自然而然地从山里冒出，倦飞的小鸟也知道飞回巢中。阳光暗淡，太阳快落下去了，我还手抚孤松徘徊着，不愿离去。

　　回来呀！我要跟世俗之人断绝交游。世事与我所想的相违背，再出外远行又能追求什么呢？以亲人间的知心话为愉悦，以弹琴读书为乐来消除忧愁。农夫告诉我春天到了，西边田野里要开始耕种了。有时叫上一辆有布篷的小车，有时荡起一叶小舟。有时经过幽深曲折的山谷，有时经过高低不平的山丘。草木茂盛，水流细微。我羡慕自然界的万物一到春天便各得其时、生长茂盛，感叹自己的一生行将结束。

　　算了吧！活在世上还能有多久呢，为什么不放下心来任其自然地生死？为什么心神不定，想要到哪里去？富贵不是我所求，修成神仙是没有希望的。趁着春天美好的时光，独自外出。有时放下手杖，拿起农具除草培土。登上东边的高岗我放声长啸，面对着清清的溪流吟诵诗篇。姑且顺其自然走完生命的路程吧！抱定乐安天命的主意，还有什么可犹疑的呢？

　　这篇辞赋，不仅仅是陶渊明一生重大转折的标志，也是中国文学史上的一座高峰，是辞赋的巅峰之作。文章以"归去来兮"开篇，开门见山地喊出了陶渊明久闷心中的愿望。他已厌倦官场的恶浊，仕途即迷途，庆幸自己迷途未远，回头是岸。回家的心情是十分愉悦的，昼夜兼程，仍恨时间过得太慢。等到欢呼雀跃地奔进家门，只见那"三径就荒，松菊犹存"。居室虽小，有容膝之安，庭院不大，有林木花鸟，有松菊相伴，有美酒畅饮。他要谢绝交游，与世相忘。闲来听家人说话，以琴书为伴，溪山寻幽；忙时郊野躬耕，植杖耘耔。就这样，像花草树木、山川日月一样，顺应自然变化，顺应天命而尽余年。

　　这篇辞赋语言质朴素雅，不着斧痕，感情真挚丰富，情切意浓，章节和谐美丽，有如天籁，呈现一种天然之美。

　　北宋文学家、政治家欧阳修在颍州（今安徽阜阳）为官时，和来访的苏东坡谈起刚刚读过的《旧唐书·元载传》：唐朝人元载幼年孤苦，天资聪明，对道家典籍尤为精通，但参加科举考试却屡试不中。由于唐玄宗迷信道教，元载才有幸被选中入朝为官。他处处揣摩圣意，深得皇帝的喜欢，恃宠而大肆胡作非为。最终，聪明反被聪明误，丢了性命。

　　欧阳修说，由此他联想到"不为五斗米折腰的陶渊明"，认为陶渊明有"绝识"。他还说："晋无文章，唯陶渊明《归去来兮辞》一篇而已！"

苏东坡听后十分感慨，遂作诗一首：

> 渊明求县令，本缘食不足。
> 束带向督邮，小屈未为辱。
> 翻然赋归去，岂不念穷独。
> 重以五斗米，折腰营口腹。
> 云何元相国，万钟不满欲。
> 胡椒铢两多，安用八百斛。
> 以此杀其身，何啻抵鹊玉。
> 往者不可悔，吾其反自烛。

（《欧阳叔弼见访诵陶渊明事叹其绝识既去感慨不已而赋此诗》）

这是一次彻底的了断和告别，也可以说，这是一次恐惧于灾难的逃离。一篇《归去来兮辞》，美丽而庄重。这种拂袖而去的告别，不禁让人想起孔子的一段话来："饭疏食饮水，曲肱而枕之，乐亦在其中矣。不义而富且贵，于我如浮云。"（《论语·述而第七》）吃粗食，饮凉水，弯起手臂当枕头，其中也是有乐趣的。不义却富有显贵，就如同浮云一般。

既来孰不去？人理固有终。

居常待其尽，曲肱岂伤冲。

（《五月旦作和戴主簿》）

陶渊明在与朋友的唱和之中，也解释了自己逃禄而耕的心情：人既生来谁能不死？人生规律必然有终。生活清贫等待命尽，曲肱而枕又何妨？安贫乐道才是正途。

话虽这么说，但归耕的现实却是十分骨感的。此后，陶渊明一家开始了饥寒交迫、穷困潦倒的艰难生活，一直到他去世。在临终遗言中，他曾向孩子道出辞官归隐的原因，似乎还流露出一丝歉意："性刚才拙，与物多忤。自量为己，必贻俗患。黾勉辞世，使汝等幼而饥寒。"（《与子俨等疏》）

陶渊明逃禄归耕是心甘情愿的，是一步一步从犹豫转向急迫的，甚至不惜一家人跟着他遭罪。他还因此自我解嘲："贫富常交战，道胜无戚颜。"（《咏贫士七首（其五）》）

"代耕本非望，所业在田桑。"（《杂诗十二首（其八）》）

（五）逃禄的根源

陶渊明为什么如此义无反顾地逃禄归耕呢？他的一篇《感士不遇赋》，道出了最深层次的原因。

昔董仲舒作《士不遇赋》，司马子长又为之。余尝以三余之日,讲习之暇,读其文,慨然惆怅。夫履信思顺,生人之善行,抱朴守静,君子之笃素。自真风告逝,大伪斯兴,闾阎懈廉退之节,市朝驱易进之心。怀正志道之士,或潜玉于当年;洁己清操之人,或没世以徒勤。故夷皓有'安归'之叹,三闾发'已矣'之哀。悲夫!寓形百年,而瞬息已尽,立行之难,而一城莫赏。此古人所以染翰慷慨,屡伸而不能已者也。夫导达意气,其惟文乎?抚卷踌躇,遂感而赋之。

咨大块之受气,何斯人之独灵!禀神智以藏照,秉三五而垂名。或击壤以自欢,或大济于苍生。靡潜跃之非分,常傲然以称情。世流浪而遂徂,物群分以相形。密网裁而鱼骇,宏罗制而鸟惊。彼达人之善觉,乃逃禄而归耕。山嶷嶷而怀影,川汪汪而藏声。望轩唐而永叹,甘贫贱以辞荣。

淳源汩以长分,美恶作以异途。原百行之攸贵,莫为善之可娱。奉上天之成命,师圣人之遗书。发忠孝于君亲,生信义于乡闾。推诚心而获显,不矫然而祈誉。嗟乎!雷同毁异,物恶其上。妙算者谓迷,直道者云妄。坦至公而无猜,卒蒙耻以受谤。虽怀琼而握兰,徒芳洁而谁亮?哀哉!士之不遇,已不在炎帝帝魁之世。独祗修以自勤,岂三省之或废?庶进德以及时,时既至而不惠。无爰生之晤言,念张季之终蔽。愍冯叟于郎署,赖魏守以纳计。虽仅然于必知，亦苦心而旷岁。审夫市之无虎，眩三夫之献说。悼贾傅之秀朗，纡远辔于促界。悲董相之渊致，屡乘危而幸济。感哲人之无偶，泪淋浪以洒袂。

承前王之清诲，曰天道之无亲。澄得一以作鉴，恒辅善而佑仁。夷投老以长饥，回早夭而又贫。伤请车以备椁，悲茹薇而殒身。虽好学与行义，何死生之苦辛！疑报德之若兹，惧斯言之虚陈。何旷世之无才，罕无路之不涩。伊古人之慷慨，病奇名之不立。广结发以从政，不愧赏于万邑。屈雄志于戚竖，竟尺土之莫及。留诚信于身后，恸众人之悲泣。商尽规以拯弊，言始顺而患入。奚良辰之易倾，胡害胜其乃急。

苍旻遐缅，人事无已。有感有昧，畴测其理。宁固穷以济意，不委曲而累己。既轩冕之非荣，岂缊袍之为耻？诚谬会以取拙，且欣然而归止。拥孤襟以毕岁，谢良价于朝市。

本篇赋的大意是这样的：昔日董仲舒写过一篇《士不遇赋》，后来司马迁也写了一篇《悲士不遇赋》。我曾经利用冬闲、夜晚和阴雨天"三余之时"，和在讨论学习的间隙，读了他们的文章，读后深为感慨与哀伤。遵守信义，忠孝两全，是人的美好品德；胸怀坦荡，心地清静，是君子之志。但淳朴的风尚已经消失，虚伪之风开始盛行，廉洁谦让的操行渐被淡忘，攀附权贵的侥幸之心日益泛滥。一些胸怀正直、立志治世之士，正当壮年而隐居不仕；一些洁身自好、节操清廉之人，却徒劳终生。所以伯夷、叔齐和"商山四皓"都有"吾归何处"的悲叹，三闾大夫屈原发出无可奈何的哀怨。可悲啊！人生百年，转眼即逝，建立功业十分艰难，却没有应得封赏。这就是古人慷慨挥笔抒发难尽的缘故。能够抒发性情意志的，大概只有写文章了。我抚书展卷反复思考，深有感触，写下这篇文章。

　　承天地之气而万物生育，人类独为万物之灵！禀受神情意志而拥有智慧，凭三才五常之道得以留名。或居乡野击壤游戏，或出仕途拯救天下。无论隐居还是出仕，都合乎本分，各适其情。时光流逝，往古之世成为过去，好人坏人渐有分别。鱼儿恐惧于密织的渔网，鸟儿心惊于大张的罗网。善觉悟的通达明智之人，逃避官禄隐居躬耕。高峻的山岭中有隐士身影，广阔的河流上有隐士的歌声。遥想远古之世不禁深深叹息，只能甘居贫贱辞却荣华虚名。清澈源头各有分支，善恶区分不同路途。研究什么行为最为可贵，莫若多行善事最可欢娱。遵从上天既定之命，效法圣人留传之书。忠于君主孝敬双亲，乡里再把信义建树。凭真诚之心获得显达，不虚伪做作祈求名誉。可叹啊！人云亦云诽谤异己，憎恨别人超过自己；把聪明之人说成糊涂，将正直之士视为狂妄。坦诚公正无猜忌，最终会受辱遭诽谤。虽怀美玉握兰草，徒然芳洁没人称赞！悲哀呀！贤才不被重用，只因没赶上炎帝、帝魁时的太平盛世。恭敬修身独自勤勉，反复自省哪能废弃；愿修身养德等待良机，但良机既至却不顺畅。若非爰盎（袁盎）向皇帝面荐，想那张季将永远被遮蔽；可怜冯唐年老仍官职卑微，凭借魏尚才把官提。虽勉强可称终遇知己，却愁苦煎熬荒废时间。明知市上确实无虎，三人说有便受蒙蔽。可哀贾谊才华出众，千里马委屈在狭小的空间。可悲董仲舒学识渊博，屡遭危难而幸免一死。感慨哲人孤独无依，泪流纵横沾湿我衣。前代圣王明明教诲，天道无私常与善人；天道清澄可以明察，帮助善者保佑仁人。伯夷叔齐到老挨饿，颜回早逝家境甚贫；可怜啊，孔子卖车才葬了颜回，可悲啊，伯夷叔齐饿死山中；虽然颜回好学伯夷叔齐行仁义，为何无论生死总是艰难困苦！如此报答恩德令人怀疑，天道无私之说难道是空论？哪里是世世代代没有贤才，只是因条条道路皆被阻塞。古人所以感慨悲叹，忧虑不能建立功名。李广年少即从军杀敌，盖世之功应当封万户侯；雄心壮志辱于外戚小人，竟然尺寸土地未得赏赐；真诚信义留在身后，感动众人为之悲泣。王商竭力谋划拯救弊端，开始顺利而后祸患殃及。为何施展才能的良机易尽，为何嫉才妒能的邪心猖獗！苍天遥远，人事不止；有些明白有些迷惑，谁能探究其中道理！宁愿守穷不违心志，不想委曲求全损害自己的人格。既然仕途艰险难得荣耀，破衣烂衫也不算羞耻。理解了这些就采取守拙，姑且欣然隐居避世。怀抱孤介之情安度此生，绝不出卖灵魂损我心志。

陶渊明的一生只作赋两篇，一篇是《闲情赋》，另一篇是《感士不遇赋》。这首赋指出了他所处的时代是一个社会腐朽、道德败坏的时代，达人多逃禄归耕，而入仕者则命运多舛。赋中历数了张季、冯唐、贾谊、董仲舒、伯夷、叔齐、颜回、李广、王商等人的事例，令人叹息不已。最后归结出他的人生态度"宁固穷以济意，不委曲而累己"，更加坚定了其归隐决心。这里，我们就对每个人不同的人生命运加以介绍，以增加对这首辞赋的理解。

张季

"无爰生之晤言，念张季之终蔽。"（《感士不遇赋》）

如果没有爰盎（袁盎）向汉文帝推荐，张季可能永无出头之日。

张季，字释之，西汉南阳堵阳（今河南方城）人。早年和他的哥哥张仲一起生活，靠哥哥捐官做了骑郎，侍奉汉文帝。张季虽满腹经纶，但为官十年仍默默无闻，得不到升迁。于是，他打算辞官回家，中郎将爰盎（袁盎）知道他的才华，惋惜他的离开，就请求汉文帝调补他做谒者。

汉文帝诏见张季，让他陈说国家大计，并要求他立足实际，不要高谈阔论。于是，张季就秦亡汉兴之事发表了有理有据的见解，得到了汉文帝的赏识，被任命为谒者仆射，这才有了发挥自己才华的机会。

一次，张季随汉文帝到上林苑观虎，文帝就虎圈的管理向管理上林苑的上林尉提了几个问题，上林尉见到文帝十分紧张，以致不能回答。这时，一个看管虎圈的啬夫立即从旁作答，答得十分周全，借此彰显自己。汉文帝认为上林尉不合格，下诏任命啬夫顶替上林尉。张季不以为然，对汉文帝说，绛侯周勃和东阳侯张相如都不善言谈，但他们都是年高德劭、受人敬重的长者，现在这样做，难道不是让所有人都效仿伶牙俐齿的啬夫吗？于是，汉文帝采纳了张季的建议，还任命张季为公车令，掌管宫中事宜。

一天，太子刘启与梁孝王刘武同乘入宫，在司马门没有下车，违反了宫卫令。张季阻止其进宫，并以"过司马门不下车为不敬"的罪名，弹劾了太子和梁王。文帝觉得他执法公正，不畏权贵，任命他为中大夫。不久，又任命其为中郎将。

张季随汉文帝登临霸陵（汉文帝陵，在今陕西西安）。文帝对大臣说，我死之后，就用北山的石头做椁，缝隙用切碎的苎麻丝絮塞住，再用漆粘涂，就没有办法打开了。大臣们都随声附和，张季却说："如果椁内有引起人贪欲的东西，即使封铸南山也会有缝隙；如果椁内没有引起人贪欲的东西，即使没有石椁也不值得忧虑。"汉文帝非常赞成张季的看法，后又任命其为廷尉。

张季担任廷尉后，秉公执法，谨慎判案，法不阿贵，赢得了百姓的敬仰。有一次，汉文帝出行，经过中渭桥的时候，被一个莽撞的人惊动了车驾。皇帝的随从抓住那个人，把他交给司法部门治罪。廷尉张季了解事情的原委后，判处那人罚金，汉文帝知道后很生气，说道："此人竟敢惊扰我的车驾，幸亏我的马温顺，假若是烈马我就危险了，你怎么仅仅判他罚金？"张季解释说："我们的法律就是这么规定的，如果加罪重判，就是枉法，肯定会失信于民。"听了张季的话，文帝气消了大半，最终同意了张季的判罚。

然而，汉文帝去世后，太子刘启即位为汉景帝，张季因得罪过景帝，申请辞官退隐不得。后来，被贬为淮南王的国相。

冯唐

"愍冯叟于郎署，赖魏守以纳计。虽仅然于必知，亦苦心而旷岁。"（《感士不遇赋》）

这句意思是说，可怜冯唐年老仍官职卑微，凭借魏尚之事才得以提拔，虽勉强算得上终遇知己，却愁苦煎熬荒废多少岁月。

冯唐，西汉代郡（今张家口蔚县）人，其祖父是战国时期的赵国中丘（今河北邢台内丘）人，父亲迁居代地（大概今河北蔚县一带）。汉朝建立后，又迁居安陵（今陕西咸阳西北）。冯唐以孝悌著称，被举荐为中郎署长，侍奉汉文帝。由于他为人刚正不阿，敢于进谏，不徇私情，经常遭人排挤，虽年事已高，但仍得不到升迁。

一次，汉文帝经过冯唐任职的官署，见冯唐一把年纪了，就问他是哪里人。冯唐说是代郡人。说起代郡，汉文帝十分感兴趣，因为他曾做过代王。他说：当年我在代地，我的尚食监高祛多次给我讲赵将李齐的才能，讲他在钜鹿（今河北巨鹿）城下奋勇作战的情形。你是代郡人，知道李齐吗？冯唐回答：李齐的才能，根本比不上廉颇和李牧。汉文帝十分感兴趣，问他凭什么这样说呢？冯唐说：当年我祖父也在军中，与李牧交情很好。我父亲做过代相，与李齐将军也过从甚密，所以，知道他们的为人。汉文帝听完冯唐的话，感叹地说：我为什么没有廉颇、李牧这样的将领呢？有了他们，还会担心北方的匈奴吗？冯唐却说：陛下即使得到廉颇、李牧这样的将领，也不会任用他们。汉文帝大怒，拂袖而去。后来，他又召见冯唐，质问其为什么当众侮辱自己，难道不能私下说吗？冯唐谢罪说：我是个粗鄙之人，不懂得忌讳。

不久，匈奴又大举进犯边境，汉文帝就又想起了冯唐，问他为什么知道自己就不能任用廉颇、李牧这样的将领。

冯唐说：古代君王派遣将军出外征战时，跪下握着车毂说，国门以内的事我决断，国门以外的事由将军决断。军中因功封爵奖赏的权力也交给将军，归来再奏报朝廷即可。这可不是空话。我的祖父曾说，李牧率军打仗时，把征收的税金全部犒赏部下，所以他能够北驱单于，大破东胡，消灭澹林，在西面抑制强秦，在南面抗衡韩国、魏国。那个时候，赵国几乎成了霸王。如今，我听说魏尚做云中郡守，他也用收取的税金犒赏士兵，还拿出个人钱财，五天杀一次牛，宴请宾客、军吏、亲近左右，全军士气高涨，匈奴才远远躲开。曾有一次匈奴入侵，魏尚带兵出击，杀敌众多，但有一些村野士兵不懂律令，多报杀敌六人之功，因此，陛下将魏尚削夺爵位，并判处一年的刑期。由此看来，陛下即使有了廉颇、李牧这样的将领，也是不能重用的。

文帝听后十分感慨，即命冯唐持节前去赦免魏尚，并官复原职，而冯唐也被提拔为车骑都尉。

汉景帝即位之后，冯唐又因耿直且不懂忌讳，被罢官。汉武帝时期，匈奴又进犯边境，汉武帝面向全国广征贤良。很多人推荐了冯唐，可此时的冯唐已经九十多岁，心有余而力不足，难以胜任了。王勃《滕王阁序》中的"冯唐易老"说的就是这个典故。

贾谊

"悼贾傅之秀朗，纡远辔于促界。"（《感士不遇赋》）

这句诗的意思是说，可叹贾谊才华锦绣，却像一匹千里马局促一隅而无法驰骋一样，没有施展抱负的机会。

贾谊，人称贾生。洛阳人，西汉著名的政论家、文学家，《过秦论》《论积贮疏》等是其有名的作品。贾谊从小师从荀况的学生张苍，少有才名，十八岁就以能诵诗书善文章闻名于当地，被河南郡守吴公招至门下，得以施展才华。他帮助吴公治理河南，成绩卓著，社会安定，时评天下第一。汉文帝登基后，擢升河南郡守吴公。在吴公的举荐下，二十一岁的贾谊被授以博士之职，出任博士期间，贾谊回答皇帝的征询往往见解精辟，对答如流，深得文帝欣赏，不到一年就被任命为太中大夫。

任太中大夫期间，贾谊政论时事，献计献策，表现优异。但因内敛不足，锋芒太露而得罪绛侯周勃等老臣。有人向皇帝进言诽谤贾谊"年少初学，专欲擅权，纷乱诸事"，因此，汉文帝逐渐疏远了贾谊，不久贾谊被外放为长沙王太傅。

三年后，又被召入宫。他继续政论天下，针砭时弊，并上疏陈事，却没有被皇帝采纳。三十二岁那年，任梁怀王太傅，随梁王入朝时，梁王刘揖坠马而亡。贾谊感到自己身为太傅，罪责难逃，深深自责，不久忧郁而终。毛泽东同志曾有一首诗评价贾谊之死：

贾生才调世无伦，
哭泣情怀吊屈文。
梁王坠马寻常事，
何用哀伤付一生。

（毛泽东《七绝·贾谊》）

这首诗是说，贾生的才情、才气、才能在当时是无人可比的，他以极其哀伤悲痛的心情写下凭吊屈原的千古文章。梁王坠马而死虽令人惋惜，但不是特别了不得的事情，哪里用得着哀伤至死的地步呢？

董仲舒

"悲董相之渊致，屡乘危而幸济。"（《感士不遇赋》）

这句诗的意思是，可悲董仲舒虽学识渊博，却屡遭危难幸免一死。

前文已经说过董仲舒，但说的是他的勤奋、他的博学，这里只说他仕途上遭遇的危难。

董仲舒创建的"天人感应""三大一统"等以儒学为核心的理论体系，深得汉武帝的赞赏。"罢黜百家，独尊儒术"的主张被汉武帝采纳，但也只得到一个国相的职位，他先是被派到江都易王刘非那里任国相。刘非一介武夫，蛮横粗暴，想让董仲舒像管仲辅佐齐桓公一样辅助自己，以图篡权。董仲舒时时或提醒、或暗示，小心翼翼地规劝刘非不可称霸，维护中央集权。

不久，皇家祭祖的长陵高园殿发生了大火，董仲舒认为这是上天发怒，是宣扬天人感应的好机会，于是起草了一份奏章，说上天已经对汉武帝发怒了。结果奏章还没上呈，就被人偷去，密报了汉武帝。武帝大怒，决定诛杀董仲舒，但又怜其才华，赦免死罪，罢免其江都王国相的职位。董仲舒不得不回家教书。

十年后，汉武帝重新起用董仲舒，任命其为胶西王刘端的国相。刘端比江都王刘非更凶残，过去不少做他国相的人，不是被杀就是被毒死。董仲舒任职时提心吊胆，生怕遭遇不测。四年后，他借口年老体弱，申请告老还乡，从此结束了他惶恐不安、战战兢兢的仕禄生涯。

不久，董仲舒于家中病逝，葬于西汉京师长安西郊。有一次汉武帝经过他的墓地，为表彰其对汉王朝的贡献，特下马致意。由此，董仲舒的墓地，又名"下马陵"。

伯夷　叔齐　颜回

"夷投老以长饥，回早夭而又贫。伤请车以备椁，悲茹薇而殒身。"（《感士不遇赋》）

这句诗的意思是，伯夷这样的贤良到老仍在挨饿，颜回这样仁德的人竟如此贫穷。颜回的父亲只能请求孔子卖车以葬颜回，可悲的伯夷、叔齐终因饥饿而亡身。

伯夷　叔齐

伯夷、叔齐是商朝末年孤竹君的两位王子，伯夷老大，叔齐老三。孤竹君生前遗命，由叔齐继承王位。孤竹君死后，叔齐以不愿打破规则为由让位于伯夷，伯夷却以叔齐不尊父命为由不愿继位，逃离出孤竹国；叔齐也不肯继位，也跑掉了。在逃离的路上，二人相遇。他们都听说西伯昌（后来的周文王）有德，二人决定去那里查访一下。快到西岐边境时，听说西伯已经过世，武王正兴兵伐商，于是二人迎着周兵而上。在孟津这个地方拦住了周武王，上前抓住他的马缰绳大声质问武王："父死不葬，爰及干戈，可谓孝乎？以臣弑君，可谓仁乎？"（《史记·伯夷列传第一》）

如此非礼，武王十分愤怒，准备杀死他们。这时，姜子牙制止说："此义人也。"放他们离开。武王灭商后，天下宗周，而伯夷、叔齐耻食周粟，隐居首阳山（今河南偃师），采集野菜而食之，最终饿死。临死前作歌，辞曰："登彼西山兮，采其薇矣。以暴易暴兮，不知其非矣。神农、虞、夏忽焉没兮，我安适归矣？于嗟徂兮，命之衰矣！"（《史记·伯夷列传第一》）

陶渊明《读史述九章》的第一首，就是赞美伯夷、叔齐的："二子让国，相将海隅。天人革命，绝景穷居。采薇高歌，慨想黄虞。贞风凌俗，爰感懦夫。"

颜回

颜回，字子渊，春秋末期鲁国都城（山东曲阜）人，孔门七十二贤之首。十三岁便师从孔子，终生以师事之，是孔子最得意的门生。

颜回随孔子周游列国归鲁后，不入仕，穷居陋巷。《论语·雍也第六》说他"一箪食，一瓢饮，在陋巷，人不堪其忧，回也不改其乐"。

颜回为人谦逊好学："不迁怒，不贰过。"孔子称赞他："贤哉，回也！"

颜回一生恪守"仁""礼"，具有君子四德：强于行义，弱于受谏，怵于待禄，慎于治身（《孔子家语·六本第十五》）。他向往追求的理想社会：君臣一心，上下和睦，丰衣足食，老少康健，四方咸服，天下安宁。

然而，在极度贫困的生活条件下，颜回仅活到三十二岁就英年早逝。死后连木椁都没有。他的父亲不得不请求孔子给予帮助。孔子对颜回的死极度悲痛，连呼："噫！天丧予，天丧予！"（《论语·先进第十一》）

李广

"广结发以从政，不愧赏于万邑。屈雄志于戚竖，竟尺土之莫及。"（《感士不遇赋》）

这句诗的意思是，李广年少即疆场杀敌，盖世武功可封万户侯，但却受辱于外戚和小人，竟然尺寸土地都未得到赏赐！

李广，西汉名将，秦朝名将李信的后代，陇西成纪（今甘肃秦安）人，擅长骑射，英勇机智。汉文帝时期，从军北击匈奴,因功被任为中郎将。汉景帝时期,先后任北部边境七郡太守,抗击匈奴。一次,他率骑兵百余人追击几名匈奴神射手,不想中途与匈奴大部队遭遇,部下都大惊失色,准备转身逃跑,李广却要求大家按兵不动,装出一副悠闲自得的样子。匈奴以为有伏兵,不敢贸然进攻,就这样相持到天黑,匈奴人怕中埋伏,仓皇而去。李广临危不乱,化险为夷,挽救了全体将士的生命。

李广作战时如同猛虎,平日里却爱兵如子。他与士兵同吃同住,行军遇到水源时,士兵们没有全部喝到水,他是绝对不喝水的;皇帝赐予的物品,他也一一与部下分享,士兵十分爱戴他,乐于为他所用。因作战勇猛,匈奴也敬畏他的威名。

汉武帝时期,李广被召为未央宫卫尉。元光六年(前129年),骁骑将军李广,领万余骑兵至雁门关追击匈奴,因寡不敌众被俘。匈奴人将其置卧于两马之间,李广伴装死亡,于途中纵身跃起,骑马逃走。匈奴人惊叹不已,称其为"飞将军",数年不敢进犯边境。

元狩四年(前119年),汉武帝为彻底消灭匈奴,发动了漠北之战,由卫青、霍去病各带五万骑兵跨大漠追杀单于。李广几次请战,方被允许出任前将军。卫青得知单于驻地后,自带精兵直击单于,命令李广从东路迂回进击。迂回的路上,漫漫黄沙,水草缺乏,年老的李广不幸迷失道路,未能参加与匈奴的战斗。回师之后,李广将所有的责任揽在自己身上,愤然自杀！失去了最后一次封侯的机会。司马迁称赞他："桃李不言，下自成蹊。"意寓桃李有美丽的花朵、甘美的果实，虽不说话，仍能吸引许多人来此赏花品果，以至于树下走出一条小路来。

王昌龄《出塞》诗云："秦时明月汉时关，万里长征人未还。但使龙城飞将在，不教胡马度阴山。"其中，"飞将"即指"飞将军"李广。《滕王阁序》有"冯唐易老，李广难封"之句，也是为飞将军不能封侯而感慨。

王商

"商尽规以拯弊，言始顺而患入。"(《感士不遇赋》)

这句诗是说，王商多方规划去拯救时弊，建议刚被皇帝采纳而祸患随即降临。

王商，字子威，涿郡（河北涿州）人，是汉宣帝舅舅王武的儿子，嗣位乐昌侯。汉元帝时，为右将军、光禄大夫，保护太子刘骜的储位。刘骜即位后，称汉成帝，王商任左将军。

王商身长八尺，体态伟岸，相貌出众。匈奴单于朝见汉成帝时，见到王商，感叹其身材高大，心生畏惧。汉成帝听说后赞叹："此真汉相矣！"

汉成帝建始三年（前30年），京城长安盛传有大水将至，百姓惊恐，城中大乱。汉成帝召集众臣商议。大将军王凤劝成帝立即准备舟船，以备大水时登舟避难，要求百姓登城墙以避祸。大臣们纷纷附和。唯独王商反对："自古再无道的国家，也没有大水漫城的事情，如今天下太平，四海安定，怎么会有水祸呢？一定是谣言。再说，如此敏感的时候，让百姓登城墙，只会助长谣言，制造混乱。"汉成帝听从了王商的建议。不久，大水没城的谣言不攻自破，大将军王凤也因此对王商心怀不满。

大将军王凤专权横行，王商作为朝廷重臣多次批评王凤，王凤心怀怨恨，到处罗织罪名陷害王商。最终，汉成帝迫于各方压力，免除王商丞相之职。王商愤恨交加，三天后吐血而亡，得了一个"戾侯"的恶谥。

这篇赋里，陶渊明阐述一个在中国古代社会不断重复的社会问题：君王昏庸，就会奸佞横行，小人得志。诸多贤臣虽有济苍生、安社稷之能，却被远弃朝堂，命运悲惨。

人禀受天地之气而生，且独秀于万物，"或击壤以自欢，或大济于苍生"，不管采取何种方式，生活都以"常傲然以称情"为准则，称情适性才是最好的生活方式。这也是陶渊明一生所坚持的法则。因此他慨然独倡"原百行之攸贵，莫为善之可娱"（《感士不遇赋》）的生存准则，而且要做一个"发忠孝于君亲，生信义于乡闾。推诚心而获显，不矫然而祈誉"（《感士不遇赋》）的真实的人。

但是在他所处的时代，上古"抱朴守静"的淳朴之风没有了，廉洁退让的节操也消失殆尽，代之而来的是大伪斯兴、世俗趋进的歪风邪气，"雷同毁异，物恶其上。妙算者谓迷，直道者云妄。坦至公而无猜，卒蒙耻以受谤"（《感士不遇赋》）。混浊空气，污染了整个天空。那些热衷功名之士，不惜一切代价攀附权贵，由此奸邪谗佞之徒到处都是。

"密网裁而鱼骇，宏罗制而鸟惊。"（《感士不遇赋》）顺我者昌、逆我者亡，正道之人人人自危，才智之士纷纷躲避。

而那些没有或者来不及躲避的人，往往会付出惨痛的代价。张释之、冯唐虽然赖知己而终得升迁，颜回、伯夷好学行义而全其节，但却"苦心而旷岁""何死生之苦辛"（《感士不遇赋》）。人生苦短，他们在人生追求的道路上荒弃了太多美好的时光，而没有给短促的生命找到快乐适意的注脚。

陶渊明所阐述的既是历史的真实，又是自己的现实。在这种混浊的环境中，陶渊明不屑于随波逐流，甘愿做一个孤独向善的真隐者。

针对这篇赋，清朝学者孙人龙在其《陶公诗评注初学读本》卷二评价："公一生贞志不休，安道苦节，其本领见于此数语。虽感士不遇，而归于固穷笃志。"

在东晋王朝这个有史以来最糟糕的无道之世，归隐乡野，固守穷节，自然自适，保存人的尊严，在陶渊明看来，绝不失为一种最明智的选择。

从此，陶渊明更名"潜"，隐身乡野，以示己志。

遇见

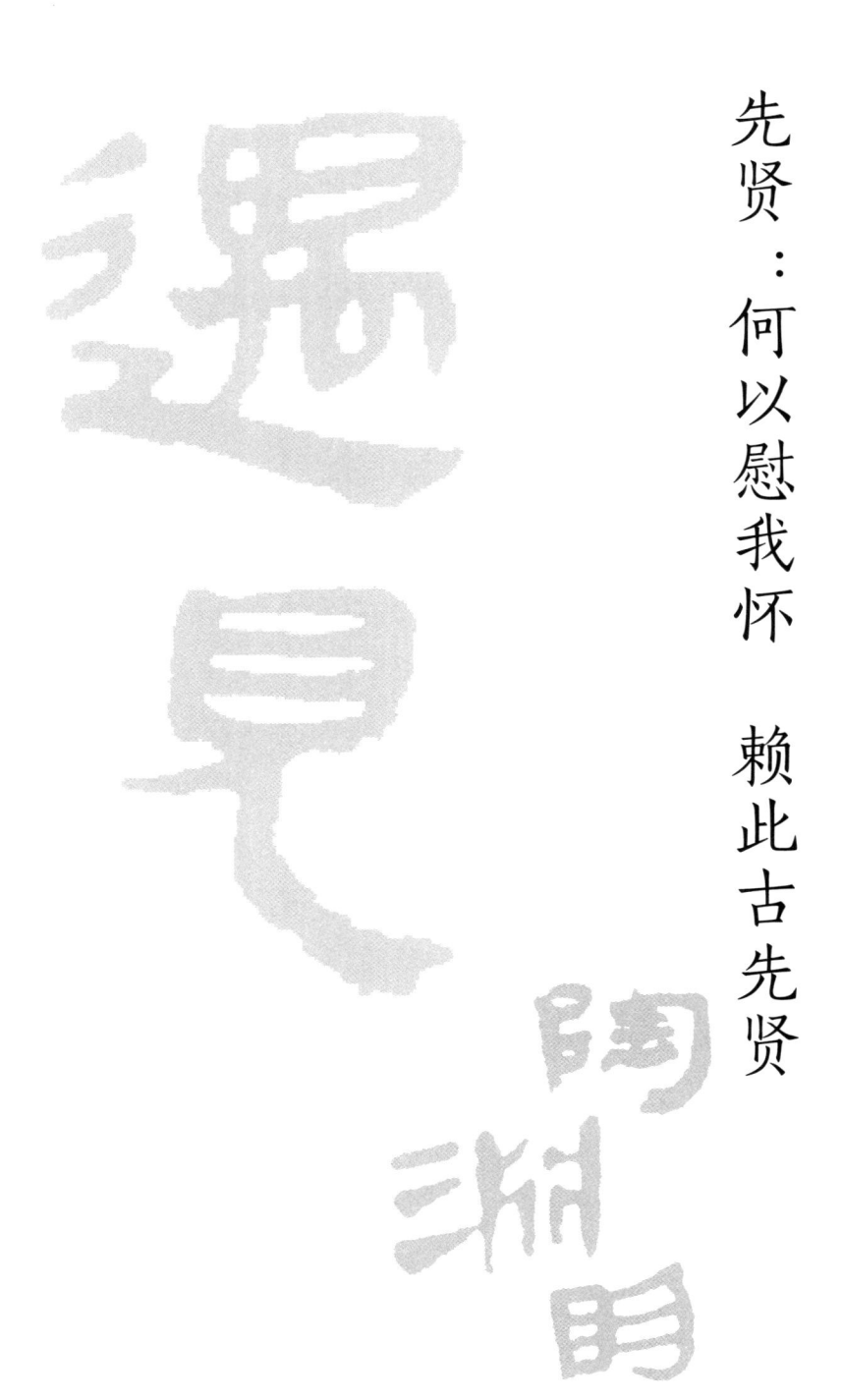

陶渊明

先贤：何以慰我怀 赖此古先贤

历览千载书，时时见遗烈。

高操非所攀，深得固穷节。

(《癸卯岁十二月中作与从弟敬远》)

陶渊明人格节操的形成，除了家族传承的基因，更重要的是饱读诗书的文化浸润，以"六经"为主的儒家经典成了主导他一生的核心思想。

儒家文化是崇尚自然、与自然和谐共生的文化，曾高度赞美了尧、舜、禹以及夏商周三代的古之先贤。一方面，主张以天下为己任，虽知其不可为而为之，格物致知，修齐治平，匡世济民；另一方面，儒家思想也赞同"天下有道则见，无道则隐"(《论语·泰伯第八》)，"舍之则藏"(《论语·述而第七》)，"穷则独善其身"(《孟子·尽心上》)，讲究"守死善道"(《论语·泰伯第八》)，"君子固穷"(《论语·卫灵公第十五》)。

年轻时的陶渊明曾经"猛志逸四海"，希望像自己的曾祖父陶侃一样格物致知、修齐治平，同时陶渊明也承袭了外祖父孟嘉的名士风范，并且深受叔父陶淡以及妻子翟氏家族世代隐逸思想的影响，不争、无为，身上天然具有一种高贵的洁癖。他一入仕途，便感到官场的肮脏与凶险，尽管几经挣扎彷徨，但他深信"君子忧道不忧贫"（《论语·卫灵公第十五》），最终选择了"贤者避世"，隐居以求其志。虽然这将意味着自己和家人生活的贫困与饥寒。

"何以慰我怀，赖古多此贤。"（《咏贫士（其二）》）每当贫困难耐的时候，陶渊明就用古之先贤鞭策自己、鼓励自己。在他一百多篇诗文中，歌咏赞美的古之先贤达七十多位，远的有上古时代的舜、禹、神农氏，近的有前朝阮籍等。他们有的是崇尚王道的贤士，有的是守死善道的隐士，有的是君子固穷的贫士，等等。这些古之先贤引领和塑造了陶渊明独立的人格，支撑着他度过饥寒交迫的贫困岁月。

下面，让我们逐个了解他笔下赞美和崇尚的人物，以人观人，去真正理解和寻找一个真实的陶渊明，探究他丰富的内心世界，看他是以怎样的信仰和毅力，度过充满寒冷和饥饿岁月的后半生的。

（一）示志慰怀的先贤

离开官场的陶渊明，除耕作外，读书写作是他最大的爱好，一篇《读史述九章》，最客观地表达了他的爱与恨，展示了他独立高贵的情怀。这是一组吟咏司马迁《史记》人物的四言韵语，有反对暴政、崇尚王道的伯夷、叔齐、箕子，有忠君爱国、身遭陷害的屈原和贾谊，有肝胆相照、互为知己的鲍叔牙和管仲，有避世远祸、隐名田园的张长公，有士为知己者死的程婴与公孙杵臼，有品德高尚、读书好学的孔门七十二弟子，有耿介孤高、持守古道的鲁国二儒生，还有因才招祸、惨遭不幸的韩非子，等等。

> 二子让国，相将海隅。
> 天人革命，绝景穷居。
> 采薇高歌，慨想黄虞。
> 贞风凌俗，爰感懦夫。

（《读史述九章·夷齐》）

伯夷、叔齐是商朝孤竹国君王的两个儿子，因相互推让继承君位，相伴逃离至海滨。顺天应人的武王攻克商纣王，伯夷和叔齐就隐迹穷居，不食周粟。他们靠采集野菜充饥，慷慨高歌，思念着黄帝和虞舜的那个时代。他们的坚贞气节非世俗可及，并且能够激励懦弱之人。伯夷和叔齐的故事在前文的章节已有叙述，不再赘言。

> 去乡之感，犹有迟迟。
> 矧伊代谢，触物皆非。
> 哀哀箕子，云胡能夷？
> 狡僮之歌，悽矣其悲。

（《读史述九章·箕子》）

这首诗是说，离开家乡的那种感情难以舍弃，况且已经改朝换代，眼前的一切都物是人非。无限哀伤的箕子，心中难以平静，有感而作的《麦秀歌》之诗，凄凉而令人悲伤。

箕子，名胥余，商末贵族，是商纣王的叔父，因封地在箕，故称箕子。他与微子、比干齐名，并称"殷末三贤"。殷末时期，商纣王荒淫无道，暴虐不止，引起朝野混乱。他的庶兄微子数次进谏都不被采纳，于是微子就悄然离开了朝歌；商纣王的叔父比干认为，为人臣者应当以死谏之，数次强行进谏，激怒了纣王，被剖腹挖心。同样进谏心切的箕子看到比干的下场，十分恐惧，索性割发装疯，佯狂鼓琴，商纣王将其囚禁，贬为奴隶。

周武王兴兵伐纣，通过牧野一战，商纣王兵败自焚，商朝灭亡，周武王释放了所有的囚犯。箕子趁乱逃往箕山（今山西晋城棋子山），过起了隐居生活。

周武王建立周朝后，求贤若渴，找到了隐居山林的箕子，想重用他帮助自己治国理政。但箕子认为"商其沦丧，我罔为臣仆"，不愿做周朝的子民，就拒绝了周武王。武王离开后，他迅速率领门生弟子、遗老故旧逃离了箕山。他们于山东胶州湾跨海东渡，几天后登上了一个岛屿，因见此地山明水秀、芳草连天，一派清新明丽的景象，便定居下来。他们建造房屋、开垦田地、养蚕织布、烧陶编竹，并制定了法律维持秩序，使故国文化在此落地生根。

周武王知道箕子东渡后，派人邀请箕子回故乡探望。箕子回国后，途经商都故址，眼见当年的宫殿已成了断壁残垣，园林里已种成了庄稼，箕子内心十分伤悲，亡国之痛涌上心头。但他无法当着众人哭泣，只好作《麦秀歌》，长歌当哭："麦秀渐渐兮，禾黍油油。彼狡僮兮，不与我好兮！"麦子吐穗，竖起尖尖麦芒；枝叶光润，庄稼茁壮生长。哦，我那个顽劣的败家子啊，不听我劝谏而国破人亡。

> 知人未易，相知实难。
> 淡美初交，利乖岁寒。
> 管生称心，鲍叔必安。
> 奇情双亮，令名俱完。
>
> （《读史述九章·管鲍》）

这首诗是说，了解别人已经很不容易，彼此成为知音就更加困难，君子初交往时当以淡如水为美，但困难时往往会因利益而分离。但只要管仲能够称心，鲍叔牙便无怨而心安。这罕见的友情、完美的名声，真让人赞叹。

管鲍指的是管仲和鲍叔牙。管仲，名夷吾，颍上（今安徽颍上）人，父亲管庄是齐国的大夫。鲍叔牙，鲁国平阳（今山东新泰）人，齐国大夫鲍敬叔之子。管仲和鲍叔牙是一对好朋友。管仲年少时，家道中衰，生活十分贫穷，为了谋生，就和鲍叔牙一起做生意养家。

鲍叔牙非常赏识管仲的才学，了解他的处境，理解他的所有作为。分配利益时，管仲往往会多要一些，鲍叔牙知道他家庭困难，并不认为他是贪心；管仲替鲍叔牙办事，事情不但没办好，往往还会弄得更加糟糕，但鲍叔牙并不认为他没有才干，只是认为管仲没有遇见赏识他的人，所以没有发挥出才干；管仲曾三次参军作战，三次都逃跑回家，但鲍叔牙并不认为他贪生怕死，而认为他是怕家中老母亲无人奉养。如此透彻宽容的理解，让管仲十分感慨地说："生我者，父母也；知我者，鲍叔牙也！"

管仲和鲍叔牙的才华远近闻名，后来管仲做了齐襄公的弟弟公子纠的老师，鲍叔牙做了齐襄公的另一个弟弟公子小白的老师。齐襄公荒淫无道，导致国内政局复杂、危机四伏。为了避祸，公子纠由管仲辅佐逃到了鲁国，公子小白则由鲍叔牙辅佐逃到了莒国。

不久，齐国发生内乱，齐襄公被杀，王位缺失。公子纠和公子小白得知消息后，都急忙赶回齐国，抢夺君位。管仲心生一计，一面派人护送公子纠回国，一面带领一班人马前去堵截也要回国的公子小白。

拦截住公子小白和鲍叔牙之后，管仲劝他们退回原地，不得回国。公子小白严词拒绝，管仲便搭箭射杀公子小白。手起箭飞，公子小白大叫一声中箭倒地，口吐鲜血。管仲以为公子小白已经死了，于是，便返回护送公子纠的队伍，不慌不忙地向齐国进发。

其实，公子小白没有死，管仲只是射中他胸前的衣带钩扣。公子小白急中生智，假装中箭倒下，咬舌吐血，骗过了管仲。之后，公子小白抄小路急行军，抢先赶回国内，继任国君。这个公子小白就是后来的齐桓公。

由鲁国支持的公子纠没有得到王位，这让鲁庄公十分震怒，他发兵进攻齐国，企图武装干涉夺取君位，但遭遇大败。齐军大军压境进逼鲁国，要求鲁庄公杀死公子纠和管仲。鲁庄公无奈，只得杀死公子纠，但准备杀管仲的时候，鲍叔牙用计骗过鲁庄公，将管仲救出，交由齐桓公发落。

在鲍叔牙的建议下，齐桓公不但没有杀管仲，反而让他当了齐国的国相。管仲不负朋友之望，对内大兴改革，富国强兵，对外尊王攘夷，九合诸侯，一匡天下，辅助齐桓公成为春秋五霸之首，他也因此被桓公尊称为"仲父"。

管仲死后，齐桓公任用鲍叔牙为相，但鲍叔牙却说：为相可以，但您必须辞去易牙、开方、竖刁三人。齐桓公问为什么，鲍叔牙说，易牙为了赢得您的欢心，杀死自己的儿子给您当菜吃；开方离自己的母亲并不太遥远，却十几年不回家看望；竖刁为了服侍您，自行阉割以求进宫。这些人连自己的亲人、自己的躯体都不顾，在关键的时候靠得住吗？

于是，齐桓公辞去了这三个人，但不久又将他们召回身边。后来，鲍叔牙郁郁而终。

齐桓公身体健壮时，易牙等人不敢兴风作浪，待齐桓公年老体衰后，他们这些佞臣便掀起了继承人之争，太子昭、公子无亏等五位齐桓公最重视的儿子，都参与了争夺王位的斗争。不久，齐桓公在宫中病饿而死，但他的五个儿子忙着互相攻伐，无暇顾及。六十七天后，获得最后胜利的公子无亏终于想起了齐桓公。而此时的他尸体已经腐烂变质。齐国从此走向衰落。

> 遗生良难，士为知己。
> 望义如归，允伊二子。
> 程生挥剑，惧兹余耻。
> 令德永闻，百代见纪。
>
> （《读史述九章·程杵》）

这首诗是说，舍生忘死实在不易，但士为知己者死。为义而死，视死如归，程婴和公孙杵臼就是这样的人。他们相约冒死营救赵氏孤儿，公孙杵臼既然先死，程婴亦挥剑自刎，以免耻辱，这罕见的友情令人肃然起敬，美好的名声得以永远流传。

程杵指的是程婴和公孙杵臼。程婴，春秋时晋国的义士，是晋卿赵盾和他儿子赵朔的朋友，公孙杵臼是赵盾与赵朔父子的门客。

晋景公三年（前597年），司寇屠岸贾以惩治刺杀晋灵公的逆贼为借口，将罪名嫁祸在赵盾父子身上，把赵氏一族全部诛杀，只有赵朔的妻子庄姬公主，因国君胞妹的身份幸免于难。此时的她已身怀六甲，如果把孩子生下来，则赵氏不灭。

作为赵氏父子朋友的程婴和门客公孙杵臼，义无反顾地承担起拯救赵氏孤儿的责任。屠岸贾风闻赵朔之妻产下一男婴后，率兵在宫中搜查，以斩草除根。赵朔之妻将孩子藏在自己的裤子里才没有被搜出。为了保护赵氏孤儿，程婴与公孙杵臼商量了一个万全之策。公孙杵臼将自己亲生的孩子包上华丽的襁褓，带到山上藏起来，然后让程婴告密，谎称这就是赵氏孤儿。

程婴依计告密后，屠岸贾带人到山中捉拿了公孙杵臼和孩子。公孙杵臼一见程婴就假装义愤填膺，大骂程婴小人无耻，并高呼赵氏孤儿何罪？屠岸贾将公孙杵臼和孩子全部杀掉，以为赵氏家族已被斩草除根，放心离去。程婴和公孙杵臼的掉包之计成功了，赵氏一脉得以保全。而程婴则背着卖友弃义的恶名，设法将真正的赵氏遗孤带到山里抚养成人，这个孤儿就是赵武。

十五年后，有知情人将赵氏遗孤已经长大成人的消息告诉了当政的晋景公。晋景公正为错杀赵氏家族而后悔，于是，命人带赵武进宫，宣布其为赵氏之后，为晋国大族，列为卿士。程婴和赵武诛杀屠岸贾全族。

赵武二十岁举行冠礼，程婴觉得已经完成了心愿，对死去的公孙杵臼心怀愧疚，于是望义如归，自刎身亡，追随好朋友公孙杵臼而去。

> 恂恂舞雩，莫曰匪贤。
> 俱映日月，共餐至言。
> 恸由才难，感为情牵。
> 回也早夭，赐独长年。
>
> （《读史述九章·七十二弟子》）

这首诗是说，孔子的所有弟子啊，都是温恭俭让的贤人啊。他们高尚的品德光耀日月，一同领悟孔子的至理名言。孔子痛惜人才难得，其感情总为弟子所牵。守穷的颜回不幸早逝，而富贵的子贡却独享长寿。

《史记·孔子世家》记载:"孔子以诗、书、礼、乐教,弟子盖三千焉,身通六艺者七十二人。"他们都是孔子儒家思想的追随者、实践者、传播者,为历代文人所尊崇。

颜回,字子渊,孔门七十二贤之首,素以德行著称,又称为"复圣"。《论语·雍也第六》说他"一箪食、一瓢饮,在陋巷,人不堪其忧,回也不改其乐"。他为人谦逊好学,"不迁怒,不贰过",孔子称赞他说:"贤哉,回也。""其心三月不违仁。"但一生未曾做官,三十二岁便英年早逝。

子贡,也就是端木赐,政治、外交才能卓越。特别是理财、经商能力高超,有"君子爱财,取之有道"之风,他强调经商必须讲诚信,这种诚信经商的风气被后人称为"端木遗风"。

子贡做人十分谦虚,他特别敬佩师兄颜回。《论语·公冶长第五》记载:"孔子问子贡:'汝与回也孰愈?'"就是说你和颜回谁更强些?子贡回答:"赐也何敢望回?回也闻一以知十,赐也闻一以知二。"

虽为同门弟子,虽然颜回比子贡更有才德,但颜回穷而子贡富;颜回在陋巷而子贡在高堂;颜回命短,子贡命长。陶渊明的感叹耐人寻味。

进德修业,将以及时。
如彼稷契,孰不愿之。

嗟呼二贤，逢世多疑。

候詹写志，感鹏献辞。

（《读史述九章·屈贾》）

这首诗是说，进德修业，盼望能及时有所作为，就像舜帝时的后稷与契一样，能在贤人手下大展宏图。但可叹屈原和贾谊都生不逢时，遭人猜忌。只能问卜詹尹抒发怀抱，有感鹏鸟作赋自伤。

这里的屈贾指的是屈原和贾谊。屈原，名平，字原；又自云名正则，字灵均。丹阳秭归（今湖北宜昌）人，战国时楚国政治家和爱国诗人。

屈原从小博闻强识，志向高远。早年深受楚怀王的信任，任左徒，兼管内政外交大事。对内，他主张举贤任能，修明法度，富国强兵；对外，他主张合纵友邻，联合抗秦。屈原的才能遭到了上官大夫的嫉恨，他屡次在楚怀王面前谗谄屈原，楚怀王也就逐渐疏远了屈原，之后又罢黜其官，贬任为三闾大夫。屈原认为楚怀王"听之不聪也，谗谄之蔽明也，邪曲之害公也，方正之不容也"（《史记·屈原贾生列传》），十分愤怒，于是作《离骚》来表达自己对现实的不满。

楚怀王把屈原"联齐抗秦"的策略抛弃之后，两次对秦用兵，都被打败，汉中郡也惨遭沦陷。楚怀王不得不再次起用屈原出使齐国，商议联盟抗秦之计。但楚怀王屡听小人谗言，在联齐抗秦上一直犹豫不决，最终为秦国所骗，被劫往咸阳，不久便死于非命。自此，秦楚绝交，屈原也被免去三闾大夫之职，被放逐往洞庭湖一带。不久，再遭放逐至陵阳（今安徽池州）一带。

前278年，秦将白起攻下郢都。此后，楚国日衰，于公元前223年，被秦所灭。身处"举世皆浊我独清，众人皆醉我独醒"（屈原《渔父》）的大环境下，屈原的才略不被重用，又遭佞臣排挤。但他没有选择被褐怀玉，隐于人世，而是满腹牢骚，以诗文宣泄自己的不满，以鲜花香草比喻高洁的君子，以臭物萧艾比喻奸佞的小人，以致遭到多次流放。最后，当屈原听说，秦国再次攻楚，占领郢都，楚王被迫迁都时，他悲愤大作，绝望之极，于农历五月初五在汨罗江投江自尽。

据说，屈原准备投江时，一个渔夫曾对其苦苦劝说，屈原不听，说：我宁可投江，也不能让清白之身蒙受世俗的尘埃。渔夫无可奈何，一边敲击着船板离开，一边唱道：沧浪之水清兮，可以洗我的帽子；沧浪之水浊兮，可以洗我的双脚！在渔夫看来，处事不必过于清高：世风清廉，可以出来为官；世风浑浊，可以与世俗沉浮，落得个被放逐而自杀的下场是大可不必的。

贾谊，在前面章节里已有介绍，他与屈原一样，也是遭人忌恨，深受陷害，而郁郁不得志。在《感士不遇赋》中陶渊明说"悼贾傅之秀朗，纡远辔于促界"，意思是可叹贾谊才华锦绣，却像一匹千里马局促一隅而无法驰骋一样，没有施展抱负的机会。

> 丰狐隐穴，以文自残。
> 君子失时，白首抱关。
> 巧行居灾，伎辩召患。
> 哀矣韩生，竟死《说难》。
>
> （《读史述九章·韩非》）

这首诗是说，大的狐狸虽隐藏在山洞中，但因皮毛太美丽而遭残杀。君子若失去施展抱负的时机，到老了也会屈居下位。机巧的行为容易处于祸患之中，而强言善辩也会引来灾难。韩非子的遭遇实在可悲，虽知说之难，而竟未能自免于《说难》一文。

韩非子出身韩国贵族，从小聪明好学，读书发愤，年轻时投身于荀子门下，与李斯一起学习治国理政之术。

韩非子看到韩国日渐衰微，就将所学上书韩王，以求国家强盛，但韩王却不用其计。于是韩非子埋头苦读，著书立说，作《孤愤》《五蠹》《说难》等十余万言。他的书传至秦国，秦王读后大惊："嗟乎，寡人得见此人与之游，死不恨矣！"（《史记·老子韩非列传》）

李斯告诉秦王这是韩非子所著之书，于是，秦王立即攻打韩国，以求得到韩非子这样的人才。不得已，韩王派韩非子出使秦国，以解燃眉之急。

韩非子入秦后，李斯非常忌惮，因为他知道韩非子之才远在自己之上，时间久了恐怕自己将在秦王面前失宠。于是，李斯便与姚贾一起陷害韩非子，对秦王说韩非子为韩国王子，根本不与秦国一心，不能为我所用，不如杀之，免得为韩国所用。秦王听信了李斯的谗言，将信将疑地把韩非子打入牢狱。趁此机会，李斯派人送来毒药，要求其自杀，韩非子请求面见秦王，也得不到许可。后来，秦王又想起韩非子，怜惜他的才华，赦免其罪，但此时的韩非子已经被毒死在狱中。

> 易代随时，迷变则愚。
> 介介若人，特为贞夫。
> 德不百年，污我诗书。
> 逝然不顾，被褐幽居。
>
> （《读史述九章·鲁二儒》）

这首诗是说，叔孙通曾说过要应改朝换代而变，如果不变就是愚蠢。但鲁国的两个儒生却不苟同，真是耿介忠直之人啊！礼乐因百年积德方能兴起，尚未百年而违反古法，实在有辱斯文。我们决意不理会朝廷征召，穿着粗布衣服幽然而隐才是最好的选择。

鲁二儒指的是鲁国的两位儒生，名字不详，了解他们两个就必须从叔孙通这个人说起。

叔孙通，薛县（今山东滕州）人。秦朝时因文章优秀、知识渊博而被征召入宫，为待诏博士。不久，陈胜在山东起兵，使者把这一消息报告给朝廷。秦二世召来各位博士、儒生问道："楚地戍边的士卒攻下蕲县进入陈县，对这件事各位打算怎么办？"博士以及儒生三十多人走向前去，说："做臣子的不能聚众造反，这是死罪，不能宽赦，希望陛下赶快发兵讨伐。"

秦二世听后十分恼火，脸色铁青。这时，叔孙通急忙向前说道："各位儒生的话都不对。现在，天下统一，各地都毁掉了郡县城池，销熔了各种兵器，向世人昭示永不用兵，当今天下已合为一家。何况有贤明的君主君临天下，制定了完备的法令，使人人遵法守职，四方八面都归附朝廷，哪有敢造反的人！这只是一伙盗贼行窃罢了，何足挂齿？郡官正在搜捕他们治罪论处，不值得忧患。"

秦二世听后十分高兴，他又严肃地问每个儒生，究竟是造反，还是盗贼？有的坚持说是造反，有的改说是盗贼？于是，秦二世命令监察官，凡说造反的一律治罪，说盗贼的都免掉职务。却赐给叔孙通二十匹帛，一套官服，并授给他博士职位。

叔孙通走出宫门，回到居舍，一些儒生责怪他为什么只说讨好的话而不说实话，叔孙通却说："各位不知道啊，我几乎逃不出虎口！"说罢，便匆匆忙忙逃离都城，回到了家乡薛县。

当时，薛县已经被楚军占领，楚军将领项梁一到薛县，叔孙通便投靠了他。后来，项梁在定陶战死，叔孙通就跟随了楚怀王熊心。怀王被项羽封为义帝，迁往长沙去后，叔孙通留下侍奉项羽。待至汉高祖二年（前205年），刘邦率领各路诸侯攻入彭城，叔孙通摇身一变又投靠了刘邦。他被拜为博士，号稷嗣君。

刘邦统一天下后，在定陶被尊为皇帝，下令废除秦朝严苛的礼法，代之以简易的礼节和规范。但是群臣饮酒后，毫无礼节，为争功劳大呼狂叫，拔剑击柱，刘邦对此十分厌恶。叔孙通知道后，便自荐带领征召鲁地儒生，与其子弟们为汉王刘邦制定礼仪制度，规范群臣的行为。鲁地儒生众多，叔孙通从中挑选了三十余人，但只有两位儒生鄙薄叔孙通巴结奉承的行为，不愿同流合污，严词拒绝了叔孙通的召唤，过起了被褐怀玉的隐居生活。

宋代诗人舒岳祥曾有诗赞曰：

叔孙事秦，以谀蔽愚。
至于归汉，荐进狡夫。
灭我王道，甚于焚书。

是以二儒，确乎其居。

（《全宋诗》卷三四三五）

这首诗的意思是，叔孙通先侍奉秦朝，见秦朝局势危险又投奔项羽，见项羽兵败又投奔刘邦，没有任何的礼义廉耻，他的做派比秦始皇的焚书行为还要无耻。因此，两位高尚的儒生，坚守道义和气节，坚决不与之同流合污。

远哉长公，萧然何事？
世路多端，皆为我异。
敛辔揭来，独养其志。
寝迹穷年，谁知斯意。

（《读史述九章·张长公》）

这首诗的意思是，张挚这样的人物已经离我们很远了，他生活宁静而无人打扰，人生之路多种多样，都与他走的路迥然相异。他收起缰绳辞去官职，隐居起来独养心志，终身不再出仕，又有谁能理解其中的深意呢？

张挚，字长公，是汉代高官张释之的儿子，颇有父风，禀性刚毅，不为当世所容。官至大夫，但因不善迎合权贵，被免职，从此终身不仕，隐居乡野，唐代诗人陈子昂赞曰："世道不相容，嗟嗟张长公。"（《感遇诗三十八首（其十八）》）

陶渊明在《扇上画赞》中称赞他说："张生一仕，曾以事还，顾我不能，高谢人间。"李白也曾说："圣朝久弃青云士，他日谁怜张长公？"（《单父东楼秋夜送族弟沈之秦》）

读史知今，咏史明志，九篇韵文读下来，我们可以清楚地看到：夷齐、箕子体现的是改朝换代时的节操；管鲍、程杵体现的是忠义之交的楷模；七十二弟子是人们永远追随的先贤；屈贾、韩非是士不遇甚至丧生的前鉴；鲁二儒和张长公则是坚贞养志、不随俗流的隐逸者。很显然，陶渊明是在通过他们来认识自我，坚定自我，升华自我。

另外，陶渊明对古之先贤的赞美还有秦国"三良"，燕国义士荆轲，西汉疏广、疏受。

弹冠乘通津，但惧时我遗。
服勤尽岁月，常恐功愈微。
忠情谬获露，遂为君所私。
出则陪文舆，入必侍丹帷。
箴规向已从，计议初无亏。
一朝长逝后，愿言同此归。
厚恩固难忘，君命安可违！
临穴罔惟疑，投义志攸希。
荆棘笼高坟，黄鸟声正悲。

良人不可赎，泫然沾我衣。

(《咏三良》)

诗歌的大意是，世人但求出仕，高居显赫位置。生怕蹉跎了岁月，终年辛辛苦苦，还生怕功绩不够显著。效忠之情既已表露，遂为君主所厚爱。受得秦穆公的信任，出入皆跟随其左右。君王对他们言听计从，他们也为君王从长计议。一旦君王去世，迫于君命，不得不殉葬己身。尽管他们舍身投义，为君殉葬毫不犹豫，但荆棘高坟，黄鸟声悲，人们依然为三良之死而哀伤。

秦穆公，嬴姓，名任好，秦国第九位国君。他任用良臣，励精图治，开疆扩土，成为春秋五霸之一。"三良"是指春秋秦穆公时期子车氏的三个儿子，分别叫子车奄息、子车仲行、子车针虎。他们是秦穆公的三位贤良之臣，为其称霸立下了汗马功劳。

秦穆公生前贤臣相伴，建功立业，他想死后若要在另一个世界也有这样的功绩，同样离不开这些贤臣。一次君臣共饮，酒酣耳热之际，秦穆公伤心地说："生共此乐，死若此哀。"子车氏三兄弟听后，十分伤感，"忠情谬获露"，立刻表态，愿为大王殉葬，共赴黄泉。

不久，秦穆公病逝，殉葬者达一百七十多人，其中就包括子车氏三兄弟。

人们怜惜子车氏三兄弟的生命，感叹他们的节义与贤良就创作了一首歌，传唱民间，这就是《诗经·秦风·黄鸟》：

交交黄鸟，止于棘。谁从穆公？子车奄息。维此奄息，百夫之特。临其穴，惴惴其栗。彼苍者天，歼我良人！如可赎兮，人百其身！

交交黄鸟，止于桑。谁从穆公？子车仲行。维此仲行，百夫之防。临其穴，惴惴其栗。彼苍者天，歼我良人！如可赎兮，人百其身！

交交黄鸟，止于楚。谁从穆公？子车针虎。维此针虎，百夫之御。临其穴，惴惴其栗。彼苍者天，歼我良人！如可赎兮，人百其身！

诗歌大声地控诉坑杀人真的不应该啊，如果可以代他死，百人甘愿赴黄泉，百人甘愿化尘埃，百人甘愿化蒿莱。全诗弥漫着无限的遗憾与伤感，也透露出陶渊明的善良、正直与敏感，北宋诗人苏东坡最能领会陶渊明写这首诗的用意，作诗曰：

此生太山重，忽作鸿毛遗。
三子死一言，所死良已微。
贤哉晏平仲，事君不以私。

我岂犬马哉，从君求盖帷。
杀身固有道，大节要不亏。
君为社稷死，我则同其归。
顾命有治乱，臣子得从违。
魏颗真孝爱，三良安足希。
仕宦岂不荣，有时缠忧悲。
所以靖节翁，服此黔娄衣。

（苏轼《和陶咏三良》）

燕丹善养士，志在报强嬴。
招集百夫良，岁暮得荆卿。
君子死知己，提剑出燕京。
素骥鸣广陌，慷慨送我行。
雄发指危冠，猛气冲长缨。
饮饯易水上，四座列群英。
渐离击悲筑，宋意唱高声。
萧萧哀风逝，淡淡寒波生。
商音更流涕，羽奏壮士惊。
心知去不归，且有后世名。
登车何时顾，飞盖入秦庭。
凌厉越万里，逶迤过千城。
图穷事自至，豪主正怔营。

惜哉剑术疏，奇功遂不成。

其人虽已没，千载有余情。

（《咏荆轲》）

这首诗的意思是，燕国太子丹爱侠客，立志雪耻要抗暴秦。广募骁勇的义士，最终喜得有武有文的荆卿。自古士为知己者死，荆轲提剑出燕京。宽阔的大路上白马长啸，众知己都为勇士来送行。同仇敌忾怒发冲冠，血气男儿气冲长缨，易水边设酒壮行色，四座环列众精英。高渐离击筑多悲忙，引吭高歌入云端。萧萧的北风发出阵阵哀号，寒冷的易水泛起波浪。凄恻哀婉的商声催人落泪，慷慨激越的羽音令人心惊。此去九死难回还，只盼史册能留名。毅然登车不反顾，满载豪气驰秦庭。勇往直前匕首现，突然嬴政心恐惊，只叹剑术尚不精，功败垂成热血倾，荆轲啊，人虽远去，千载余情！

这是陶渊明诗作中唯一一篇写得如此笔墨淋漓、慷慨豪放的诗歌，极力渲染了荆轲不畏强暴、义无反顾的慷慨悲壮之举，与其他以平淡为主的诗作相比，明显别具一格。宋代朱熹在《朱子语类》中评价说："陶渊明诗人皆说是平淡。据某看，他自豪放，但豪放得不觉耳。其露出本相者是《咏荆轲》一篇，平淡底人如何说得这样的言语出来。"（《朱子语类》卷二百四十）由此可见，在陶渊明的骨子里，多少有荆轲一样的豪迈与义气！

大象转四时，功成者自去。
借问衰周来，几人得其趣。
游目汉廷中，二疏复此举。
高啸返旧居，长揖储君傅。
饯送倾皇朝，华轩盈道路。
离别情所悲，余荣何足顾。
事胜感行人，贤哉岂常誉。
厌厌闾里欢，所营非近务。
促席延故老，挥觞道平素。
问金终寄心，清言晓未悟。
放意乐余年，遑恤身后虑。
谁云其人亡，久而道弥著。

（《咏二疏》）

　　这首诗的意思是，自然运行，四季更替，功成者身退。可自东周以后，又有几个人能做到？只有汉朝的二疏叔侄可以称道。告别太子，高歌返乡，各级官吏送别盈路。悲情别离，荣华富贵不足以恋顾，多么高尚贤德的人啊！回归故里，欢宴故老，纵情享乐度余年，身后之事不足虑。谁说二疏已经亡去？他们功成身退，知足不辱的德行永留人间！

　　"二疏"，指的是西汉宣帝时期的疏广、疏受叔侄二人。疏广，字仲翁，东海兰陵（今山东枣庄）人。自幼好学，精于《论语》和《春秋》，信奉黄老之学，品学兼优，被选封为太子太傅，专门教授太子。其侄子疏受，字公子，先以其贤明被选为太子家令，专门为太子管理家事，不久升任太子少傅。他们二人在位期间，兢兢业业，尽职守责，多次受到汉宣帝的赏赐，人称"二疏"。

在叔侄二人的辅助教育下，皇太子十二岁就精通了《论语》和《孝经》，"朝廷深以为荣"，一时传为美谈。眼见着皇帝一天天老去，皇太子一天天长大，"二疏"可能得到更大的封赏机会，但疏广却对侄子疏受说："我们都知道《道德经》里的两句话，'知足不辱，知止不殆''功遂身退，天之道也'。现在，我们二人已食二千石的俸禄，也已经扬名立万，应该遵照老子的教导，功遂身退。否则，恐怕会有后悔的事情发生。我们现在告老还乡，在老家颐养天年，寿终正寝不是很好吗？"疏受深以为意，同意了叔叔的安排。

于是，叔侄二人向皇帝和太子告病，请求还乡。汉宣帝考虑到他们确实都上了年纪，且去意已决，便答应了他们的请求，并加赐黄金二十斤，皇太子亦赐金五十斤。几乎所有朝中的公卿大夫、故吏门生都到东都门外为他们送行，馈赠很多，但叔侄二人却坚辞不受，离开长安，许多送行者都感动得直落泪，叹曰：贤哉，二大夫！

疏广、疏受回乡后，几乎每天都摆酒设宴，宴请乡邻，家财几乎散尽。过了一段时间，他们一些子侄儿孙私下里建议，劝他们珍惜家财，多置办些田产，留给自己及后代。疏广听后回答：我难道老糊涂了，不考虑儿孙的将来吗？现在家中的田产，只要儿孙后代辛勤劳作，足够吃穿，过普通人的生活。现在若购买更多的田产，只会增加他们的惰性。贤而多财，则损其志；愚而多财，增益其过。况且，富人常会招人怨恨。我既然不能教化儿孙，也不希望他们太富足而招人怨恨。再说，这些钱财是朝廷赏赐给我养老的，我乐意与宗族同乡共同享受皇帝的恩赐，以安度晚年，这有什么值得吝惜的呢？

这番话说得儿孙们心悦诚服。从此，一家人热热闹闹、和和美美，疏广、疏受也得以尽享天年。

"谁云其人亡，久而道弥著！"疏广、疏受深受世人敬仰，在他们死后，人们在他们的旧宅上筑一座方圆三里的土城，取名"二疏城"，并立一碑，名曰"散金台"，城内建有"二疏祠"，世代祭祀不绝。

陶渊明虽然贫穷，没有散金之事，但"知足不辱，知止不殆""功遂身退"这些经验证的千古名言，与之归隐思想是一脉相通的。

（二）守死善道的隐士

《论语·泰伯第八》："笃信好学，守死善道。危邦不入，乱邦不居。天下有道则见，无道则隐。"孔子也曾经告诉弟子说："道不行，乘桴浮于海。"（《论语·公冶长第五》）因此，在中国历史上礼崩乐坏的时候，有许多"守死善道"的先贤，不苟合于乱政，悄然避世，"隐居以求其志"（《论语·季氏第十六》），既保持了节操，又保全了性命。

由此可见，中国古代有着悠久的隐逸传统，从东汉末年到魏晋时期，隐逸之风盛行。范晔在《后汉书·逸民列传第七十三》中阐释了士人隐居的动机："或隐居以求其志，或回避以全其道，或静己以镇其躁，或去危以图其安，或垢俗以动其概，或疵物以激其清。"

如果说吟咏古今的贫士，是为了支撑自己对"君子固穷"信念的坚守，那么，赞美古代隐士则是陶渊明对自己"无道则隐"之选择的肯定。

陶渊明在诗文中称颂过的隐士达二十多个，其中《扇上画赞》一篇就有九个。《扇上画赞》是陶渊明为扇面上隐士画像所题写的赞辞。赞文用四言韵语写成，除前后各八句是全文的开头与结尾外，中间部分每四句赞美一人至二人，共九人，分别是荷蓧丈人、长沮、桀溺、於陵仲子、张长公、邴曼容、郑次都、薛孟尝、周阳珪（《艺文类聚》作周妙珪）。陶渊明借此抒发对古代隐士生活的羡慕与景仰，并表达自己的隐居之志。全文言简意长，超然淡远，具备了诗歌所特有的精巧体式与强烈的抒情性。诗文如下。

> 三五道邈，淳风日尽。
> 九流参差，互相推陨。
> 形逐物迁，心无常准。
> 是以达人，有时而隐。

这四句是说，三皇五帝的时代已经邈远而不可追了，那时候淳朴的风气已经消失殆尽了。九个学派的学说理论各异、相互排斥。世人跟随着不同的学派发生变化，已经失去了过去共同的准则。只有那些事理通达的高人看清了形势，悄悄隐居起来。

> 四体不勤，五谷不分。
> 超超丈人，日夕在耘。

这两句说的是荷蓧丈人。荷蓧丈人是与孔子同时期的一位隐士，语出《论语·微子第十八》：子路从而后，遇丈人，以杖荷蓧。子路问曰："子见夫子乎？"丈人曰："四体不勤，五谷不分，孰为夫子？"植其杖而芸，子路拱而立。止子路宿，杀鸡为黍而食之，见其二子焉。明日，子路行以告。子曰："隐者也。"使子路反见之。至，则行矣。子路曰："不仕无义。长幼之节，不可废也；居臣之义，如之何其废之？欲洁其身而乱大伦，君子之仕也，行其义也。道之不行，已知之矣。"

子路跟着孔子周游出行时,落在了后面,找不到老师前去的方向。这时,遇见了一位老人,用拐杖肩挑着锄草的农具。子路上前问道:"您看见我的老师夫子了吗?"老人说:"就是那个四体不勤、五谷不分的孔夫子吗?"说着,老人把拐杖插在地上,拿起工具开始在田里锄草。子路拱手在那里,等待着老人的回答,直到天色渐晚,老人才收拾起农具,让子路到自己家里过夜。晚上,老人杀鸡做黍米饭招待子路,还让自己的两个儿子拜见了子路。

第二天,子路作别老人,追上孔子,并把这段经历告诉了他。孔子感叹道:"这可是位通达高明的隐者啊!"立即让子路返回去拜见,求教救世治国的道理。当子路匆匆忙忙赶到荷蓧丈人家里的时候,老人已经出远门了。

子路让老人的儿子转告:不出来做官是不合礼仪的,长幼之间的礼节不能废弃,君臣之间的礼节又怎么能废弃呢?用隐而不仕来保持自身清洁,破坏了君臣礼仪,老人应该出来做官的,至于自己的主张不能被推行,这是早应该知道的,只是要像夫子一样"知其不可而为之"!这位荷蓧丈人隐居避世,却又热情好客,尽管有些瞧不起"四体不勤、五谷不分"的孔夫子,但仍留宿子路,杀鸡作食,并让两个儿子前去拜见,一点也不失世俗之情,十分可爱。南宋诗人刘克庄有诗赞曰:"客云自孔氏,不觉喜逢迎。止宿见二子,孰云无

世情。"（刘克庄《荷蓧丈人》）

陶渊明在《扇上画赞》又曰：

> 辽辽沮溺，耦耕自欣。
> 入鸟不骇，杂兽斯群。

这里的沮溺指的是长沮和桀溺两位隐士，陶渊明赞颂他们耦耕自欣，与鸟兽同群。长沮和桀溺是与孔夫子同时代人。语出《论语·微子第十八》：长沮、桀溺耦而耕，孔子过之，使子路问津焉。

> 长沮曰："夫执舆者为谁？"
> 子路曰："为孔丘。"
> 曰："是鲁孔丘与？"
> 曰："是也。"
> 曰："是知津矣。"
> 问于桀溺。
> 桀溺曰："子为谁？"
> 曰："为仲由。"
> 曰："是鲁孔丘之徒与？"
> 对曰："然。"
> 曰："滔滔者，天下皆是也，而谁以易之？且而与其

从辟人之士也,岂若从辟世之士哉?"耰而不辍。

子路行以告,夫子怃然曰:"鸟兽不可与同群,吾非斯人之徒与而谁与?天下有道,丘不与易也。"

这段古文的意思是,长沮和桀溺并排在耕田。孔子经过这里,叫子路前去询问渡口在哪里。长沮说:"那个驾车的是谁啊?"子路说:"是孔丘。"长沮又问:"是鲁国的孔丘吗?"子路说:"是的。"长沮就说:"那他知道渡口在哪里。"子路又问桀溺,桀溺说:"你是谁?"子路说:"我是仲由。"桀溺又问:"是鲁国孔丘的学生吗?"子路回答:"是的。"

桀溺对子路说:"天下纷乱,滔滔的洪水弥漫,谁能改变呢?你与其跟随(孔子那样)躲避世人的人,何不跟随(我们这些)躲避世道的人呢?"说完,就不停地耙土覆种。

子路回来把这些话告诉了老师。孔子路没问到,却受到了一顿嘲讽,于是茫然自失地说:鸟兽是不能合群共处的,我辈不和世人相处,又和谁待在一起呢?天下清平,我就不会去改变它了。

陶渊明在《扇上画赞》又说:

至矣於陵,养气浩然;
蔑彼结驷,甘此灌园。

这里说的是於陵仲子，赞美他蔑视权贵，甘愿为人浇灌田园，他的盛德已达到了浩然正气的极致。於陵仲子，即陈仲子，又称田仲，是战国时期齐国贵族的后裔，当时著名的贤士，学富五车，博文多才。其兄为齐国的卿大夫，封地在盖邑，年入万钟。陈仲子以为"帮无道，富且贵焉，耻也"，哥哥的财产均为不义之财。因此，凡是哥哥的财物，他都划清界限，一概拒绝。一次，母亲炖了一只大鹅让陈仲子吃。吃完后，母亲说这是哥哥家的鹅，陈仲子听后，马上跑出门去呕吐出来。从此，为了避免再沾染哥哥的财物，他和妻子一起避兄离母，迁居至於陵（今山东邹平），和妻子一起靠编草鞋换钱为生，自得其乐，自称於陵仲子。陈仲子从来不吃不义之食，一次遭遇饥年，缺粮三天，陈仲子饿得眼不能视，耳不能闻，他匍匐地爬到井沿找到一个被虫子吃去一半的李子，吞食之后，才恢复了视听。

四处求贤的楚王听说他后，欲聘其为相，让人持百镒重金前往於陵邀请。刚刚从饥饿中缓过神来的陈仲子对妻子说：我若为相，就可以出有骏马车骑，食有酒肉美餐，可以吗？妻子则平静地对他说：骏马车骑，所安不过容膝，美食酒肉所甘不过一餐。今天，你以容膝之安、一肉之甘，而怀整个楚国之忧，乱世多难，恐怕你到时候连性命都保不住啊！

於陵仲子恍然大悟，于是，他谢绝了楚国的使者，与妻子离开於陵，逃到一个不为人知的地方，灌园为生。

> 张生一仕，曾以事还；
> 顾我不能，高谢人间。

这两句说的是张长公，即张释之的儿子张挚，前文已有介绍，这里不再赘述，他因不迎合当世的权贵显要，终身不仕。

> 岌岌丙公，望崖辄归；
> 匪骄匪吝，前路威夷。

这里的丙公，指的是邴丹，字曼容，西汉琅邪（今山东诸城）人。其叔父邴汉官至太中大夫。邴丹从小精习《易经》，养志修身，为官之后，清廉自爱，俸禄不肯超过六百石。六百石的俸禄在汉朝只相当于一个中下级官吏的收入，以邴丹职位，其俸禄远远超过了六百石，但邴丹却对超过的部分坚辞不受。此举深受百姓赞扬，其官职虽比不上叔父邴汉，但声望却远在其上。

陶渊明认为邴丹的行为不矫饰，不吝情，不拿过分的钱物，不超越自己的底线，这是在险象环生的官场中的一种自我保持，可谓是身居官场的隐士，是谓朝隐。苏东坡曾有诗云："吾今官已六百石，惭愧当年邴曼容。"（《次韵刘景文西湖席上》）

> 郑叟不合，垂钓川湄；
>
> 交酌林下，清言究微。

这两句中的郑叟，指郑敬，字次都，东汉汝南（今河南汝南）人。从小博学，但清志高世，看不惯王莽乱政，所以不愿为官，闲居于家，读书习文。王莽新朝时，迫于当地都尉的淫威，他不得不到郡里做了功曹。

郡里厅事前有一棵大树，一天，树上流下了清澈的汁液，郡里的官吏纷纷赞美说是当朝新政感动了老树，于是老树降出甘露，以为天降甘露。而郑敬却不以为然地说：王莽新朝降不了甘露，也只能这棵老树来降甘露了。言下之意就是当朝的新政连一棵树都不如。

随后，为了躲避打击报复，郑敬辞官归隐，住着茅草屋子，以读书、钓鱼为娱！同郡的好友去看望他时，他折菱叶为坐垫，以荷叶为餐盘，用瓠瓢当酒杯，言谈数日，方才罢休。王莽新朝灭亡后，光武帝刘秀多次征召他出来做官，但都被郑敬拒绝了。

> 孟尝游学，天网时疏；
> 眷言哲友，振褐偕徂。

这里的孟尝是指薛孟尝，名包，东汉汝南（今河南汝南）

人，以孝顺著称。薛包年少时便失去了母亲，父亲续娶之后，就不再抚养薛包。薛包日夜哭泣，不愿离开。后母怂恿其父将其鞭打出门。薛包不得已在家门外搭一窝棚栖宿，每天早晨，依然进门洒扫劳动。不料，这更触怒了父母，连院外的窝棚也给拆除了。薛包无奈，只得在村外搭建窝棚居住，每天依然为家里劳作，好像什么事都没有发生一样。终于，薛包的行为感动了父母，这才得以回家居住。

父母去世后，兄弟们要求分割家产。薛包拗不过大家，只好同意。他把好的家产都留给了弟弟们，自己留下的都是大家不愿意要的。后来，几个弟弟屡次破产，薛包都倾其所有，予以帮助救济。因此，薛包的孝顺和贤德声名远播。

汉安帝听说后，征召他到朝中做官。但进入官场后，看到朝中乱象，生性恬淡的薛包立即请求辞官回乡。朝廷不同意，他就以死相乞。皇帝见留不住他，只得赐给他一点点财物让其告病而归。回乡后的薛包，布衣蔬食，安度岁月。

> 美哉周子，称疾闲居；
> 寄心清尚，悠然自娱。

这两句中的周子，即周阳珪，其事迹不详，无从考查，但从诗中可以看出，他也是一个托疾辞官闲居在家的人，他寄心于尘世之外，情操高尚，悠然自适，自得欢娱。

> 翳翳衡门，洋洋泌流。
>
> 曰琴曰书，顾盼有俦。
>
> 饮河既足，自外皆休。
>
> 缅怀千载，托契孤游。
>
> （《扇上画赞》）

这几句的大意为，就是这些人，他们宁愿住简陋、阴暗的房屋，农忙时田地耕耘，辛苦劳作；农闲时游山玩水，读书弹琴。自然的山水，圣贤的诗书，就是他们的灵魂和伴侣。他们不追求奢侈的生活，这种自然恬淡的生活就是最完美的生活。

陶渊明缅怀他们、赞美他们，因为在他们的身上寄托着陶渊明的志向和追求。正如清代学者方宗诚说："《扇上画赞》，盖渊明心所向往之人。"（《陶诗真诠》）

（三）君子固穷的贫士

安贫乐道。贫困是痛苦的、是艰难的，坚守贫困需要忍耐和毅力，而安于贫困却需要心灵的宁静。当如水的心灵微微泛起一些波澜的时候，古之先贤就成了止水安澜的"定海神针"，因此当"贫困富贵交战"（《咏贫士七首（其五）》）的时候，便"道胜无戚颜"（《咏贫士七首（其五）》）了。

陶渊明的晚年，贫困得几乎达到无以复加的程度，在这个喧嚣纷扰的世界中，他就像一片孤独的云彩，又像一只迟出早归的孤鸟。

> 万族各有托，孤云独无依。
> 暧暧空中灭，何时见余晖。
> 朝霞开宿雾，众鸟相与飞。
> 迟迟出林翮，未夕复来归。
> 量力守故辙，岂不寒与饥？
> 知音苟不存，已矣何所悲。
>
> （《咏贫士七首（其一）》）

这句诗大意为，仔细思量自己的心性与能力，恪守安贫乐道之路还是最正确的，虽然要付出忍饥挨饿的代价也是值得的。因为今天的世界上已经没有了不慕名利、执守正道的知音了，毅然决然地离开仕途也没什么可以悲伤的。

> 凄厉岁云暮，拥褐曝前轩。
> 南圃无遗秀，枯条盈北园。
> 倾壶绝余沥，窥灶不见烟。
> 诗书塞座外，日昃不遑研。
> 闲居非陈厄，窃有愠见言。

何以慰我怀，赖古多此贤。

(《咏贫士七首（其二）》)

这首诗大意是，寒风刺骨的冬天来了，我紧裹粗布衣裳在堂前晒太阳取暖，田地里荒芜一片，后园里也布满了枯枝败叶，酒壶里倒不出一滴酒来，厨房灶口早已断了炊烟，姑且把《诗经》《尚书》撂在一边吧，已经正午仍腹内空空，已经顾不上细品研读。我闲居挨饿虽不能与孔子陈国断粮相比，但免不了有一些怨言，用什么来安慰我清苦的心情？多亏古书中那许多安贫守志的先贤。

在《咏贫士》其下的五首诗里，陶渊明引七位贫士为知音，示志慰怀。

荣叟老带索，欣然方弹琴。
原生纳决履，清歌畅商音。
重华去我久，贫士世相寻。
弊襟不掩肘，藜羹常乏斟。
岂忘袭轻裘，苟得非所钦。
赐也徒能辨，乃不见吾心。

(《咏贫士七首（其三）》)

这首诗里引用了两个人的典故，一个是"荣叟"，一个是

"原生"。

"荣叟"就是荣启期，字昌伯，春秋时期郕（山东宁阳县）人，鲁国的著名隐士。适值"衰世之季末，当王道颓凌，遂隐居穷处，遗物求己。溯怀玄妙之门，求意希微之域。天子不得而臣，诸侯不得而友"（陆云《荣启期赞》），于是隐居于泰山之中。

据《列子·天瑞第一》记载：孔子游于泰山，见荣启期行走在郕国的郊野，穿着破陋的衣服，鼓琴而歌。孔子问他：先生所以乐，何也？荣启期说：吾乐甚多。天生万物，唯人为贵，而吾得而为人，是一乐也；男女之别，男尊女卑，故以男为贵，吾既得为男矣，是二乐也；人生有不见日月、不免襁褓者，吾既已行年九十矣，是三乐也。贫者，士之常也，死者，人之终也，处常得终，当何忧哉？孔子曰：善乎？能自宽者也。

荣启期认为，若生逢乱世，那贫穷就是士人的常态，当自得其乐，知足常乐，决不能"戚戚于贫贱"！

"原生"指的是原宪，字子思，春秋末年宋国（今河南商丘）人，孔子门下七十二贤之一。原宪和荣启期一样，出身贫寒，个性狷介，不同流俗，安贫乐道。原宪曾经请教孔子什么是耻辱，孔子说："国有道，谷；国无道，谷，耻也。"（《史记·仲尼弟子列传第七》）意思是国家清平时领取俸禄，国家无道时仍领取俸禄，就是耻辱。

孔子在鲁国做大司寇时,原宪是孔子的家宰(管家)。孔子每年给他九百斛的俸禄,他坚辞不受。孔子死后,原宪隐居卫国(今河南鹤壁)的荒山草泽之中,茅屋瓦牖,粗茶淡饭,十分清苦。原宪却以苦为乐,每天读书、弹琴、唱歌,好不快乐。

原宪的师兄子贡在卫国做大夫,听说原宪在此隐居,就华服、骏马、高车,前呼后拥,浩浩荡荡地前去看望,但因陋巷狭窄,田间小道,无法通车,只得步行前往。子贡见到面黄肌瘦、衣衫褴褛的原宪,不禁十分吃惊,关切地问他是不是生病了,原宪却回答:"无财谓之贫,学道而不能行者谓之病,若宪,贫也,非病也。"(《史记·仲尼弟子列传第七》)

子贡苦劝原宪重入仕途,摆脱贫困。但原宪认为国家无道,领取俸禄就是耻辱,所以坚辞不受。子贡走时,原宪站在门口,唱着宋国的诗歌《商颂》为他送行,声振天地,若出金石。

这首诗是说,像尧舜那样纯洁的上古有道之士没有了,所以才常有贫士的出现。谁不想吃饱穿暖?但若非正道所得,也决不羡慕,哪怕衣不遮体、汤中无米、忍饥受冻,也决不能动摇我甘作贫士的决心。

安贫守贱者,自古有黔娄。
好爵吾不荣,厚馈吾不酬。

> 一旦寿命尽，弊服仍不周。
> 岂不知其极，非道故无忧。
> 从来将千载，未复见斯俦。
> 朝与仁义生，夕死复何求！
>
> （《咏贫士七首（其四）》）

这首诗赞扬的是黔娄，他是陶渊明诗作中出现最多的人物，也是他最景仰的人物。黔娄不恋高官，不羡财富，视荣华富贵为弊履，死去之后连一片完整的盖尸布都没有。但凡是与道无关的东西，他从来不会感到烦恼，哪怕朝闻道夕死也在所不惜。可惜的是像他这样的先贤，世间早已不存在了。

> 袁安困积雪，邈然不可干。
> 阮公见钱入，即日弃其官。
> 刍藁有常温，采莒足朝餐。
> 岂不实辛苦，所惧非饥寒。
> 贫富常交战，道胜无戚颜。
> 至德冠邦闾，清节映西关。
>
> （《咏贫士七首（其五）》）

这首诗里引用了两个人的典故，一个是袁安，一个是阮公。袁安，字邵公，东汉名臣，汝南郡汝阳县（今河南上蔡）

人。他自幼承袭家学，为人庄重有威信，为官正直清廉，深受官吏的敬畏和百姓的爱戴。最终成为"四世三公"之家，三国时著名的袁绍是他的曾孙。

袁安在举孝廉之前，家境十分贫困，据三国周斐《汝南先贤传》记载："时大雪积地丈余，洛阳令身出案行，见人家皆除雪出，有乞食者。至袁安门，无有行路，谓安已死。令人除雪入户，见安僵卧。问何以不出？答曰：'大雪，人皆饿，不宜干人。'令以为贤，举为孝廉也。"

这一段的意思是说，冬天大雪过后，积雪有一丈多深，洛阳令出门巡视灾情，见各户人家都出门清扫积雪，路上不乏乞丐乞食。只有袁安的门前积雪掩门，没有人迹。洛阳令以为袁安可能冻饿而死，就让人除雪破门而入。只见袁安冻饿交加僵卧在床，家里已经没有了粮食。洛阳令问他为何不出门乞食？袁安却说：天降大雪，每一户人家都不宽裕，我怎能忍心再去乞求人家？洛阳令十分感动，赞其为安贫守道的贤士，举为孝廉。

阮公，事迹不祥，从诗句判断，其人为政清廉，见官场腐败，即日弃官，宁可采集野菜为食，也不让来路不正的钱毁坏名节。

袁安虽困于大雪，不去乞食是为了求得心安，阮公见人行贿，当日便弃官回家，用干草当床取暖，采芋头充当早餐，这岂不是非常辛苦吗？但冻饿事小，变节事大，当贫富在心中相互交战的时候，道义的胜出才会让人心安理得。

> 仲蔚爱穷居，绕宅生蒿蓬。
> 翳然绝交游，赋诗颇能工。
> 举世无知者，止有一刘龚。
> 此士胡独然？实由罕所同。
> 介然安其业，所乐非穷通。
> 人事固以拙，聊得长相从。
>
> （《咏贫士七首（其六）》）

这首诗咏赞的是东汉隐士张仲蔚。张仲蔚，平陵（今陕西咸阳）人。据晋皇甫谧《高士传》记载："与同郡魏景卿俱修道德，隐身不仕。明天官博物，善属文，好诗赋。常居穷素，所处蓬蒿没人。闭门养性，不治荣名，时人莫识，唯刘龚知之。"

刘龚，字孟幺，长安人，善于辩论，深受朝中大臣马援、班彪的器重。

张仲蔚，博学多才却隐身不仕，善于著文赋诗，归田园居，穷素乡野，这岂不是陶渊明自身的写照？而这个刘龚，不是陶渊明的朋友王弘或颜延之之流吗？

这首诗的意思是，张仲蔚喜欢独自穷居，隐迹不与世俗往来，以至于房屋周围都长满了蓬蒿，但他的诗作高妙，巧夺天工，整个社会都没人理解他，只有刘龚这样的世外高人是他的知音，逢迎巧取的社会交往我一点也不会，只能走张仲蔚这样的人生之路了。

> 昔在黄子廉，弹冠佐名州。
> 一朝辞吏归，清贫略难俦。
> 年饥感仁妻，泣涕向我流。
> 丈夫虽有志，固为儿女忧。
> 惠孙一晤叹，腆赠竟莫酬。
> 谁云固穷难，邈哉此前修。
>
> （《咏贫士七首（其七）》）

该诗咏赞的是黄子廉。关于黄子廉，有专家学者怀疑是郝子廉。因为"黄""郝"音相近。《太平御览》卷四二方引《风俗通》："颍川黄子廉者，每饮马、投钱于水中。"而《风俗通·愆礼》载："太原郝子廉，饥不得食，寒不得衣，一介不取诸人。曾过姊饭，留十五钱默置席下去。每行饮水，常投一钱井中。"逢年灾，其妻哭诉曰："丈夫虽有志，固为儿女忧。"意思是说，你虽有隐居大志，我也愿跟随之；但作为人父，你是否也应该为儿女的生活、前程等考虑一下呢？

黄子廉的妻子显然不是王霸的妻子，亦非老莱子的妻子，更不是黔娄之妻，不从自己出发而从儿女角度来责备丈夫，这一招很厉害，往往使英雄气短，陶渊明本人何尝不是也受到妻子这样的责难而三次复出为官吗？

其实，专家学者的怀疑是有道理的，但无论是"黄子廉"还是"郝子廉"都不影响人物形象："饮水投钱，清廉自守，人穷不失志，不为儿女忧。"这就是固守穷节的形象。

《咏贫士》组诗展现了一个个高洁孤独、择穷归隐、凄苦悲凉又凌霜傲雪的铁骨形象，但在陶渊明所处的时代，这样的人已经没有了。

"何以慰我怀，赖古多此贤。"（《咏贫士七首（其二）》）

"谁云固穷难，邈哉此前修。"（《咏贫士七首（其七）》）

陶渊明只能遥遥思念、吟咏这些先贤，聊以慰藉自勉了。这组诗平淡之中显示着厚重，透露着澎湃的豪放，"但豪放得不觉来耳"（朱熹《朱子语类》卷一百四十）。

归隐：久在樊笼里　复得返自然

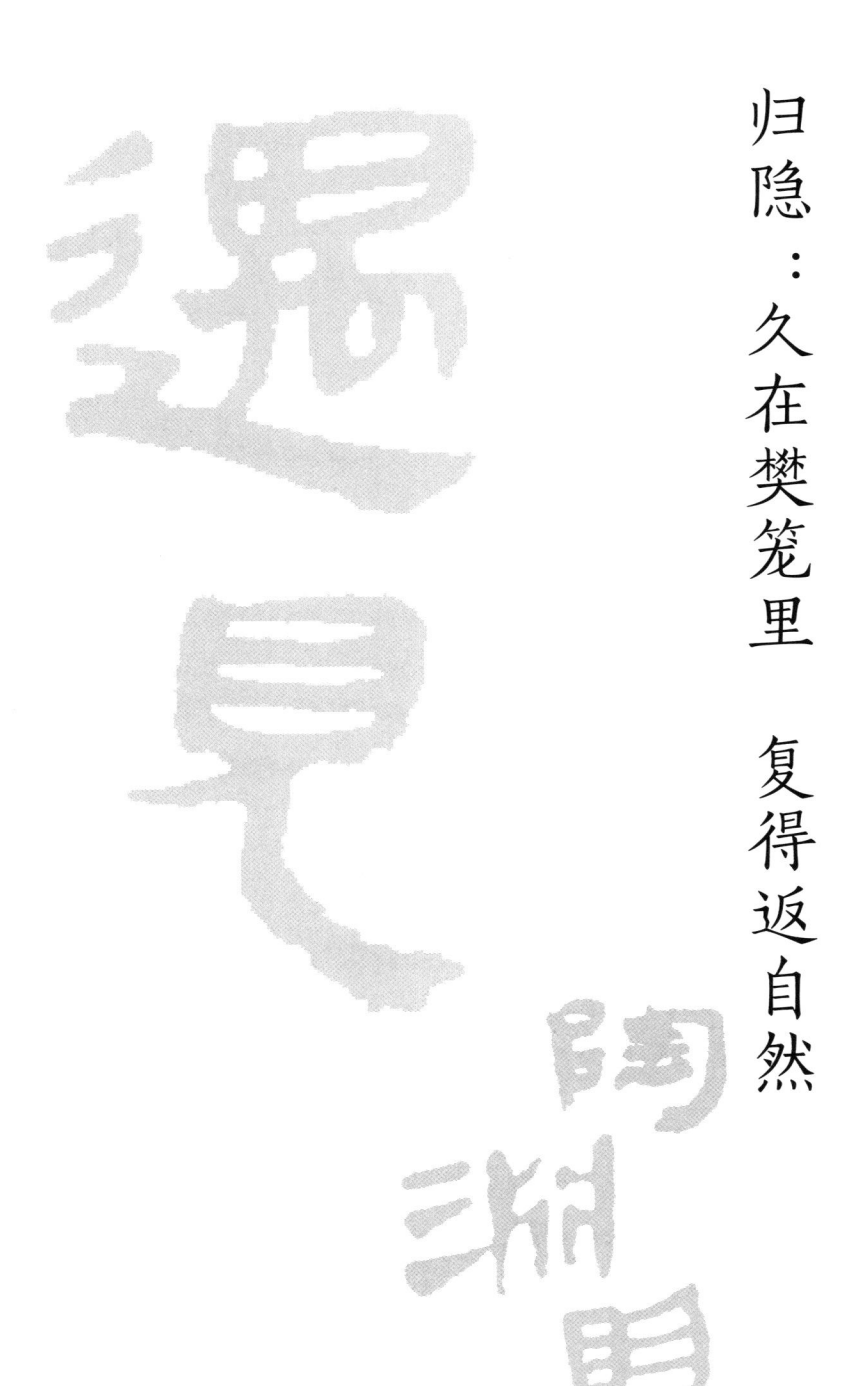

——陶渊明

"羁鸟恋旧林，池鱼思故渊。"《归园田居五首（其一）》

伴随着一曲《归去来兮辞》，陶渊明彻彻底底地抛却了官场，回到了朝思暮想的故里田园，南朝宋文帝元嘉四年（427年）陶渊明去世。整整二十二年的时间里，他都过着重返自然、隐居躬耕的生活。与其说他是一位隐者，倒不如说他就是一个普普通通的农民，或者说是一个过着农民生活的诗人、隐者。

一说起隐逸之士，很容易让人想起明代文学家宋濂的《竹溪逸民传》，他笔下的隐者形象：

> 戴青霞冠，披白鹿裘，不复与尘世接，所居近大溪，篁竹翛翛然生，当明月高照，水光潋滟，共月争清辉，逸民辄腰短箫，乘小舫，荡漾空明中，箫声挟秋气为豪，直入无际，婉转若龙鸣深泓，绝可听。箫已，逸民扣舷歌曰："吹玉箫兮弄明月，明月照兮头成雪，头成雪兮将奈何！白沤起兮冲素波！"人见之，又曰："是诚世外人也！欲常见且不可得，况狎而近之乎？"性嗜鞠，种之

满园，顾视若孩婴。黄花一开，独引觞对酌，日入不倦。

这大概是大多数中国人心目中的隐者形象：飘逸、洒脱、不染尘世。但于陶渊明来说，这只是隐者的皮毛和表象，未得隐者之真谛和精神。作为隐者的陶渊明只是一个破衣烂衫、有时连酒也喝不起的、挣扎在饥饿边缘的农民。他辛辛苦苦地耕种着农田，只是在房前屋后的篱墙之下种些菊花，供自己欣赏。他内心纯洁，性格高迈，性情平易近人，他虽然摆脱了污浊的官场，但陶渊明仍然心怀忧国之情；他讨厌官场，但也与一些有理想的官员交友；就连莲社的恳切邀请也被他婉转地拒绝。他不像一些人用隐居来博取名分，曲折入世。他在贫困到极点的时候仍然不应征命，并对高官的馈赠"麾而去之"。他"不以仕为嫌，不以隐为高雅，有无可无不可本领，即其临流赋诗，见山忘志，旨趣高旷，未尝拘于境地"（钟秀《陶靖节记事诗品》卷一）。

当隐者作为一种装点、作为一种时尚的时候，陶渊明用真实的生活甚至生命诠释了隐逸的真谛。

在陶渊明人生最后的这二十几年里，国家间的争战杀伐几乎一刻也没有停止。刘裕战败桓玄之后，取得了太尉的摄政大权。为了迅速树立威名，他把刀锋首先伸向了跟随自己南征北战的功臣。他先是以皇帝的名义诏罪刘毅，逼其自杀；又以谋反罪诛杀前将军诸葛长民及其弟辅国将军诸葛黎民，彻底地清除了身边的隐患。

410年，他又出兵攻伐南燕国，燕国鲜卑慕容部贵族三千余人被杀，末代皇帝慕容超被押送建康处斩。413年，刘裕又派兵消灭了西蜀王国。416年，刘裕动员全国兵力进攻后秦帝国。晋安帝义熙十三年（417年），刘裕攻陷后秦都城长安，皇帝姚泓连同他的皇子皇孙一起被俘虏，送往首都建康，一一处死。东晋帝国的国威在刘裕手中达到了百年以来的高峰。正当举国上下都渴望继续扫荡北方割据政权、恢复旧河山的时候，刘裕却就此止步。因为他的目标并不是统一中国，而是那望眼欲穿的皇帝宝座。

418年，刘裕派人将年仅三十七岁的皇帝司马德宗勒死，立他的弟弟司马德文继位。两年后的420年，"禅让"的把戏又报应般落在了司马家族身上。

在刘裕的暗中威逼下，司马德文平静地执笔誊抄已经准备好的诏书，并对左右说："桓玄篡位时，晋室已经失去天下了，因为有刘公（刘裕），才延长了将近二十年的国祚。今天做这件事，我是心甘情愿的。"两天后，司马德文退居到琅邪王府，百官向晋帝告别，至此东晋灭亡。刘裕终于登上了皇帝宝座，建立宋国，史称刘宋。

司马德文虽然被降为零陵王，迁居秣陵（今江苏南京），但依然没有逃脱刘裕的黑手。一年后，刘裕命令琅邪郎中令张伟，携毒酒前去秣陵，鸩杀司马德文。张伟不忍谋害故主，回去又难以交代，竟在路上喝下毒酒自尽。刘裕又派褚皇后的哥哥，假意探望日夜守护零陵王的褚皇后，同时命令亲兵暗暗跟在后面。褚皇后听到兄长来了，出外相见。亲兵乘机越墙进入司马德文室内，将毒酒放在他面前，逼他快饮。司马德文却摇头拒绝说："佛教教义中说，人凡自杀，转世不能再投人胎。"兵士便将他挟上床去，用被子蒙脸，活活闷死。司马德文被杀后，谥号"恭皇帝"，葬于冲平陵（位于今江苏南京）。

　　历史总是一再地重演。刘宋王朝依然没有逃脱为争夺帝位弑父杀兄、兄弟相残的历史怪圈。虽历任九任皇帝，却仅仅存活了六十年就灭亡了，成为南朝四个短命王国中的第一个。

　　南朝宋武帝永初三年（422年）六月，当了仅仅两年皇帝的刘裕驾崩。年仅十六岁的皇太子刘义符继任皇帝，是为宋少帝，由顾命大臣谢晦、徐羡之和傅亮三人辅政。然而宋少帝童心未泯，又好游猎之事，居丧无礼。就连北魏犯境时，仍无忧无虑，寻欢作乐。对于群臣谏言，一概不听。

　　宋元帝景平二年（424年）六月，徐羡之、谢晦和傅亮三位托孤大臣深怕有负先帝托付之恩，便暗地里邀请南兖州刺史檀道济、江州刺史王弘一起杀入宫中，废掉并杀死刘义符。由于刘义符无子，便由刘义符的二弟刘义真继任皇位，但徐羡之认为刘义真不宜为君，故在废帝之前就先废掉身为庐陵王的刘义真，降为庶人，后又派人将其杀害。之后，是年八月，拥立刘裕的第三子刘义隆为帝，是为宋文帝，改元"元嘉"。

南朝宋文帝元嘉三年（426年），宋文帝以弑杀刘义真及少帝罪，诛杀徐羡之等人，以车骑将军、江州刺史王弘为司徒。司徒主簿庞遵使南兖州。是年五月，又任檀道济为征南大将军，接替王弘为江州刺史。

檀道济来到浔阳的第二年，宋文帝元嘉四年（427年），陶渊明永远地离开了这个世界。

（一）种豆南山下

经过十多年仕与隐的反复，陶渊明早年的入世之志所燃起的火苗终于彻底熄灭。"质性自然，非矫厉所得"（《归去来兮辞》），违心的出仕不仅仅是自欺，更是折磨。断然归去的陶渊明像解去枷锁的囚徒，直奔大自然的怀抱，大口地呼吸着自由的空气。这是与过去的决裂，也是彻底的解脱。这一年，陶渊明三十三岁。

"弃官从好。遂乃解体世纷，结志区外，定迹深栖，于是乎远。灌畦鬻蔬，为供鱼菽之祭；织绚纬萧，以充粮粒之费。心好异书，性乐酒德，简弃烦促，就成省旷，殆所谓国爵屏贵、家人忘贫者与？"（颜延之《陶征士诔》）

回归田园，重返自然，毅然决然地远离尘世纷扰，置身于世外田园，栖息于丘山人境，过着远离官场的生活，各种农活亲自劳作，秋收冬藏，织鞋编席，获得养家糊口的粮食，换得祭祀祖宗的祭品。因爱读老庄等奇书异文，并且甚解饮酒之乐，所以形成了从容自由、简约旷达的性格，就像《庄子》赞赏的道德高尚的人一样，连国家爵位这样的荣华富贵都可以抛弃来固守穷节，和家人一起忘却贫困。颜延之的这段话总体概括了陶渊明辞官归隐后的生活。

南朝诗人江淹也曾以一首《拟陶征君田居》诗描述了陶渊明的田园生活状态：

> 种苗在东皋，苗生满阡陌。
> 虽有荷锄倦，浊酒聊自适。
> 日暮巾柴车，路暗光已夕。
> 归人望烟火，稚子候檐隙。
> 问君亦何为？百年会有役。
> 但愿桑麻成，蚕月得纺绩。
> 素心正如此，开径望三益。

归田后的陶渊明神清气爽，心情愉悦，如鱼之得水、鸟之翔空一样放任自得，和家人一起自耕自织，晨兴而作，戴月而归，间携子侄同游山涧，鸡酒待客，共话桑麻，享受着一个普通农民的家居之乐。《归园田居五首》充分体现了他对这种生活的满足与热爱。

  少无适俗韵,性本爱丘山。
  误落尘网中,一去十三年。
  羁鸟恋旧林,池鱼思故渊。
  开荒南野际,守拙归园田。
  方宅十余亩,草屋八九间。
  榆柳荫后檐,桃李罗堂前。
  暧暧远人村,依依墟里烟。
  狗吠深巷中,鸡鸣桑树颠。
  户庭无尘杂,虚室有余闲。
  久在樊笼里,复得返自然。

(《归园田居五首(其一)》)

  这首诗表达了陶渊明本性爱自然山林,却误入尘世,奔走仕途转眼过了十三年。终于归园田居了,美好的田园风光,舒心的农民生活,让他有了如释重负般重返自由的快乐。

  野外罕人事,穷巷寡轮鞅。
  白日掩荆扉,虚室绝尘想。
  时复墟曲中,披草共来往。
  相见无杂言,但道桑麻长。

> 桑麻日已长，我土日已广。
> 常恐霜霰至，零落同草莽。
>
> （《归园田居五首（其二）》）

归园田居的生活，没有世俗的交往，虚空安静的生活，让人彻底了却尘世杂念，友好淳真的乡邻关系与桑麻话题，清澄明净。这古朴纯净的乡野味道，让人仿佛回到了上古清淳的和谐社会。

> 种豆南山下，草盛豆苗稀。
> 晨兴理荒秽，带月荷锄归。
> 道狭草木长，夕露沾我衣。
> 衣沾不足惜，但使愿无违。
>
> （《归园田居五首（其三）》）

这首诗很有趣，陶渊明无意中暴露了自己农耕经验不足的事实。毕竟少读琴书，士人出身，所以就"草盛豆苗稀"了。但他并没有灰心，而是勤勤恳恳、乐此不疲地从清早到傍晚，躬身田野，铲除荒草。因为陶渊明知道"田家岂不苦？弗获辞此难"（《庚戌岁九月中于西田获早稻》）。既然选择了这条路，就要忍受肉体的辛劳，"夕露沾衣"犹不足惜矣。

久去山泽游，浪莽林野娱。

试携子侄辈，披榛步荒墟。

徘徊丘垄间，依依昔人居。

井灶有遗处，桑竹残朽株。

借问采薪者，此人皆焉如？

薪者向我言，死没无复余。

一世异朝市，此语真不虚！

人生似幻化，终当归空无。

(《归园田居五首（其四）》)

农闲时间，携子侄辈闲游山野，忽见昔人旧居，已是废墟一片，人去无复。诗人感叹人似草木，荣枯无常。人生如幻，终当空无！

怅恨独策还，崎岖历榛曲。

山涧清且浅，遇以濯吾足。

漉我新熟酒，只鸡招近局。

日入室中暗，荆薪代明烛。

欢来苦夕短，已复至天旭。

(《归园田居五首（其五）》)

既然人生终当归于空无，那就要珍惜现在每一天的快乐生活。辛苦的劳作之后，山涧的清泉可以"濯吾足"矣。回到家里，过滤好新酿的美酒，招来邻家友人。日落室暗，点燃荆草当蜡烛，大家一起开怀畅饮，直到天明。

《归园田居五首》有脱离仕途的轻松，有重返自然的欣喜，有清净的田园风光，有淳朴的邻里交往，还有躬耕的切身体验。语言平淡自然，体现了陶渊明超脱世俗、安于清贫、追求自由的情操。这组诗受历代文人墨客的追捧与效仿，陶渊明也成为田园诗派的鼻祖和代表。清代学者方东树说："此五诗衣被后来，各大家无不受其孕育者，当与《三百篇》同为经，岂徒诗人云尔哉哉！"（《昭昧詹言》卷四）近代学者梁启超则一语道出他深受追捧的核心原因："《归园田居》只是把他的实历感写出来，便成为最亲切有味之文。"（《陶渊明之文艺及其品格》）是啊，是陶渊明的节操与人格幻化出了这精彩绝伦的文字。

孟夏时节，万物生机勃勃，绿树引鸟筑巢，正值农闲，陶渊明饮春酒，读奇书，好不自在。

孟夏草木长，绕屋树扶疏。
众鸟欣有托，吾亦爱吾庐。
既耕亦已种，时还读我书。
穷巷隔深辙，颇回故人车。
欢言酌春酒，摘我园中蔬。

微雨从东来,好风与之俱。

泛览周王传,流观山海图。

俯仰终宇宙,不乐复何如?

(《读〈山海经〉十三首(其一)》)

(二)祭程氏妹文

自足幸福的日子过得很快。晋安帝义熙三年(407年)五月的一天,陶渊明突然想起自己的妹妹已经离开十八个月了,正是"服制再周"①的日子,追忆与妹妹共同度过的贫穷而快乐的时光,他不禁悲痛伤怀,很难自抑。于是,他在家里摆上猪羊祭品,躬身遥祭,并写下凄楚哀伤、句句泣血、高亢而又低回的四言祭文《祭程氏妹文》。

维晋义熙三年五月甲辰,程氏妹服制再周。渊明以少牢之奠,俯而酹之。呜呼哀哉!

寒往暑来,日月寖疏,梁尘委积,庭草荒芜。寥寥空室,哀哀遗孤。肴觞虚奠,人逝焉如!

谁无兄弟,人亦同生。嗟我与尔,特百常情。慈妣

---

① 服制再周:按服丧的规定已经为其服丧两个周期。服制,服丧的礼制。周,服制一个周期为九个月。按照服制,对已嫁的妹妹,应为她服丧九个月。陶渊明写这篇祭文时,程氏妹已死去十八个月,所以说"服制再周"。

早世，时尚孺婴。我年二六，尔才九龄。爰从靡识，抚髫相成。

咨尔令妹，有德有操。靖恭鲜言，闻善则乐。能正能和，惟友惟孝。行止中闺，可象可效。我闻为善，庆自己蹈。彼苍何偏，而不斯报！

昔在江陵，重罹天罚。兄弟索居，乖隔楚越。伊我与尔，百哀是切。黯黯高云，萧萧冬月。白云掩晨，长风悲节。感惟崩号，兴言泣血。

寻念平昔，触事未远，书疏犹存，遗孤满眼。如何一往，终天不返！寂寂高堂，何时复践？藐藐孤女，曷依曷恃？茕茕游魂，谁主谁祀？

奈何程妹，于此永已！死如有知，相见蒿里。呜呼哀哉！

程氏妹是陶渊明同父异母的妹妹，比陶渊明小三岁，因远嫁武昌的程家，故称程氏妹。和陶渊明一样，她从小失去了父亲，九岁那年，又失去了母亲，由陶渊明的生母抚养长大，兄妹两人在这个贫困的家族里结下了"特百常情"的深厚情谊。在陶渊明的描述里，程氏妹"有德有操。靖恭鲜言，闻善则乐。能正能和，惟友惟孝。行止中闺"。意思是说，既有优良的德行，又有美好的节操。安静谦逊，少言寡语，听到美好的事情就十分高兴。她为人端正又温和，友爱兄弟，孝顺长辈，言行举止都符合女性的行为规范。然而，就是这样一个人，却没有得到苍天的眷顾，早早地离世。陶渊明听到她去世的消息时，悲痛欲绝，因此，他彻底打消了仕与不仕的犹豫念头，解绶，直奔武昌，为程氏妹奔丧去了。

往事历历在目，昔人去而不还，陶渊明抑制不住悲伤，以"庭草荒芜""哀哀遗孤"为首，整个祭文笼罩在凄凉悲切的气氛之中。昔日相互依恋，今日"茕茕游魂，谁主谁祀？"孤苦无依的妹妹啊，"死如有知，相见蒿里"，锥心之痛，断人肝肠！

（三）陶然自乐

在辛苦繁重的劳动之余，陶渊明与田夫村老也结下了很深的友谊，他们或谈论农事，或相邀饮酒，或自农田相与而归，感情亲切自然，至真至朴。

> 时复墟曲中，披草共来往。
> 相见无杂言，但道桑麻长。
>
> （《归园田居五首（其二）》）

士人出身的陶渊明虚心好学，不断地提高自己侍奉农桑的水平。

> 谈谐终日夕，觞至辄倾杯。
> 情欣新知劝，言咏遂赋诗。
>
> （《乞食》）

哪怕是家里断炊的时候，去别人家讨碗饭吃，主人也会设酒宴款待一番，而自己也会因此赋诗一首。

> 过门更相呼，有酒斟酌之。
> 农务各自归，闲暇辄相思。
>
> （《移居二首（其二）》）

无论谁家酿了新酒，都会过门呼唤，相约共饮，农忙时候各忙各的事，一到农闲，大家又彼此相思。

> 日入相与归，壶浆劳近邻。
> 长吟掩柴门，聊为陇亩民。
>
> （《癸卯岁始春怀古田舍二首（其二）》）

日落之后，结伴回村，取来酒食相互慰劳，回家之后，再把由此焕发的诗情记录下来。

有许多农友看到陶渊明满腹诗书却不去做官，甚为不解，好心地规劝他入仕为官，免受稼穑之苦。

> 清晨闻叩门，倒裳往自开。
> 问子为谁与，田父有好怀。
> 壶浆远见候，疑我与时乖。
> 褴缕茅檐下，未足为高栖。
> 一世皆尚同，愿君汩其泥。
>
> （《饮酒诗二十首（其九）》）

田父手提酒壶来问候，嗔怪他不合时宜，你破衣烂衫地隐居在茅草屋里，真是误了满腹才华，规劝他逐游宦海，拯救世风。陶渊明却说：

> 深感父老言，禀气寡所谐。
> 纡辔诚可学，违己讵非迷。
> 且共欢此饮，吾驾不可回。
>
> （《饮酒诗二十首（其九）》）

这首诗大意为，真的感谢您老的体己话，然而我"性本爱丘山"，回车改道的路虽然通畅，但违背我初衷的事绝不能做，我们暂且痛饮这壶酒吧！让我再走回头路，那是不可能的事。

陶渊明完全能够理解乡邻田父的心情，但他们能否理解自己就很难说了。一切都不必辩解，无须语言表达：

结庐在人境，而无车马喧。
　　问君何能尔？心远地自偏。
　　采菊东篱下，悠然见南山。
　　山气日夕佳，飞鸟相与还。
　　此中有真意，欲辨已忘言。

（《饮酒诗二十首（其五）》）

"羁鸟恋旧林，池鱼思故渊。"（《归园田居五首（其一）》）回到家乡的陶渊明如鸟入旧林、鱼回故渊，无限放飞自己的心情。和自己的外祖父一样，他喜欢独自走进山野，融入自然，享受美景，追求闲静淡远的生活情调，陶然自乐。

农历的三月三日，是当地传统的"修禊"风俗，就是人们来到水边，洗漱嬉戏，以求消除灾祸。王羲之《兰亭集序》曾有"暮春之初，会于会稽山阴之兰亭，修禊事也"的记载。这一年的三月三日，暮春时节，春和景明，陶渊明穿上春天的服装，在和煦的春光里携影独游、顾影自怜，他的思绪回到久远的过去，内心充满了欣喜与感慨，于是，一首《诗经》格式的四言诗《时运》应景而生。

　　迈迈时运，穆穆良朝。
　　袭我春服，薄言东郊。
　　山涤余霭，宇暧微霄。

>有风自南，翼彼新苗。
>
> （《时运四首（其一）》）

这首诗大意为，四季运转不停，暮春时节春光融融，穿上我的春服，前往东郊踏青。山间的云气正在散尽，天边飞挂起一条彩虹，温暖的南风徐徐吹来，新生的禾苗像鸟儿一样张开了翅膀。

>洋洋平泽，乃漱乃濯。
>邈邈遐景，载欣载瞩。
>称心而言，人亦易足。
>挥兹一觞，陶然自乐。
>
> （《时运四首（其二）》）

这首诗大意是说，东郊的湖泊里涨满了春水，漱洗之后神情顿时清爽起来。极目远眺，满眼风景，赏心悦目，让人心情十分激动。人真的这么容易满足啊！此情此景让人欢畅无穷。举起酒杯一饮而尽，陶然自得，其乐融融。

>延目中流，悠想清沂。
>童冠齐业，闲咏以归。
>我爱其静，寤寐交挥。

但恨殊世，邈不可追。

(《时运四首（其三）》)

这首诗是说，放眼中流，好像看到了鲁国的沂水，遥想起孔子学生曾点向往的春日游沂。一群年轻人课罢远足，归来之时放声歌唱。我爱曾点的闲静，日夜思念能与之同游。可惜今昔异世，遥遥隔世难求。

斯晨斯夕，言息其庐。
花药分列，林竹翳如。
清琴横床，浊酒半壶。
黄唐莫逮，慨独在余。

(《时运四首（其四）》)

这首诗的大意为，闲居的朝朝暮暮，静守家园。院子里的花卉、药草或行或列，树木、竹林郁郁葱葱。床上素琴横卧，半壶浊酒仍有余温。黄帝、唐尧的时代永不再有，我只能独自沉吟，感慨无穷。

这首诗的核心就是一个典故，出自《论语·先进第十一》。一次，孔子和学生子路、冉有、曾皙、公西华围坐在一起。孔子让他们都说出自己的志向。子路说他能治理千乘之国，冉有说他能治理方圆六七十里的小国，公西华说他只能担任一个小小的司仪。最后一个发言的是曾皙，又名曾点，他是曾参的父亲。他说："暮春者，春服既成，冠者五六人，童子六七人，浴乎沂，风乎舞雩，咏而归。"意思就是，在暮春时节，天气暖和，身着春装，和五六个成年朋友一起，带上六七个少年，到曲阜南面的沂水里洗浴，之后再登上祈雨的祭坛，和煦的春风拂面，然后一路唱着歌回家。这就是我的志向。这和平安宁的景象，这悠闲潇洒的仪态，这青春洋溢的热情，这自由欢乐的氛围，把一向严肃深沉的孔夫子感动得喟然长叹："吾与点也！"（我和曾点的志向是一样的啊！）

然而，面对动荡不安、恶浊昏暗的社会现实，曾点的志向显得是多么的弥足珍贵。陶渊明之所以逃跑一般离开纷纷扰扰、污浊不堪的官场归园田居，不就是为了实现同曾点一样的愿望吗？然而，就是这样一种平淡自然、平和闲远的生活追求，在残酷的现实面前也难以实现。

（四）六月中遇火

天有不测风云，人有旦夕祸福。正当陶渊明耕读自适、幸福快乐地生活时，祸从天降。晋安帝义熙四年（408年）六月，一场意外的大火，将陶渊明的家焚烧一空。大火无情，烧得没有留下一间房、一粒粮。陶渊明倾其所有买来粮食和衣物，将一家人暂时安顿在门前溪水的一条船上。自己则天当被来地当床，席地而卧，一直到秋天。一个初秋的夜晚，月光如水，野鸟飞鸣，心情十分复杂的陶渊明写下了这首《戊申岁六月中遇火》。

  草庐寄穷巷，甘以辞华轩。
  正夏长风急，林室顿烧燔，
  一宅无遗宇，舫舟荫门前。
  迢迢新秋夕，亭亭月将圆。
  果菜始复生，惊鸟尚未还。
  中宵伫遥念，一盼周九天。
  总发抱孤介，奄出四十年。
  形迹凭化往，灵府长独闲，
  贞刚自有质，玉石乃非坚。
  仰想东户时，余粮宿中田，
  鼓腹无所思，朝起暮归眠。
  既已不遇兹，且遂灌我园。

这首诗的大意是，为了远避富贵荣华，我心甘情愿地居住在这偏僻穷巷的草屋里，可惜一场风急火骤的火灾，夺去了一切，一家人只得栖身在门前舫舟。那是一个初秋的长夜，明月高悬，果菜开始恢复生机，惊悸的鸟儿没有飞还。遥望夜空，好像一眼望尽了八荒九天。我自幼耿介孤直，转眼已经四十多岁，生命开始走向衰老，而我的心境却变得清闲淡远。我生性坚贞刚强，玉石再硬也不如心坚。遥想上古盛世，粮食多得堆放在田间地头，人们都能吃饱喝足，无忧无虑，白天游乐，晚归安眠，现在我不生逢这样的时代，也只能安心浇园种田了。

这首诗一方面叙述了自己的不幸遭遇，另一方面也再次告诉那些关心且不理解自己的田父亲朋。因为生不逢时，只能躬耕灌园，同时表达了自己隐居躬耕的信心和决心。

（五）自有渊明方有菊

九月九日，重阳节，其源头可追溯至上古时期。据《吕氏春秋·季秋纪》记载："（九月）命家宰，农事备收，举五种之要。藏帝籍之收于神仓，祗敬必饬。""是日也，大飨帝，尝牺牲，告备于天子。"就是说家宰必须在农事结束之后，统计五谷收成；并将天子籍田所得，藏入专门储放祭祀所用谷物的神仓。天子要大祭五帝，命令主管官吏用牛羊祭祀群神。完成后需向天子禀告祭祀已经齐备。由此可见，当时已经有在秋九月农作物丰收之时祭飨天帝、祖先的活动。

据西汉末年刘歆所著的《西京杂记》记载："九月九日，佩茱萸，食蓬饵，饮菊花酒，会令人长寿。"可见汉代已经有了重阳节求长寿的习俗。三国时，魏文帝曹丕在《九日与钟籑书》中写道:"岁往月来,忽复九月九日。九为阳数,而日月并应,俗嘉其名,以为宜于长久,故以享宴高会。"作为皇帝的曹丕把九月九日作为适合宴饮聚会的时间,可见当时的节俗已经初步定型,到陶渊明的时代,重阳节已经是文人墨客笔下偏爱的节日题材了。

"晋陶渊明独爱菊。"(周敦颐《爱莲说》)陶渊明一生最钟爱的植物有松树、柳树和菊花三种,其中最喜爱的莫过于菊花了。菊花,在中国已经有几千年的栽培史。《礼记·月令》中有"季秋之月,菊有黄华"。《离骚》中有"朝饮木兰之坠露兮,夕餐秋菊之落英"。《神农本草经》中记载:"菊花久服能轻身延年。"

菊花开在秋季,当众芳都凋谢时,它则忍受风霜,独抱幽芳。陶渊明喜欢菊花的这种特性,因此,他爱菊、赏菊、吟菊。

九九重阳之日,是一年中菊花开得最盛的日子。因此,重阳节也是陶渊明喜爱并重视的节日。每当秋凉的九月,他必然扶杖东篱之下,流连菊花丛中,抚爱玩赏,把菊吟诗。萧统《陶渊明传》言:"尝九月九日,出宅边菊丛中坐久之,满手把菊。"陶渊明《九日闲居》诗序云:"余闲居,爱重九之名,秋菊盈园,而持醪靡由,空服九华,寄怀于言。"由此可见,陶渊明爱菊是天性使然。在他的诗歌里,咏菊之言很多。

秋菊有佳色，裛露掇其英。

泛此忘忧物，远我遗世情。

（《饮酒诗二十首（其七）》）

陵岑耸逸峰，遥瞻皆奇绝。

芳菊开林耀，青松冠岩列。

（《和郭主簿二首（其二）》）

酒能祛百虑，菊解制颓龄。

如何蓬庐士，空视时运倾！

（《九日闲居》）

　　如果说菊花有峻洁傲霜的性格，那么陶渊明固守穷节的执着正与之契合。二者气自华，品自高，可谓相得益彰，千古流芳。周敦颐《爱莲说》云："予谓菊，花之隐逸者也。"从此，菊花成了隐逸的象征，就好像林逋（字君复，宋仁宗赐谥"和靖先生"）之于梅花，周敦颐之于莲花一样，菊花也成了陶渊明的精神象征。辛弃疾有词云："自有渊明方有菊，若无和靖即无梅。"（《浣溪沙·种梅菊》）

　　晋安帝义熙五年（409年）的重阳节，耕种于西田的稻子刚刚丰收，一场大火带来的祸患才有所缓解。陶渊明站在空旷的田野，仰望天高云淡，澄空无际，大雁南飞，离雁哀鸣。

远望林木渐萎，草色枯黄，凄风吹过，草木环绕。陶渊明在想，人生岂不也像这草木一样，荣枯无常，变化不断吗？于是，一首《己酉岁九月九日》飘然而出。

> 靡靡秋已夕，凄凄风露交。
> 蔓草不复荣，园木空自凋。
> 清气澄余滓，杳然天界高。
> 哀蝉无留响，丛雁鸣云霄。
> 万化相寻绎，人生岂不劳？
> 从古皆有没，念之中心焦。
> 何以称我情？浊酒且自陶。
> 千载非所知，聊以永今朝。

是啊，在这重九暮秋，看到万物凋零，想起先后去世的母亲和妹妹，陶渊明油然而生人生苦短的悲切。延年长寿只不过是人生的一种美好愿望而已，焦虑痛苦丝毫改变不了自然变化的事实，不如委运任化，顺其自然，饮酒自陶吧！

火灾过后，陶渊明倾全部财力也无法恢复原来宅院的模样，仅盖起了几间茅草屋，只够姨母和敬远弟一家居住。妻儿仍栖居在门前溪水的船上。叔叔陶夔听说了他的窘境，便将自家在浔阳近郊南村的一处小宅院以及西边的几亩田地送给陶渊明。

晋安帝义熙六年（410年）初，陶渊明将柴桑里新建的茅屋和田地留给姨母和从弟敬远一家，自己携妻儿从门前舫舟迁居浔阳近郊的南村。

（六）南村"素心人"

老家柴桑地势偏僻，交通不便，车马难以到达，是个远离尘世官场的地方，非常适宜隐居。而浔阳近郊的南村，却是官宦、市井、农民杂居的地方，按说并不是隐居的理想场所。但此时的陶渊明已经从"身"隐转向了"心"隐。山林、田园或闹市对他来说都无所谓了。初到此地，他十分高兴且有些情趣盎然。两首《移居》诗体现了他与邻里相处的和谐与欢快。

> 昔欲居南村，非为卜其宅。
> 闻多素心人，乐与数晨夕。
> 怀此颇有年，今日从兹役。
> 敝庐何必广，取足蔽床席。
> 邻曲时时来，抗言谈在昔。
> 奇文共欣赏，疑义相与析。

（《移居二首（其一）》）

这首诗大意为,我早就萌发了移居南村的念头了,不是因为这里风水有多么好,只是听说南村的人们心地淳朴,我乐意与这样的人朝夕相处。怀有这样的心愿已经很久,今天终于梦想成真。简陋的屋舍无须多么宽敞,有个地方容身就已经心满意足,友善的邻居常来常往,高谈阔论也是毫不顾忌,有好文章大家一起欣赏,遇到疑难之处就一起详加剖析。

昔日在老家,除了敬远弟有一些文化,对自己还有些理解,其他没有什么志同道合的朋友。田父村老们一起饮酒,共话桑麻,却不能在农闲读书时"疑义相与析"只能"不求甚解"(《五柳先生传》)了。而南村这里,却有像殷景仁、颜延之等的邻居。所以,不但能共话桑麻,而且能共赏奇文,登高赋诗,谈古论今。

> 春秋多佳日,登高赋新诗。
> 过门更相呼,有酒斟酌之。
> 农务各自归,闲暇辄相思。
> 相思则披衣,言笑无厌时。
> 此理将不胜?无为忽去兹。
> 衣食当须纪,力耕不吾欺。
>
> (《移居二首(其二)》)

与这一帮"素心人"农闲时期随意来往,言笑无厌。农忙时期则各纪衣食，勤力耕作。这两首诗都充满着温暖、幸福与欢快的气氛。语言平淡，精练自然，感情真挚，淳朴亲切。清代蒋薰如此评价："直是口头语，乃为绝妙词。极平淡，极色泽。"（蒋薰评《陶渊明诗集》卷二）从这首诗中我们可以看出，搬到南村这段日子，可以说是陶渊明最快乐的一段日子了。

是年的九月中旬，西田的早稻获得了丰收，足够一家人一年的生活了，陶渊明满意地看着这黄澄澄的稻粒，感慨万千。

> 人生归有道，衣食固其端。
> 孰是都不营，而以求自安。
> 开春理常业，岁功聊可观。
> 晨出肆微勤，日入负耒还。
> 山中饶霜露，风气亦先寒。
> 田家岂不苦，弗获辞此难。
> 四体诚乃疲，庶无异患干。
> 盥濯息檐下，斗酒散襟颜。
> 遥遥沮溺心，千载乃相关。
> 但愿长如此，躬耕非所叹。
>
> （《庚戌岁九月中于西田获早稻》）

是啊，人生在世，衣食是基础，人勤地不懒，年终就会有收成。日出而作，日落而息，霜露既降，秋寒冬冷，耕作虽苦，却能远离灾祸，躬耕归来，盥洗手脚，檐下歇息，饮酒解乏，就像当年的长沮、桀溺一样，不也很好吗？我多么希望这躬耕的生活能长此以往啊！

闻多素心人，乐与数晨夕。(《移居二首（其一）》)

下面，我们逐一介绍一下陶渊明心中的"素心人"。

颜延之

这"素心人"中最值得关注的莫过于颜延之了。当时的颜延之只做了浔阳主簿的小官，与陶渊明相交甚笃。后来，颜延之于《陶征士诔》中曾追忆他们的交往："伊好之洽，接阎邻舍，宵盘昼憩，非舟非驾。"

颜延之，字延年，琅邪临沂（今山东临沂）人，生于晋孝武帝太元九年（384年）。南朝刘宋时期的文学家，与谢灵运、鲍照并称"元嘉三大家"。其祖先可追溯至孔子高徒颜回，其曾祖颜含曾为右光禄大夫，祖父颜约曾做零陵太守，后家道中落，父亲颜显仅为护军司马，早逝。

颜延之从小居陋巷穷室，但他好读书，无所不览，其文章之优美冠于当时。善饮酒，但酒多忘形，行为偏激，肆意直言，常失小节，时人称之为"颜彪"。因此到了三十岁还未婚，且不曾入仕。这一年,他的妹妹嫁给了刘裕的大将刘穆之之子。刘穆之闻说颜延之的才华,想召他入府为官,但遭到拒绝。

晋安帝义熙十二年(416年),颜延之被征召为江州刺史刘柳的后军功曹。也就是这一年,在他刚刚步入仕途的日子里,他在江州认识了陶渊明——这个整整比他大了十二岁的长者。

此时的陶渊明"年在中身,疚维痁疾"(颜延之《陶征士诔》),疚指久病,痁是指疟疾,二日一发为痎,多日一发为痁。疟疾在身的他依然耕种自食,琴书自娱。

"颜延之为刘柳后军功曹,在浔阳与潜情款。"(沈约《宋书·隐逸传》)

颜延之居所离陶渊明居住的浔阳南村很近。久闻陶渊明的诗名和酒名,这位初入仕途且雄心勃勃的年轻人,一下子被陶渊明这种清苦却安逸、贫陋却高尚的生活给吸引住了。一有空闲,两人便聚在一起,无需舟船、车驾,前后相行,随地盘坐,推杯换盏,畅快酣饮,其间臧否古今,谈论文章,好不惬意。可惜,这种相见甚欢的日子约一年就结束了。但颜延之充满华丽辞藻的诗文中,多了一些现实的审视与诘问,也多了些隐逸和灵秀。

晋安帝义熙十二年(416年),刘裕攻克洛阳,颜延之奉命随王弘作为特使前去庆贺。在来回的路上,颜延之作了《北使洛》和《还至梁城作》两首诗,震动了当时的诗坛。两诗一扫东晋诗坛上的华丽与玄然,直面社会现实,深受当时朝中重臣谢晦和傅亮的赞赏,颜延之被迁为博士。

刘裕代晋后,征召天下隐居之士出来做官。陶渊明拒不接受,而已在庐山隐居并与陶渊明、刘遗民并称为"浔阳三隐"(庐山三隐)的周续之听说后,赶紧出来做官。颜延之甚为不耻。皇上问询周续之问题时,周续之的辩词总让人感到生涩,而一旁的颜延之回答皇上的问询时,则言简意赅,对答如流,深受皇帝喜爱,因此又被迁为太子舍人。

在仕途上,颜延之生性豪爽,旷放不羁,他"居身清约,不营财利,布衣蔬食,独酌郊野,当其为适,傍若无人"(《南史·列传第二十四》)。在朝刚正不阿,以直言善谏为名。

南朝宋武帝永初三年(422年)初,刘裕病重,朝中围绕立嗣问题分成两派。颜延之与谢灵运结成一派,认为长子刘义符放浪无形,不适合做皇帝,主张拥立刘裕二儿子庐陵王刘义真,反对徐羡之谋立刘义符的主张。结果,在两个派系的斗争中,颜、谢惨败,以"构扇异同,非毁执政"的罪名,分别被贬放到始安和永嘉太守任上。

"后为始安郡,经过浔阳,日造渊明饮焉,每往必酣饮致醉。弘欲邀延之坐,弥日不得,延之临去,留二万钱与渊明,渊明悉遣送酒家,稍就取酒。"(萧统《陶渊明传》)始安,即今天的广西桂林。宋少帝景平元年(423年)末,颜延之在南迁的路上,路过浔阳,第二次见到陶渊明。

此时的陶渊明已经五十一岁,显得十分衰老。时隔十年风云变幻,颜延之深感官场凶险,宦海沉浮,个中艰辛,唯酒能解。于是,二人自晨达昏,畅快饮叙。最后,陶渊明劝说颜延之:"独正者危,至方则阂。"(颜延之《陶征士诔》),古代的圣哲之人,无论归隐或出仕,他们的方法都有记载,一定要学会,保全好自己啊!

在浔阳短暂的停留之后,颜延之不得不离开陶渊明,看到他穷困潦倒,颜延之实在于心不忍,给他留下两万钱补贴家用。而陶渊明则认为,两人乃为神交,酒为媒介,送钱太俗,不若送酒。于是,他将两万钱悉数送到附近的酒馆,以便随时前去沽酒。

颜延之到任始安太守不久,刘氏王室发生政变,徐羡之、谢晦和傅亮三位托孤大臣,强行带兵入宫,先废掉了刘义符皇帝之位,又把庐陵王刘义真也废为庶人,之后立刘裕第三子刘义隆为皇,是为宋文帝。两年后,宋文帝以弑杀少帝罪诛杀徐羡之、谢晦和傅亮,而颜延之和谢灵运则被召还朝。之后,颜延之官至光禄大夫。

但后来,颜延之并没有听从陶渊明"哲人卷舒,布在前载。取鉴不远,吾规子佩"(颜延之《陶征士诔》)的劝告,仍然秉性不改,重蹈"违众速尤,迕风先蹶"的覆辙,与皇帝刘义隆争执,与权臣刘湛争吵,再次被贬到遥远的永嘉(今浙江温州)做太守。

到永嘉任上之后,颜延之以"竹林七贤"中的"五贤"

为题材，写了组诗《五君咏》，曲折地表达对朝廷的不满，引起了当权者的震怒。于是，颜延之被贬至闾里，老死乡里。

颜延之的一生是积极入世的一生，与陶渊明的一生形成了鲜明的对比。但在颜延之的骨子里，却充满着对陶渊明节操的崇拜与向往，这种崇拜和向往，在《陶征士诔》中展现得淋漓尽致。

何谓征士？"征士"一词源于汉朝时期的征辟制度。征辟，是中国汉代擢拔人才的一种制度，主要包括皇帝征聘和公府、州郡辟除两种方式，皇帝征召称"征"，官府征召称"辟"。各州府郡有义务给朝廷荐举天下贤达之士，以便朝廷征聘。那些被朝廷征聘过的人便被称为"征士"。

南朝宋文帝元嘉四年（427年），贫病交加的陶渊明离开了他的田园世界。颜延之听说后，十分悲伤。他满含泪水，挥笔写下《陶征士诔》：

夫璇玉致美，不为池隍之宝；桂椒信芳，而非园林之实。岂期深而好远哉？盖云殊性而已。故无足而至者，物之藉也；随踵而立者，人之薄也。若乃巢高之抗行，夷皓之峻节，故已父老尧禹，锱铢周汉。而绵世浸远，光灵不属。至使菁华隐没，芳流歇绝，不其惜乎！虽今之作者，人自为量，而首路同尘，辍涂殊轨者多矣。岂所以昭末景、泛余波？

有晋征士浔阳陶渊明，南岳之幽居者也。弱不好弄，长实素心，学非称师，文取指达，在众不失其寡，处言愈见其默。少而贫病，居无仆妾，井臼弗任，藜菽不给，母老子幼，就养勤匮。远惟田生致亲之议，追悟毛子捧檄之怀，初辞州府三命，后为彭泽令，道不偶物，弃官从好。遂乃解体世纷，结志区外，定迹深栖，于是乎远。灌畦鬻蔬，为供鱼菽之祭；织绚纬萧，以充粮粒之费。心好异书，性乐酒德，简弃烦促，就成省旷。殆所谓国爵屏贵，家人忘贫者与？有诏征为著作郎，称疾不到。春秋若干，元嘉四年月日，卒于浔阳县之某里。近识悲悼，远士伤情。冥默福应，呜呼淑贞。

夫实以诔华，名由谥高，苟允德义，贵贱何算焉？若其宽乐令终之美，好廉克己之操，有合谥典，无愆前志。故询诸友好，宜谥曰"靖节征士"。其辞曰：

物尚孤生，人固介立。岂伊时遘，曷云世及？嗟乎若士，望古遥集，韬此洪族，蔑彼名级。睦亲之行，至自非敦。然诺之信，重于布言。廉深简洁，贞夷粹温，和而能峻，博而不繁。依世尚同，诡时则异。有一于此，两非默置。岂若夫子，因心违事。畏荣好古，薄身厚志。世霸虚礼，州壤推风，孝惟义养，道必怀邦。人之秉彝，不隘不恭。爵同下士，禄等上农。度量难钧，进退可限。长卿弃官，稚宾自免。子之悟之，何悟之辨。赋诗归来，高蹈独善。亦既超旷，无适非心。汲流旧巘，葺宇家林。

晨烟暮霭，春煦秋阴。陈书辍卷，置酒弦琴。

居备勤俭，躬兼贫病。人否其忧，子然其命。隐约就闲，迁延辞聘。非直也明，是惟道性。纠缠斡流，冥漠报施。孰云与仁，实疑明智。谓天盖高，胡愆斯义。履信曷凭，思顺何置。年在中身，疢维痁疾。视死如归，临凶若吉。药剂弗尝，祷祀非恤。傃幽告终，怀和长毕。

呜呼哀哉！敬述靖节，式尊遗占，存不愿丰，没无求赡。省讣却赗，轻哀薄敛。遭壤以穿，旋葬而窆。呜呼哀哉！深心追往，远情逐化。自尔介居，及我多暇。伊好之洽，接阎邻舍，宵盘昼憩，非舟非驾。念昔宴私，举觞相诲。独正者危，至方则阂。哲人卷舒，布在前载。取鉴不远，吾规子佩。尔实愀然，中言而发。违众速尤，迕风先蹶。身才非实，荣声有歇。睿音永矣，谁箴余阙？呜呼哀哉！仁焉而终，智焉而毙。黔娄既没，展禽亦逝。其在先生，同尘往世。旌此靖节，加彼康惠。呜呼哀哉！

这篇文章，前以散文为序，后为韵文成诔，骈偶雕砌，较为晦涩难懂，下面译成白话文，以便深解其意。

璇玉确实精美至极，却不是护城河中随便能找到的宝贝；桂椒确实芳香无比，却不是普通园林中长出来的嘉木。璇玉、香草难道生来就喜欢出于昆冈、长于密林、藏于沧海吗？大概是天性使然吧。所以，正如古人所言"无足而至，有足而不至""百世一圣，随踵而至"，原因在于是否被爱好、是否被重视。至于像巢父、伯成子高那样品行高尚的隐者，像伯夷、"商山四皓"那样节操高洁的君子，他们对尧、禹这样圣明的君主像对待父老一样敬重，对周、汉像对待锱铢一样不屑。由于世代绵延、历史久远，古代隐士这种高洁的节操、流芳的美德，被尘世的浮华淹没了，也渐渐地断绝了，这岂不是太可惜了？即使当今的隐士，也是仁者见仁、智者见智罢了，隐居路上，随波逐流、合光同尘者，不乏其人；半途而废、改换门庭者，不可胜数。这又怎么能够指望他们去彰显古代隐者的高尚情操，继承他们的流风遗泽呢？

晋代征士浔阳陶渊明，隐居家乡庐山。自幼"闲静少言"（陶渊明《五柳先生传》），不尚清高，不慕荣利；长大成人，心灵淳朴，性情敦厚，寒素之士。其治学，好读书，不求甚解，不以玄诞清谈矫饰之风为准则；著文章，重在自娱，朴素自然，以示己志，不尚雕琢华藻，不求文采华美；在众人面前，不改变他耿介拔俗的操守。众人谈论而更显其沉静少言。陶征士家道中落，自幼家贫，体弱多病，家中既没有奴仆婢女，自己又难以胜任挑水、舂米等繁重的家务劳作，有时甚至食不果腹，连粗茶淡饭都难以为继，只好拿野菜充饥，上有高堂老母需要奉养，下有众多儿女需要抚育。抚今追昔，前有田过之孝，入仕为官，只为获取俸禄，侍养双亲的美誉；近有毛义之贤，母亲在时捧檄应召，母亲故去，拒不奉召的情怀。起初，陶征士凭借自己的声望、文章，受到州府重视，并多次征召，但他坚辞不就，后来虽然当了彭泽县令，但由于道德操守、志趣爱好与时俗风气不合，既然不能济世就难，不如"从吾所好"，辞官归隐，回归田园，重返自然。于是毅然远离尘世纷扰，置身于世外桃源，栖息于丘山人境，过着远离尘世的生活。各种农活，亲自劳作，秋收冬藏，织鞋编席，换得养家糊口的粮米、祭祀祖先的贡品。因平生爱读老庄等奇书异文，甚解饮酒之乐，才形成了从容自由、简约旷达的性格。大概《庄子》所说的：道德高尚的人，连国家爵位这样贵重的荣华富贵都可以抛弃；固穷守节的人，虽然自己很穷困，却能使家人忘掉贫穷，说的就是陶征士这样的人吧！

朝廷曾下诏征陶渊明为著作郎，他称病没有到任。确切岁数无法考证，只知道宋文帝元嘉四年（427年），在浔阳县的某小村子逝世，具体是哪一天已经不记得了。当时，远近相识、故交好友都悲痛悼念，伤心无比。俗话说，自古好人不长寿。冥冥之中，自有福报，只怨上天不明，不佑良善；天妒贤美，不护忠贞，太让人悲伤了。一个人故去了，他的功德成就需要诔文来彰显，他的美好声誉需要谥号来颂扬。如果诔文、谥号能够契合陶征士生前的德行节义，又哪里还去计较"贱不诔贵"之类的规矩呢？像陶征士这样有着"宽乐善终"的美名，"好廉克己"的节操，又合乎谥法典章，不违前人记述。所以，向亲朋好友征求意见，一致认为适合谥为靖节征士。诔辞曰：

世间万物崇尚以稀为贵，这样的高洁之士哪能时时遇到，哪里能世代都有？真的是可遇不可求！像陶征士这样，承继着古代隐士的优良传统，有意隐藏自己名门大族的门第，忽略自己士族阶层的出身。敦厚和睦的长者之风，是自然天性，无须督促；重信守诺的仁义之气，胜过"季布一诺"，与生俱来。廉洁深沉、坦荡高洁，坚毅平和、纯粹温润；既能与人和睦相处，关系融洽，又不失严肃，不苟言笑；既交友广泛，又志同道合。人生在世，如若依从世俗，必然随波逐流；如若违背时风，必然谗讥随身。无论"依世尚同"还是"诡时则异"，就会落个左右不是，无所适从，不置可否的境地。哪里像先生您啊，依着自己的心性行事，不屈从于世俗评价。厌恶浮世虚荣，喜好淳朴古风，使得自己对物质生活的要求很低，对精神境界的追求很高。朝中权贵对您虚席以待，礼遇有加；地方士子对您的高风推崇备至。孝敬父母，合乎礼义，立身行事，家乡典范。陶征士秉性纯良，既没有伯夷那样的狭隘，也没有柳下惠那样的随便。面对爵位和下士相同，俸禄和农夫相当，可谓位卑禄薄，您却能坦然以对，真乃寒素之士。

陶征士胸襟开阔不是常人可以衡量的，出仕辞官，归隐田园,您却能不移其志,不改其节。司马相如曾称病弃官,郇相曾举茂才不就,自请免官,您真正悟透了这其中的真谛。一篇《归去来兮辞》,远避尘世繁华,只求独善其身。既已超然旷达,便无"是非之心"。家山林泉,汲水耘田,依山傍水,结草为庐。春去秋来、寒来暑往,日出而作,日落而息,看袅袅炊烟,见云舒云卷,淋浴着春日暖光,享受着秋季清朗。有书、有酒、有诗、有琴,真是"悦亲戚之情话,乐琴书以消忧"。生活虽然勤俭节约,身心虽然贫病交加,他人不堪忍受这样的环境,而您却当成颜回乐处,固穷守节,隐居山林,尤其面对征召反复拖延、辞退。这不仅是明哲保身,更是天性使然。

世事无常、祸福相依,谁也不知道意外和明天哪一个先到。谁说"天道无亲,常与善人"(老子《道德经·第七十九章》)?我对老子的这句话是深表怀疑的,因为这句话在陶征士身上没有得到印证。"谓天盖高,不敢不局。谓地盖厚,不敢不蹐。维号斯言,有伦有脊。"(《诗经·小雅正月》)天高地厚,不敢不小心谨慎。是谁误解了这句话?做事恪守信义,为什么得不到别人的认可?思虑顺乎天道,为什么被弃置不信?刚到中年,不幸身染疟疾,却能视死如归,泰然自若,不服汤药,不求神灵,平静安详地走完自己的一生。太令人悲伤了!心怀尊敬,追述靖节先生生平,遵从靖节先生遗嘱。一切从简,活着不期望丰衣足食,死后也不追求衣食无忧,不发讣告，不收丧礼，随便找个地方，打个墓穴，不停灵枢，下棺安葬。哎呀，确实令人悲伤！

追忆往事，触景生情，历历在目。自从先生隐居，到我赋闲多暇这段时间，我们志趣相投，饮酒作诗，相处融洽；乡里乡亲，左邻右舍，你来我往，朝夕相处，盘桓休憩，无需舟船车驾。回想过去一同宴饮，先生举杯劝我，言道："过于正直的人就会有危险，过于刚正的人就不会变通。是出仕还是隐退，前人都说得很清楚、很明白，而镜鉴不远，希望我的规劝你能牢牢记住，身体力行。"当时您确实神态严肃，容色忧虑，说出肺腑之言，不和光同尘就会招致怨恨，跟世俗决裂就会首先遭受挫折。如果德才与位置不配，现实光环终究也会消失。如此睿智的话语再也听不到了，从今往后，还有谁会规劝我的错误和过失呢？先生在当今时代，就如同古代的贤士在那个时代一样。如今先生已逝，如同三王的仁爱不在了，五伯的智慧不在了；如同黔娄死去了，展禽也逝世了。今天表彰靖节先生，已经远远超过了黔娄、展禽。真的让人悲痛欲绝！

文章真切地歌颂了陶渊明的品德操行，追述了他们生前的友谊，表达了一种不舍、一种哀悼，凄凄切切，令人动容。

陶渊明静静地离去了，他的死并没有引起多大的震动，而颜延之的《陶征士诔》却振聋发聩，是他在这个弱肉强食的丛林时代发现了陶渊明，发现了这个卑微又高尚、贫穷又隐逸的高士，是他一直在固守着、支撑着这个时代里作为人的尊严。

谢灵运

说了颜延之，不得不连带说一说著名的山水诗人谢灵运。尽管历史上并没有记载他与陶渊明的交往，但他却与陶渊明所喜爱的众多"素心人"如颜延之、慧远法师、王弘等多有交际。其中，他与颜延之在中国文学史上并称"颜谢"，两人一转魏晋以来的玄言诗风，创作出了大量的清新自然、超越前人的山水诗。《南史·颜延之传》赞扬曰："谢五言如初发芙蓉，自然可爱。"《宋书·谢灵运传》评价他"少好学，博览群书，文章之美，江左莫逮"。

谢灵运，名公义，字灵运，小名客儿。他生于385年，与颜延之同龄，小陶渊明十三岁。他是淝水之战中大将军谢玄的孙子，王羲之的外孙女是他母亲。谢灵运从小聪明灵秀，但却高傲、任性，不受约束。十八岁时就继承了祖父的爵位，被封为康乐公，并直接被朝廷授予员外散骑郎的职务，步入官场。

谢灵运只是一个有才华的文人，却不是一个合格的政治家，他的诗文一经放出，很快就会竞相传抄，常常一夜之间就能家喻户晓。他常常傲然自叹："天下才共一石，曹子建独得八斗，我得一斗，自古及今共分一斗。"（《南史·谢灵运传》）但在官场之上，他却天性偏激，放浪形骸，常有触犯礼法律令的行为。东晋末年，谢家有一门人与他的小妾通奸，他竟然私自命人将门人和小妾处死，遭到时任抚军将军王弘的弹劾，遭到免官。

刘裕伐晋后，下诏一律废除晋代所封爵位，只对王导、谢安、谢玄、温峤、陶侃五个家族例外，但爵位下降一级，食邑减少，谢灵运亦由公爵降为"康乐侯"。但他却被恢复了职务，入朝为官。

422年，宋武帝刘裕大病，在由谁继承皇位的问题上，他坚定地和颜延之站在一起。他们坚决反对拥立长子刘义符，支持拥立次子刘义真，受到了辅政大臣徐羡之的排挤，被贬为永嘉太守，颜延之被贬为始安太守。

不久，徐羡之又废掉并杀死了刘义符和刘义真，拥立刘裕的第三子刘义隆，是为宋文帝，改元永嘉。

宋文帝刘义隆执掌大权后，搞起了秋后算账。他赐死了弑杀两个哥哥的徐羡之、谢晦和傅亮。谢灵运虽然是谢晦的族兄，但仍然和颜延之一起被召回到皇帝身边工作。宋文帝十分欣赏谢灵运的文学才华，将其文章和书法并称为"二宝"。虽然谢灵运跟在皇帝身边颇受恩宠，但他只是被当作一个侍从文臣，始终得不到施展远大抱负的机会。谢灵运屡次劝宋文帝北征中原，收复失地，均被婉拒。于是，谢灵运托病回老家始宁（今浙江上虞），过起了游山玩水的隐居生活。

谢灵运少有佛缘，自幼皈依三宝，出生后被寄养在寺院，十五岁才回到家里，所以小名客儿。他曾西上庐山，结识了慧远法师等佛学高僧。据《高僧传·慧远传》记载："陈郡谢灵运负才傲俗，少所推崇，及一相见，肃然心服。"一贯恃才傲物的谢灵运一见到慧远法师便为之倾倒折服，誓愿跟随慧远法师修习净土。慧远法师也十分欣赏谢灵运的才华，但对他恃才傲物、桀骜不驯的性格颇不以为意。

晋安帝义熙九年（413年），慧远法师在东林寺筑起高台，画出一副巨大的佛像，作《佛影铭》刻在石头上，并请谢灵运为《佛影铭》作序。谢灵运才气十足，一气呵成，深得慧远法师的赞赏。

为了表现自己对佛祖的敬仰，谢灵运还出巨资在佛祖画像旁边"凿池植白莲"（《莲社高贤传》），并作《无量寿佛颂》，以资纪念：

法藏长王宫，怀道出国城，
愿言四十八，弘誓拯群生。
净土一何妙，来者皆清英。
颓年欲安寄，乘化好晨征。

"来者皆清英"，但在众多来者当中，慧远法师却没有把谢灵运当成"清英",也没有答应他"安寄"在此。在谢灵运申请加入"莲社"的时候,慧远法师"以其心杂而止之"(《莲社高贤传》)。

由此可见,慧远法师不仅看到了谢灵运的满腹才华,也看到了他满身的傲气与乖僻。

谢灵运依靠祖上的家底和人脉,生活富足,且豪华奢侈。他喜欢游山玩水,寻险探幽,即便是山峦叠嶂、沟壑纵横,也毫不畏惧。为此,他还专门发明了一种登山的鞋子,美其名曰"谢公屐"。为了登得上奇山异峰,他甚至动用劳役来开山辟路。为了自己游玩,他常常会做些伐木开山、围湖造田等扰乱地方政务的事情,与地方官员关系十分紧张。因此,也经常遭到弹劾,受到当朝皇帝的斥责。于是,谢灵运就亲自赴京城为自己申辩。

南朝宋文帝十分爱惜谢灵运的才华,出于对他的保护,将其留在自己身边,去编纂《晋书》。不久,又命其出任临川(今江西抚州)内史。但在临川,他仍然纵游无度,屡屡冒犯地方官员,惹上官司后,被司徒刘义康遣使捉拿,但他却违反朝廷法律,调兵拒捕,被定为死罪。后经宋文帝说情后,被降死一等,流放岭南(今广州)。元嘉十年(433年),他又被人诬陷参与农民谋反活动,在广州惨遭杀害,时年四十岁。

李延寿所著《南史》这样评价谢灵运:"灵运才名,江左独振,而猖獗不已,自至覆亡。"

仔细品味这两位大诗人，陶渊明被邀请却拒绝加入莲社，而谢灵运申请加入却被拒绝，一个固守穷节，终老天年；一个荣华富贵，惨死刀下。细细思量，真是耐人寻味。

慧远法师

慧远，俗姓贾，生于晋成帝咸和九年（334年），是东晋高僧，为佛教净土宗的始祖。

慧远从小天资聪颖，勤思敏学，十三岁便随同舅父令狐氏游学洛阳、许昌一带，精研儒学、旁通老庄。二十一岁时，师从当时的佛学家释道安法师，研习佛学，聆听道安法师的《般若经》之后，豁然开悟，彻悟真谛，以为儒道九流学说，"皆糠秕耳"（《高僧传·晋庐山释慧远》）。于是，舍俗出家，追随道安法师，静心修行。

当时，由于北方战乱动荡，道安法师带领慧远等僧众前往襄阳弘传圣教。晋孝武帝太元三年（378年），前秦大军围困襄阳，道安法师为了使僧众避免遭受战火，分遣弟子到各地传教。慧远大师带领十多个弟子顺江而下，准备于赣江逆流而上，翻南岭，去往罗浮山（今广东东江）。不想路过浔阳，看到庐山山幽林静、风景灵秀，正是闲行息心、静修弘教的好地方。于是，慧远与众弟子深入山中，选址建寺，开坛讲经。各地僧众望风而来，追随者众多。江州刺史桓伊资助建立东林寺，作为其集众讲法的道场。

从此，东林寺佛风日盛。各方高僧雅士不期而至，达一百二十三人之多。其中就有包括陶渊明在内的"浔阳三隐"的彭城刘遗民、雁门周续之，还有著名山水诗人谢灵运等。为表达对佛祖的一片真心，谢灵运斥巨资在寺前凿池，种植白莲，还在水中立十二品莲叶，随波旋转，分刻昼夜，作为礼佛的时间刻度，称为莲漏。众僧徒结社拜佛，故称莲社。

慧远大师早闻陶渊明的大名，主动邀请陶渊明上山入社，陶渊明也敬重慧远法师的声望与才学，但他并没有像好友刘遗民和周续之那样趋之若鹜，而是提出了一个与佛教戒律相违背的条件："若许饮则往。"（《莲社高贤传》）他想用这个非常苛刻的条件来婉拒慧远大师，不想慧远大师却一口答应了，无奈陶渊明只得犹豫着上了山。

慧远法师持戒甚严，为了减少不必要的迎来送往，他给自己立下了一个规矩："影不出户，迹不入俗，送客不过虎溪桥。"但是，这些规矩都为陶渊明破。

陶渊明与慧远大师见面，谈得十分投机，不觉天色已晚，慧远法师送他出了山门，两人谈兴仍浓，依依不舍，边走边谈。忽听山林中虎啸风生，蓦然间发现，早已走过虎溪桥很远。两个相视大笑，执礼作别。后来，唐朝人附会，在他们中间又加了著名道士陆修静，称为"虎溪三笑"，并建亭纪念，取名曰"三笑亭"。其实，这是当时人们为了迎合"儒释道"三教融合趋势，虚构而成罢了。据考证，慧远大师圆寂时，陆修静仅是一个十岁的孩子。

莲社中有刘遗民、周续之这样的隐士，就连谢灵运这样的风流才子也期望加入，但也有一些徒有虚名的门阀士族子弟，他们因捐献众多而入社，与他们为伍，陶渊明显然有些不大习惯，加上长期自由自在的田园生活与严格机械的清规戒律显然格格不入。最关键的是，陶渊明并不认同慧远法师的教义。为劝戒众徒修炼西方净土之宗，慧远法师专门写下了《形尽神不灭论》，认为神是永远不灭而实有的"妙物"，是独立于人身感官之外的。形与神的关系，就像薪与火的关系，形就是终会化为灰烬的柴薪，神就是生生不灭的火种，其性质完全不同。神像精灵一样可以在冥冥之中相互转移，如火之传薪，从一个形体转移到另一个形体，而形如柴薪，是神的媒介，也是神的桎梏。形尽而神永远不灭，也就是灵魂不灭。

陶渊明不敢苟同，专门写了《形影神》三首组诗，表达不同意见。

形赠影

天地长不没，山川无改时。
草木得常理，霜露荣悴之。
谓人最灵智，独复不如兹。
适见在世中，奄去靡归期。

奚觉无一人，亲识岂相思。
但余平生物，举目情凄洏。
我无腾化术，必尔不复疑。
愿君取吾言，得酒莫苟辞。

这首诗的题目为《形赠影》，其中"形"代指无论贵贱贤愚的芸芸众生乞求长生的愿望，天地山川形可以永存，草木虽枯犹能再生，而只有人的形体必然要消亡，感叹人生苦短，所以劝"影"应当及时行乐，有酒莫辞。

影答形

存生不可言，卫生每苦拙。
诚愿游昆华，邈然兹道绝。
与子相遇来，未尝异悲悦。
憩荫若暂乖，止日终不别。
此同既难常，黯尔俱时灭。
身没名亦尽，念之五情热。
立善有遗爱，胡为不自竭？
酒云能消忧，方此讵不劣！

这第二首题为《影答形》，其中，"影"就代指人求善立名的愿望，"影"对"形"作出了不一样的回答：神仙不可期，一味地享乐亦不足取，不如尽力立下善德，求得功名，始得长存，这岂不比饮酒行乐高尚得多？

神　释

大钧无私力，万理自森著。

人为三才中，岂不以我故。

与君虽异物，生而相依附。

结托既喜同，安得不相语。

三皇大圣人，今复在何处？

彭祖爱永年，欲留不得住。

老少同一死，贤愚无复数。

日醉或能忘，将非促龄具？

立善常所欣，谁当为汝誉？

甚念伤吾生，正宜委运去。

纵浪大化中，不喜亦不惧。

应尽便须尽，无复独多虑。

最后一首中，"神"针对"形"与"影"的苦衷与观点进行最终的点化：长生永生的幻想是靠不住的，人终将一死，饮酒使人短寿，立善也无人为之称誉，过分担忧生死之事反而会损伤自我，不如以达观的态度安然处之，"纵浪大化中，不喜亦不惧"！所谓"死生惊惧，不入乎其胸中"（《庄子·达生》)、"生而不说,死而不祸"(《庄子·秋水》),是矣!

也就是说,陶渊明认为世间民众,无论贫富智愚,都在以各种方式延长生命,追求长寿是糊涂的事,通过吃斋念佛来追求西方极乐世界,也是虚无缥缈的事情,归隐田园、顺应自然才是最明智的事情。于是,陶渊明"攒眉而去"(《莲社高贤传》),并以诗明志:

> 苍苍谷中树,冬夏常如兹。
> 年年见霜雪,谁谓不知时。
> 厌闻世上语,结友到临淄。
> 稷下多谈士,指彼决吾疑。
> 装束既有日,已与家人辞。
> 行行停出门,还坐更自思。
> 不怨道里长,但畏人我欺。
> 万一不合意,永为世笑嗤。
> 伊怀难具道,为君作此诗。

(《拟古九首(其六)》)

这首诗的大意是,葱郁苍青山谷树,冬天夏日常如此。年年经历霜和雪,更变四时岂不知?已厌听闻世上语,交结新友去临淄。齐国稷下多谈士,指望他们解我疑。备好行装已数日,且同家属告别离。欲行又止心犹豫,还坐重新再三思。不怕此行道路远，担心谈士会相欺。万一相互不合意，永远为人所笑嗤。心内之情难尽诉，为君写下这首诗。

这里陶渊明以谷中青松自喻，表现坚贞不渝的意志。尽管诗中流露出犹豫彷徨的矛盾复杂心理，但仍决意不为流言所惑，不受世俗之欺，所以写诗以明志。

慧远在庐山期间，不介入政事，但与当时重要政治人物却有着广泛的交游，也博得了上层统治者的敬重，这为他传播佛教提供了很大方便，同时也保护了佛教。当时，东晋司徒王谧、护军王默都对他表示钦慕。晋安帝甚至还向他致书问候，就连北方的后秦统治者姚兴也对他致书殷勤，不断赠送食用礼品和佛教法器。慧远同荆州刺史殷仲堪关系也很密切，殷仲堪曾到山上看望过他。后来，图谋夺取王权的桓玄攻打殷仲堪，军经庐山，要慧远出山相见。慧远称疾不出，桓玄只好亲自入山去看他。此后，慧远和桓玄有过多次书信往来。晋安帝元兴年间，桓玄攻入建康，杀死司马道子和司马元显，掌握了全部朝政。他致书慧远，询问对于沙门不敬王者的看法，并下教令整顿沙门秩序。教令最后特别指出："唯庐山道德所居，不在搜简之例。"（《弘明集》卷十二载桓玄《桓玄辅政欲沙汰众僧僚属教》）慧远复书给桓玄，一方面，承认"佛教凌迟，秽杂日久"，问题严重；另一方面，又提出要尊重佛教徒本人的信佛愿望，并且要保护持有各种不同信佛方法的虔诚信徒。

他以自己崇高的声誉和圆熟的政治手腕，终于使具有震主之威的桓玄听从了他的意见。晋安帝义熙六年（410年），卢循率领十余万农民军从广州起兵北上，占据江州（今江西九江）时，入庐山拜访慧远。慧远少时与卢循的父亲卢嘏是同学，见到卢循后热情相待，并高兴地述说幼年往事。当时有的和尚劝慧远说："卢循为国寇，同他这样交厚，难道不会引起朝廷怀疑吗？"慧远不以为然地说："我佛法中情无取舍，这一点有识之士都了解，没有什么可怕的。"不久，卢循被刘裕击败。刘裕率领军队追击卢循经过江州的时候，手下人告诉他说，慧远与卢循交情很深。刘裕说："远公世表之人，必无彼此。"派人给慧远送去一封信，表示敬意，同时还送给慧远一些钱和米。

晋安帝义熙十二年（416年，一说为417年），慧远法师圆寂于庐山东林寺，享年八十三岁。由于慧远生前德高望重，在佛教界有着非常大的影响，谢灵运专门为他写了一篇碑文《庐山慧远法师诔》。

南齐僧人道慧读了慧远的文集，慨然叹息，恨自己生不逢时，未能亲见慧远。为了实现夙愿，他和另一个僧人智顺溯流千里，到庐山观看慧远的遗迹，在那里流连了三载才回去。

刘遗民

刘遗民，名程之，字仲思，彭城（今江苏徐州）人。从小擅长老庄之学，举止脱俗。最初担任府参军，后为柴桑县令，与陶渊明关系密切，往来甚多。在担任柴桑县令期间，时常感叹"晋室无磐石之固，物情有累卵之危"（《〈居士传〉本传》）。果然，晋安帝元兴二年（403年），桓玄篡位登基，改国号"楚"，封晋安帝为平固王，不久将其幽禁在浔阳。刘程之耻于在桓玄手下为官，找了个理由，辞去县令，跑进庐山追随慧远法师去了。朝廷多次征召他和陶渊明、周续之，他和陶渊明都拒绝了。刘裕敬重他的为人，旌其号曰"遗民"，以赞扬他的德行。

刘遗民入庐山后，慧远法师问他："官禄巍巍，欲何不为？"刘遗民回答："君臣相疑，我何为之？"

刘遗民加入莲社后，跟着慧远法师专修念佛三昧，对净土思想和般若经典有着深刻的理解，著有《莲社发愿文》，诠释净土信仰的历程，祈望信仰者潜心求索，依教奉行。

陶渊明也曾接受慧远法师的邀请，但他上山之后，却又很快离开了。对陶渊明的离去，刘遗民感到非常遗憾。他连忙致信一封，希望陶渊明回心转意上山修行。但陶渊明既不相信轮回转世，也不相信西方净土，和诗婉拒：

> 山泽久见招，胡事乃踌躇？
> 直为亲旧故，未忍言索居。
> 良辰入奇怀，挈杖还西庐。
> 荒涂无归人，时时见废墟。

茅茨已就治，新畴复应畬。
谷风转凄薄，春醪解饥劬。
弱女虽非男，慰情良胜无。
栖栖世中事，岁月共相疏。
耕织称其用，过此奚所须！
去去百年外，身名同翳如。

（《和刘柴桑》）

此诗大意，我为什么不能入庐山隐居修佛呢？因为亲人还需要我照顾啊！我虽有超然世外的隐居情怀，无奈处处田园荒芜，断壁残垣，田地需要耕种，房屋需要修葺。虽然饥寒、疲惫，但春风薄酒也能使我心安理得。耕田织布的田园生活才是我唯一的心愿。人生不过百年，百年之后，形神俱灭，一切过高的要求都是徒劳的。

穷居寡人用，时忘四运周。
榈庭多落叶，慨然知已秋。
新葵郁北牖，嘉穟养南畴。
今我不为乐，知有来岁不？
命室携童弱，良日登远游。

（《酬刘柴桑》）

这首诗的大意为，我隐居在乡野，没有什么人来往，我都忘了四季的变化了。叶落知秋，北窗下的冬葵郁郁葱葱，田地的稻穗金黄饱满，我要及时享受这难得的快乐，不知道明年还是否会活在这个世上，马上让妻子带上孩子，乘着这美好的时光去登高远游。

字里行间，透露出一种轻快明朗的感觉。

与陶渊明形神俱灭的思想不同的是，刘遗民笃信有西方净土世界，因此他忍辱、精进，潜心礼佛，成为庐山东林寺白莲社十八高贤之一。

周续之

周续之，字道祖，雁门广武（今山西代县）人，与陶渊明、刘遗民并称"浔阳三隐"，其祖辈南渡长江，居豫章建昌（今江西永修）县。周续之八岁父母双亡，跟随兄长生活，事兄如事父。豫章太守范宁于郡立学，广招生徒，四方入学者众多，十二岁的周续之也在其中。

周续之居学数年，刻苦钻研，通五经，并纬候，名冠同门，人称"颜子"。豫州刺史抚军将军刘毅镇守姑孰（今安徽当涂）时，请他去当抚军参军，晋帝又征他去做太学博士，他都没有接受。因为他认为晋室微弱、社会混乱，置身事外，保护名节才是最佳选择。他不但不应征做官，甚至认为娶妻生子是徒增累赘。因此，他闲居在家，过着布衣蔬食的生活，研读《老子》、《庄子》和《周易》。他十分喜欢嵇康的《高士传》，向往高士们的名士范儿，不仅能倒背如流，还亲自作注，著有《嵇康高士传注》。

刘裕身为大将军时，想成就其大业，四处招贤纳士，征辟周续之为太尉掾，周续之坚辞不受。刘裕无奈，赐给他丰厚的礼物，称赞其"真高士也"！

周续之与慧远大师有同乡之谊，隐居庐山，师事慧远，是他由儒道转佛学的一大转折。他一入莲社，即成为慧远法师门下五贤之一。与陶渊明的交往也是从这个时候开始的。陶渊明敬佩周续之的博学与执着。但是，慧远法师圆寂后不久，刘裕做了皇帝，为周续之在东城外设立书馆，教授门徒，再次被征辟。因学识渊博，被称为"名通"的周续之做教授，周续之答应了。据《东林十八高贤传》记载："或问：'身为处士，时践王庭，何也？'答曰：'心驰魏阙者，以江湖为桎梏；情致两忘者，市朝亦岩穴耳。'"

对周续之的出仕，陶渊明虽不以为然，但并没有表示嘲笑和讽刺，而是以长者的口吻，进行了劝说：

> 负疴颓檐下，终日无一欣。
> 药石有时闲，念我意中人。
> 相去不寻常，道路邈何因？
> 周生述孔业，祖谢响然臻。

道丧向千载,今朝复斯闻。

马队非讲肆,校书亦已勤。

老夫有所爱,思与尔为邻。

愿言诲诸子,从我颍水滨。

(《示周续之祖企谢景夷三郎》)

陶渊明说自己养病在破败的屋檐之下,整天没有高兴的事。除服用药石之外,一有空闲就想起你们这些老朋友,相距路途虽并不遥远,但好像感到志趣已相去甚远。周续之现在讲述孔子的学业,又有祖企和谢景夷在身后追随。近千年来,儒家的道理日渐衰微,现在又由你们来讲这些了。马队旁边可不是接受儒学的场所呀,校勘书籍也确实够勤奋了。我有自由自在的田园生活,多么渴望与你们三人为邻居,随我一起隐居于田园山林。

周续之并没有接受陶渊明的劝告,而是更加勤奋敬业,学不知寒暑,教孜孜不倦,终因劳累过度,英年早逝,享年四十七岁。

王弘

王弘,字休元,琅邪临沂(今山东临沂)人,东晋丞相王导的曾孙,司徒王珣的长子,出身世家大族,年少好学,以清悟知名(《宋书》卷四二《王弘传》)。初为晋会稽王司马道子的参军主簿，为了节省民力，恢复生产，他建议实行屯田，保障军队供给。他积极劝课农桑，减少税赋，爱护当地百姓。父亲王珣爱财如命，同时对外放债，家中债券很多。父亲死后，王弘主动烧掉家中的债券，并把其余的家产全部交给弟弟管理，自己分文不取，王弘因此名声大振。司马道子和儿子司马元显正与桓玄相互征战，急需人才，重用王弘为咨议参军，加建威将军，但他以为父亲守孝为名拒绝了。当时又有孙恩农民起义，战乱频起，内忧外患，很多官员都不能完成丧期，而王弘却坚持为父亲守完丧期。

这时候，桓玄率兵攻下建康城，搜捕司马道子到廷尉议罪。当时司马道子的许多部下都因恐惧不敢送司马道子，而王弘却在路边相送，并攀扶在司马道子的车上哭泣，此举颇受称许，惮于其名声桓玄也不敢为难王弘。

晋安帝元兴三年（404年），刘裕起兵击败篡位的桓玄，攻陷建康，升镇军将军，召王弘补镇军咨议参军，封华容县五等侯。晋安帝义熙十四年（418年），王弘迁监江州、豫州之西阳新蔡二郡诸军事、抚军将军、江州刺史。

到了江州刺史任上，王弘就大力发展生产，减免赋税及力役，使当地百姓安宁。同时，他很想见一见当地那位"归去来兮"的陶渊明。

王弘修书一封，想去登门拜访，但陶渊明厌恶官场，不想与官员交往。虽然他知道王弘是一位爱护百姓的好官，但他不想借人名声而自显，于是称病在身，一再婉拒，并对捎信的人说："我性不狎世，因疾守闲，幸非洁志慕声，岂敢以王公纡轸为荣邪。"（《晋书·陶潜传》）这句话意思是说，我是一个不随附世俗的人，因为有病才辞官归家，根本不是为了表现高尚廉洁而让人仰慕，岂敢以王公贵族乘车来访而觉得荣耀？

王弘可是一个有耐心、有办法的人。他听说陶渊明准备上庐山拜访好友，就让陶渊明的好朋友——江州府里的主簿庞通之事先准备好酒菜，等在陶渊明去庐山的必经之路上。

正当疲惫、饥渴之时，陶渊明一眼看到手捧好酒的庞通之，于是"引酌野亭，欣然忘进"（《晋书·陶潜传》）！酒兴正酣时，王弘出来拱手相见，陶渊明并没有感到意外，也没有表示不满。因为王弘的政声并不使他反感，况且，曾祖父陶侃与王弘的曾祖父王导也是当初同朝的重臣，彼此虽非好友，却也相安无事。

三人以酒为媒，相谈甚欢，"遂欢宴穷日"（《晋书·陶潜传》）。从此，王弘与陶渊明成了好朋友。王弘看到陶渊明光着脚，连双鞋都没有，就让手下人为陶渊明做了双鞋。手下人不知尺寸，陶渊明便伸出脚，让人用草棍度量尺寸。王弘邀请他到府上做客，他欣然答应。问他乘坐什么，他说"我的脚有毛病，以前乘坐竹制座椅，足以往返"。于是，王弘就指派一个门生和他的两个儿子一起将其抬到州府。其间陶渊明谈笑自然，赏景自适，别人一点也看不出他对华丽车子的羡慕表情。以后，王弘想见陶渊明的时候，总是亲自走进山林水泽、田间地头，等待陶渊明。这段的意思是，陶渊明很能掌握与为官者之间的分寸。

有一次，王弘江边宴请好友，陶渊明也在应邀之列，宴罢送别客人。冬日的江边，凄清而萧瑟，肃杀的寒气笼罩着山野，天上游云飘忽，水中洲渚缥缈。在这样的景色中送别，主客都有些许的哀伤。陶渊明诗兴大发，挥笔写下《于王抚军座送客》：

秋日凄且厉，百卉具已腓。
爰以履霜节，登高饯将归。
寒气冒山泽，游云倏无依。
洲渚四缅邈，风水互乖违。
瞻夕欣良宴，离言聿云悲。
晨鸟暮来还，悬车敛余晖。
逝止判殊路，旋驾怅迟迟。
目送回舟远，情随万化遗。

这首诗大意为，秋日凄寒风凌厉，肃杀的秋冬景同伤感悲伤的别绪相融，凄美的诗意让人感伤，但是注目行舟渐行渐远，人的感情也会像自然变化一样，逐渐淡漠，并趋于消亡。"情随万化遗"，这种幽远的点睛之笔，让我们更加理解了陶渊明的旷达与自然。

陶渊明爱菊花，也爱喝酒，东篱之下，采菊饮酒，是他人生的最美享受。可是晚年的陶渊明穷困潦倒，连酒也喝不起了。这年的九九重阳节，秋高气爽，篱边的菊花开得正盛，有花无酒却是一大遗憾。陶渊明枯坐在花丛之中，拈花闻香，百无聊赖，忽然闻到一股酒香。抬头一看，远远走来一白衣男子。走近一看，原来是王弘派来送酒的人。对于陶渊明来说，这不亚于雪中送炭，于是"即便就酌，醉而后归"（沈约《宋书·陶潜传》）。

这才是真正的知己。你在想什么，朋友早就知道。从此，王弘与陶渊明的友谊更加浓厚。

南朝宋武帝永初元年（420年），刘裕篡晋，建立刘宋王朝，加王弘散骑常侍，封为华容县公。南朝宋武帝永初三年（422年），王弘进卫将军、开府仪同三司。离开浔阳的王弘时时惦念着陶渊明，他嘱托卫军参军庞参军，每次路过浔阳都要去看望陶渊明。爱好诗文的庞参军也与陶渊明成了好朋友。他们常以诗文相赠。在庞参军离开浔阳的时候，陶渊明作诗送别。

庞为卫军参军，从江陵使上都，过浔阳见赠。

衡门之下，有琴有书。

载弹载咏，爰得我娱。

岂无他好，乐是幽居。

朝为灌园，夕偃蓬庐。

人之所宝，尚或未珍。

不有同好，云胡以亲？

我求良友，实觏怀人。

欢心孔洽，栋宇惟邻。

(《答庞参军 并序》)

这首诗的大意为，房屋简陋，但有琴书，边弹边唱，自得欢娱。白天干农活，晚上卧茅庐，不以金玉为宝，这就是我的生活。我也曾经在江陵工作过，遥远的地方来了你这位朋友，咱们两个志趣相投，以心为邻，短暂的相聚，让人感到十分伤悲。王室不安，你又要去疲于奔命，希望你能够谨慎从事、善始善终，"以促尔躬"！

不久，庞参军又路过浔阳，两人诗酒相和，其乐融融。陶渊明又以诗相赠：

三复来贶，欲罢不能。自尔邻曲，冬春再交，款然良对，忽成旧游。俗谚云："数面成亲旧。"况情过此者乎？人事好乖，便当语离，杨公所叹，岂惟常悲？吾抱疾多年，不复为文；本既不丰，复老病继之。辄依《周礼》往复之义。且为别后相思之资。

> 相知何必旧，倾盖定前言。
> 有客赏我趣，每每顾林园。
> 谈谐无俗调，所说圣人篇。
> 或有数斗酒，闲饮自欢然。
> 我实幽居士，无复东西缘；
> 物新人惟旧，弱毫多所宣。
> 情通万里外，形迹滞江山；
> 君其爱体素，来会在何年。

（《答庞参军 并序》）

这首诗的大意是，反复展读您给我的赠诗，想放也放不下来。自从和您结邻而分别，算来已有一年多，天天能见面的好邻居，一下成了昔日交游的朋友，实在令人叹息，俗话说"数面成亲旧"，何况我们的交情远比这深厚？人间的事情往往不能如愿，结邻不久就要话别；杨公悲叹歧路分手，难道只是寻常的哀愁？我抱病多年，许久不写诗了，学问的根柢原本不厚，加上年老多病，现在勉为其难凑合一首，既是遵循周礼礼尚往来的遗教，也以供别后相思的凭借。

两人虽是新交，却像老朋友一样亲切。短时间的相处，我们谈圣人之言，喝醇香之酒，十分快乐。我乃是幽居的闲人，而你却又要与我天各一方。但即使万山阻隔，也切不断你我之间的感情，将来再次相会不知在何年何月，唯愿你保重！

田园之居是辛苦的，但充满着琴书之乐；山泽乡野是偏僻的，但心里却有丰富的友谊和爱。这才是陶渊明的心灵家园。

殷景仁

殷景仁，陈郡长平（今河南西华）人。祖父殷茂之是东晋散骑常侍，特进左光禄大夫，父亲殷道裕早亡。殷景仁年少好学，胸怀大志。入仕后，先后担任江州晋安南府长史掾，刘毅的后军参军，南朝宋武帝刘裕的太尉行参军。迁宋台秘书郎，世子中军参军，出朝补衡阳太守。经历宋武帝、宋少帝和宋文帝三朝，累迁侍中、尚书仆射、中书令，出任扬州刺史。历经官场风雨，屹立不倒。元嘉十七年（440年）去世，追赠司空，谥号"文成"。

殷景仁是在晋安南府长史掾任上结识陶渊明的，当时他把家小安置在浔阳南里，恰好与陶渊明比邻而居。殷景仁为学但不著文章，敏捷有思路，口不谈义理，但深识大体。陶渊明对二十来岁的小伙子非常欣赏，他好像看到了"少时壮且厉，抚剑独行游"《拟古九首（其八）》的自己。因此，每有闲暇，他们都会持杖游乐，流连忘返。

晋安帝义熙十四年（418年），征召陶渊明为著作郎的诏书下来，陶渊明拒绝了。在此之前的义熙七年（411年），任命殷景仁为刘裕太尉的行参军的诏命也下达了。殷景仁欣然接受。他们各自志向不同，一个隐，一个仕，虽然志不同道不合，但陶渊明却没有像对待慧远法师一样"攒眉而去"，而是像送孩子般写下了这首《与殷晋安别》：

> 游好非少长，一遇尽殷勤。
> 信宿酬清话，益复知为亲。
> 去岁家南里，薄作少时邻。
> 负杖肆游从，淹留忘宵晨。
> 语默自殊势，亦知当乖分。
> 未谓事已及，兴言在兹春。
> 飘飘西来风，悠悠东去云。
> 山川千里外，言笑难为因。
> 良才不隐世，江湖多贱贫。
> 脱有经过便，念来存故人。

这首诗大意为，好友相交，一见如故，虽然短时为邻，但流连忘返的畅谈，使我们的心更加贴近。仕与隐各自不同，分别应是早晚的事，就像是"飘飘西来风"和"悠悠东去云"。我们将千里相隔，再度相逢就很难了。你有贤才，就应该通达江湖，而我乃贫贱之身，自然要隐居江湖了。如果你有机会经过这里，别忘了看望你的老朋友啊！

这首离别诗，没有离愁别绪，语言平实，感情自然流露，如行云流水。陶诗的旷达自然跃然纸上，体现了人格美与艺术美的最佳结合。

张野

据《莲社高贤传·张野传》记载："张野，字莱民，居浔阳柴桑，与渊明有婚姻契。野学兼华、梵，尤善属文。性孝友，田宅悉推与弟，一味之甘，与九族共。州举秀才、南中郎、府功曹、州治中，征拜散骑常侍，俱不就。入庐山依远公，与刘（遗民）、雷（次宗）同尚净业。及远公卒，谢灵运为铭，野为序，首称'门人'，世服其义。义熙十四年，与家人别，入室端坐而逝，春秋六十九。"

从这段文字可以看出，陶渊明与张野有"婚姻契"，关系应该非同一般。陶渊明与张野都上了庐山师事慧远，陶渊明"攒眉而去"，张野却坚定地留下来皈依佛门，静心修炼净土宗。慧远法师圆寂后，大诗人谢灵运为之作《庐山慧远法师诔 并序》，张野为铭作序《远法师铭》，盛赞慧远法师广布教化的功德。

张野有一族子，名张诠。据《莲社高贤传》记载："张诠，字秀硕，野之族子也。尚情高逸，酷嗜典坟。虽耕锄犹带经不释。朝廷征为散骑常侍，不起。庾悦以其贫，起为寻阳令。笑曰：'古人以容膝为安，若屈志就禄，何足为荣？'乃入庐山依远公，研穷释典，深有悟入。宋景平元年，无疾，西向念佛，安卧而卒，春秋六十五。"

所谓族子，也就是祖父兄弟的曾孙、旁门的侄子。张诠一生效仿叔父张野，和张野一道师从慧远法师，并都名列莲社十八高贤。

晋安帝义熙十四年（418年）岁末，陶渊明得知晋安帝被刘裕弑杀的消息，一种带有愤怒的悲戚情绪涌上心头，一首《岁暮和张常侍》带着悲伤的气息飘然而出：

> 市朝凄旧人，骤骥感悲泉。
> 明旦非今日，岁暮余何言！
> 素颜敛光润，白发一已繁。
> 阔哉秦穆谈，旅力岂未愆！
> 向夕长风起，寒云没西山。
> 洌洌气遂严，纷纷飞鸟还。
> 民生鲜长在，矧伊愁苦缠。
> 屡阙清酤至，无以乐当年。
> 穷通靡攸虑，憔悴由化迁。
> 抚己有深怀，履运增慨然。

有人说这里的张常侍是指张诠，其实是张野还是张诠已不重要，岁暮之叹令人断肠。时光流逝，世事变幻，风雨飘摇的东晋王朝岌岌可危，而风烛残年的自己也行将就木。市朝的变化、风云的严酷，与岁暮的凄凉、暮年的哀伤融为一处，整个诗歌笼罩着浓浓的悲凉气息。

既然一切都难以改变，那就"穷通靡攸虑，憔悴由化迁"罢了。无奈之余，只有在叹息之中顺其自然。

羊松龄　庞遵

据《晋书·陶潜传》记载："既绝州郡觐谒，其乡亲张野及周旋人羊松龄、庞遵等，或有酒要之，或要之共至酒坐，虽不识主人，亦欣然无忤。"

陶渊明辞去彭泽县令之后，义熙十一年（415年），朝廷又征召其为著作佐郎，他也拒绝了，然后就断绝了与州郡官员的来往，但羊松龄、庞遵却是例外。

羊松龄，檀道济的哥哥、左将军檀韶的长史。晋安帝义熙十三年（417年），太尉刘裕率军北伐，攻破长安，将后秦末帝姚泓送往京城建康受诛，威震四方，举国欢腾。上至朝廷，下至四方要员，都纷纷表示祝贺。羊松龄奉左将军檀韶之命，前往长安祝贺。

羊松龄与陶渊明作别时，陶渊明说道，为国家收复失地感到振奋，同时，也为刘裕功高是否会像桓温、桓玄父子一样逼君禅位感到忧虑，那又将是一场无休无止的内讧杀伐。他真的为羊松龄担心，在这凶险的仕途中能否保全性命。于是，他怀着十分复杂的心情，写下了《赠羊长史　并序》：

左军羊长史，衔使秦川，作此与之。

愚生三季后，慨然念黄虞。
得知千载上，正赖古人书。
贤圣留余迹，事事在中都。
岂忘游心目？关河不可逾。
九域甫已一，逝将理舟舆。
闻君当先迈，负疴不获俱。
路若经商山，为我少踌躇。
多谢绮与甪，精爽今何如？
紫芝谁复采？深谷久应芜。
驷马无贳患，贫贱有交娱。
清谣结心曲，人乖运见疏。
拥怀累代下，言尽意不舒。

这首诗大意为，我们处在夏、商、周三代衰微之后的时代，盛世只属于过去，了解圣人之事，只能靠阅读古人之书了。古代圣贤的足迹全在北方中原，想去瞻仰却远隔万水千山。现在九州就要统一了，我也真想和你一样同去北方，可惜抱病在身，难以同行。如果你要是到了商山，一定要稍加驻足，拜谒一下"商山四皓"，看看商山有谁还在采摘桑葚，有谁还唱《紫芝歌》，山谷里是否已经荒芜。仕途之路多有祸患，有时倒不如贫贱自守而多有欢娱。

很显然，陶渊明是在用"商山四皓"辞却刘邦的故事来奉劝自己的好朋友，在这样纲常失序的形势下，趋赴权势、追求驷马高官也绝非好事。也不知道，羊松龄是否能够领会陶渊明的这番苦心。

庞遵，曾为司徒徐羡之的主簿。义熙十四年（418年），太尉刘裕统军南归，回到建康，他同意接受相同之职，以十郡建"宋国"，受封宋公，并受九锡殊礼。阴谋篡晋的意图已大白天下。这时候，他面向全国征召天下隐士，包括周续之等许多人舍隐应召去了，而贫困潦倒的陶渊明却拒绝了著作佐郎的征辟。

好朋友庞遵十分不解，他和同僚邓治中一起来到陶渊明的家里。酒酣耳热之际，庞遵提出了疑问。陶渊明借酒抒怨，从结发时说起，弱冠之年即遭家难，始室之时丧妻独鳏，饥困贫寒等。一首《怨诗楚调示庞主簿邓治中》五言诗，如怨如慕、如泣如诉。

> 天道幽且远，鬼神茫昧然。
> 结发念善事，僶俛六九年。
> 弱冠逢世阻，始室丧其偏。
> 炎火屡焚如，螟蜮恣中田。
> 风雨纵横至，收敛不盈廛。

> 夏日长抱饥，寒夜无被眠。
> 造夕思鸡鸣，及晨愿乌迁。
> 在己何怨天，离忧凄目前。
> 吁嗟身后名，于我若浮烟。
> 慷慨独悲歌，钟期信为贤。

此诗大意是，我现在处在如此穷困悲凉的境地，但也不能怨天尤人。虽然历代圣贤总教导人们要立德、立功、名垂青史，但在我看来，这些都像过眼烟云一样无足轻重。我之所以慷慨悲歌，只是希望你们能像钟子期一样成为我的知音。

不知道后来的庞遵和邓治中是否理解陶渊明，并成为他的知音。

清代蒋薰，这样评价本诗："公年五十余作此诗，追念前此，饥寒坎坷，发为悲歌，惟庞、邓如钟期可与知己道也。身后之名，自量终不容没，然亦何救于目前哉！嗟嗟！天道幽远，鬼神茫昧，能无怨否耶？"

（七）闲饮东窗

"先生去已久，纸墨有遗文。""篇篇劝我饮，此外无所云。"（白居易《效陶潜体诗十六首》）

饮酒是魏晋文人的一大时潮，除寻求感官的麻醉与享受之外，他们还视酒为忘忧物，用以逃避现实、保全生命。因此，魏晋文人饮酒醉酒，嗜酒成风。

"在世无所须，惟酒与长年。"(《读山海经十三首（其五）》)陶渊明几乎把酒抬高到与生命同等重要的地位。他不仅"捽兀穷庐，酣饮赋诗"(《自祭文》)，而且把酒大量地写入诗中，几乎篇篇诗中有酒，可谓有史以来第一人。在其一百二十六首诗篇中，所用与饮酒有关的文字，如醪、酣、醇、饮、斟、酌、饯、酤、壶、杯等十多字，总共出现达九十多处，其中单"酒"一字，就出现了三十二次。而标题与之有关的作品，有《饮酒诗二十首》、《连雨独饮》一首、《述酒》一首、《止酒》一首，几乎占其全集的五分之一。可见，酒可以说是陶渊明终身的知己，成了他或达观或忧郁的文化符号，也使酒成为隐逸与清高的象征。

酒是兴奋剂，也是麻醉剂，长期饮用，势必成瘾，甚至会成为一种习惯。"性嗜酒，家贫不能常得。亲旧知其如此，或置酒而招之。造饮辄尽，期在必醉。既醉而退，曾不吝情去留。"(《五柳先生传》)魏晋历史上，文人饮酒大醉留下了许多笑话，但陶渊明热情好客，以酒为媒，以酒为乐，醉不乱事，醉后即眠，有着良好的酒风。"贵贱造之者，有酒辄设，渊明若先醉，便语客：'我醉欲眠，卿可去。'其真率如此。"(萧统《陶渊明传》)唐朝诗人李白非常欣赏这种做派，曾吟诗《山中与幽人对酌》：

两人对酌山花开，一杯一杯复一杯。

我醉欲眠君且去，明朝有意抱琴来。

"郡将尝候之，值其酿熟，取头上葛巾漉酒，漉毕，还复着之。"（萧统《陶渊明传》）有一次，浔阳郡里的一名官员拜访陶渊明，赶上他在酿酒，正值酒熟之际，热情好客的陶渊明，没等找来筛网，就用头上的葛巾漉酒，筛毕就戴回头上，然后恭恭敬敬地将漉好的酒端给客人。并说"若复不快饮，空负头上巾。但恨多谬误，君当恕醉人"（《饮酒诗二十首（其二十）》）。

陶渊明好酒，达到了成瘾的程度，但家里条件毕竟有限，断炊的时候经常有，何况饮酒？从以下摘录的诗句中我们可以看到陶渊明嗜酒之深。

"延之临去，留二万钱与渊明。渊明悉遣送酒家，稍就取酒。"（萧统《陶渊明传》）好友颜延之留下的钱是为了让陶渊明贴补家用，而他却悉数送于酒家，以便慢慢地用于喝酒。

对陶渊明来说饮酒是他的生活常态。悠闲时要饮酒：

有酒有酒，闲饮东窗。（《停云四首（其二）》）
静寄东轩，春醪独抚。（《停云四首（其一）》）
或有数斗酒，闲饮自然欢。（《答庞参军 并序》）
挥兹一觞，陶然自乐。（《时运四首（其二）》）

清琴横床，浊酒半壶。(《时运四首（其四）》)

快乐时要饮酒：

欢言酌春酒，摘我园中蔬。(《读山海经十三首（其一）》)
得欢当作乐，斗酒聚比邻。(《杂诗十二首（其一）》)
忽与一樽酒，日夕欢相持。(《饮酒诗二十首（其一）》)

遇见好朋友要饮酒：

放欢一遇，既醉还休。(《酬丁柴桑》)
我有旨酒，与汝乐之。(《答庞参军 并序》)
过门更相呼，有酒斟酌之。(《移居二首（其二）》)
漉我新熟酒，只鸡招近局。(《归园田居五首（其五）》)

孤独忧愁时要饮酒：

泛此忘忧物，远我遗世情。一觞虽独尽，杯尽壶自倾。(《饮酒诗二十首（其七）》)
欲言无予和，挥杯劝孤影。(《杂诗十二首（其二）》)

因为他认为"酒能消百虑，菊为制颓龄"(《九日闲居》)。

携友郊游时要饮酒：

> 提壶接宾侣，引满更献酬。（《游斜川一首》）
> 清歌散新声，绿酒开芳颜。（《诸人共游周家墓柏下一首》）
> 爰以履霜节，登高饯将归。（《于王抚军座送客》）

酒局结束，陶渊明不醉时送别客人说：

> 但恨多谬误，君当恕醉人。（《饮酒诗二十首（其二十）》）

酒醉时送别客人说：

> 我醉欲眠，卿可去也。（萧统《陶渊明传》）

长期饮酒，对身体也是一种损害。陶渊明知道这个道理："酒云能消忧，方此讵不劣。"（《影答形》）"日醉或能忘，将非促龄具！"（《神释》）整天醉酒或可消愁忘忧，但饮酒伤身减寿，终非长久之计。

在家人的劝说下，陶渊明也曾多次戒酒，却总是半途而废。为此他还专门写了一首幽默诙谐、风趣盎然的《止酒》诗：

居止次城邑，逍遥自闲止。
坐止高荫下，步止荜门里。
好味止园葵，大欢止稚子。
平生不止酒，止酒情无喜。
暮止不安寝，晨止不能起。
日日欲止之，营卫止不理。
徒知止不乐，未知止利己。
始觉止为善，今朝真止矣。
从此一止去，将止扶桑涘。
清颜止宿容，奚止千万祀。

没有了酒，夜不能寝，晨不能起，生活中没有了情趣，看来这酒还得喝。诗中每句用一"止"字，读来朗朗上口，风趣盎然，颇具民歌风味儿。

宋代胡仔《苕溪渔隐丛话》后集卷三：《止酒》诗云："坐止高荫下，步止荜门里。好味止园葵，大欢止稚子。"余尝反复味之，然后知渊明之用意，非独止酒，而于此四者，皆欲止之。故坐止于树荫之下，则广厦华居吾何羡焉？步止于荜门之里，则朝市声利我何趋焉？好味止于啖园葵，则五鼎方丈我何欲焉？欢止于戏稚子，则燕歌赵舞我何乐焉？在彼者难求，而在此者易为也。渊明固穷守道，安于园丘，畴肯以此易彼手？

其实陶渊明的志不在酒，另有所托罢了。昭明太子萧统云：

> 有疑陶渊明诗，篇篇有酒，吾观其意不在酒，亦寄酒为迹者也。其文章不群，词采精拔，跌宕昭彰，独超众类。抑扬爽朗，莫之与京。横素波而傍流，干青云而直上。语时事则指而可想，论怀抱则旷而且真。加以贞志不休，安道苦节，不以躬耕为耻，不以无财为病，自非大贤笃志，与道污隆，孰能如此乎？（萧统《陶渊明集序》）

萧统的这段话大意是说，陶渊明虽篇篇有酒，但本意并不在酒，而是把自己的情趣寄托在酒中。他的文章卓尔不群，精彩豪迈，超过了众多文章，抑扬爽朗，没有能比他更大气的。如宽广雪白的波浪顺流而去，气势磅礴直冲云霄。谈论时事有针对性并引人深思，论抱负则旷达而率真。加上贞洁的志向从不放弃，安于道义，苦守节操，不以亲自耕种为耻，不因穷困而苦恼。如果不是圣贤，拥有坚定的志向，不与世俗同流合污，谁能达到这样的境界？

通俗一点说，陶渊明虽事事寄迹于酒，但绝非昏昏欲睡、无所作为的酗酒之徒，不然也不可能写出这卓然不群、高妙精彩的文章。

就拿他的《饮酒诗二十首》来说，虽冠以"饮酒"之名，却饱含了他对历史、现实和生活复杂而丰富的感想。他以酒寄意抒怀，诗与酒高度结合，坦露出他内心深处的本然状态，也更加坚定了自己安贫乐道的傲然情操。

晋安帝义熙十三年（417年）秋天，伴随着刘裕北伐的成功，他即将东归首都取皇帝位的图谋也日渐显露。虽然身居乡野，但仍关心时事的陶渊明对此看得清清楚楚，他对刘裕的迫切与贪婪十分鄙视。秋夜漫长，心情烦闷的陶渊明几乎夜夜饮酒，他在酒后写下《饮酒诗二十首》，名为醉言醉语，实为旷世杰作。

> 衰荣无定在，彼此更共之。
> 邵生瓜田中，宁似东陵时。
> 寒暑有代谢，人道每如兹。
> 达人解其会，逝将不复疑。
> 忽与一樽酒，日夕欢相持。
>
> （《饮酒诗二十首（其一）》）

这首诗大意是，盛衰无定，相依共生。秦朝东陵侯也不例外。秦灭之后，只能田里种瓜为生。就像寒来暑往相互更替一样，乐观的人都明白这个道理。不如畅饮一樽美酒吧，一天到晚都要快快乐乐地生活。

> 积善云有报，夷叔在西山。
> 善恶苟不应，何事立空言。
> 九十行带索，饥寒况当年。

不赖固穷节,百世当谁传。

(《饮酒诗二十首(其二)》)

　　如果说上一首诗是在讲浅显的道理,那么这首诗则完全是义愤之语,不是说积善有报吗?但积善的伯夷、叔齐却饿死在西山;既然善无善报,恶无恶报,为什么老子《道德经》还说"天道无亲,常与善人"呢?安贫乐道的荣启期九十岁了仍破衣烂衫,比壮年时期更加饥寒。如果不依靠君子固穷的气节,百世之后尚有谁为其传名呢?言外之意,自之当效法先贤,固守穷节,矢志不移。

道丧向千载,人人惜其情。
有酒不肯饮,但顾世间名。
所以贵我身,岂不在一生。
一生复能几,倏如流电惊。
鼎鼎百年内,持此欲何成。

(《饮酒诗二十首(其三)》)

　　这首诗大意为,儒道衰微已近千年,人们皆失去其自然率真的本性。有酒竟然不肯畅饮,只顾着世间高官显达的功名。世人都爱护自己的身体,不是为了长寿吗?哪知道人生快如令人心惊的闪电,瞬间就会逝去。人生不过百年,一生的名利又在哪里？无疑，这是在批评那些追逐名利，失去自我本真的人。

>栖栖失群鸟，日暮犹独飞。
>徘徊无定止，夜夜声转悲。
>厉响思清远，去来何依依。
>因值孤生松，敛翮遥来归。
>劲风无荣木，此荫独不衰。
>托身已得所，千载不相违。
>
>（《饮酒诗二十首（其四）》）

这首诗描写了一只焦虑的失群鸟，天晚了仍徘徊不定，发出凄厉的叫声，叫声传得很远，不知远方是否有可以安居的地方。正好遇到一棵孤生松，失群鸟敛翅相依，凄厉的秋风下没有一棵有树叶的树木，唯独这棵松树仍枝叶繁茂。既然托身于松树，以后将永不相离。很显然，陶渊明以归鸟自喻，归园田居，永不改变。

>结庐在人境，而无车马喧。
>问君何能尔，心远地自偏。
>采菊东篱下，悠然见南山。
>山气日夕佳，飞鸟相与还。

此中有真意，欲辨已忘言。

（《饮酒诗二十首（其五）》）

　　这首诗平白易懂，清新自然，朗朗上口。其中"心远地自偏"，理趣妙生。心与地的关系亦即主观世界与客观环境的关系，地之喧与偏，取决于心之近与远。因此，隐士高人原不必穴居深山野林远离人世，心不滞于名利自然可以免除尘俗的干扰。所谓"大隐隐于市"就是这个意思吧。

行止千万端，谁知非与是。
是非苟相形，雷同共誉毁。
三季多此事，达士似不尔。
咄咄俗中愚，且当从黄绮。

（《饮酒诗二十首（其六）》）

　　这首诗是说，世间人事变化头绪万千，谁能知道真正的是与非？如果真的是非分明，就能辨别好与坏了。夏、商、周的末代之时，就充满了是是非非的怪现象。但那些见识高超不同于流俗的人却不去跟风毁誉。如今晋之末世，是非谣言四起，我当随从黄、绮（代指"商山四皓"）去避世隐居了。

秋菊有佳色，裛露掇其英。

> 泛此忘忧物，远我遗世情。
> 一觞虽独进，杯尽壶自倾。
> 日入群动息，归鸟趋林鸣。
> 啸傲东轩下，聊复得此生。
>
> （《饮酒诗二十首（其七）》）

这首诗大意为，秋菊正艳，含露采英，放入酒杯，开怀畅饮，之后遗世之情就更加高远了。孤独的人端起酒杯，一饮而尽。日落鸟归，而我采菊饮酒，东窗之下，菊花傲然歌啸，逍遥此生。这里的秋菊、归鸟皆是陶诗的意象，象征着高洁与退隐。

> 青松在东园，众草没其姿。
> 凝霜殄异类，卓然见高枝。
> 连林人不觉，独树众乃奇。
> 提壶挂寒柯，远望时复为。
> 吾生梦幻间，何事绁尘羁。
>
> （《饮酒诗二十首（其八）》）

这首诗是说，东园里的青松，其卓异之姿被众多杂草掩盖，难以显现。岁寒霜降之后，众草开始枯黄，方现青松之特立高贵。将酒壶挂在松枝之上，远眺前方，心旷神怡。人生如梦，何必为尘世所羁而不放旷自得？这里以"青松"自喻孤高。另外，《和郭主簿二首（其二）》有"青松冠岩列"，《拟古九首（其五）》有"青松夹路生"。明代学者黄文焕《陶诗析义》曰："诸人附丽于宋者皆如众草，惟公独树青松耳。"

> 清晨闻叩门，倒裳往自开。
> 问子为谁与？田父有好怀。
> 壶浆远见候，疑我与时乖。
> 褴缕茅檐下，未足为高栖。
> 一世皆尚同，愿君汩其泥。
> 深感父老言，禀气寡所谐。
> 纡辔诚可学，违己讵非迷。
> 且共欢此饮，吾驾不可回。
>
> （《饮酒诗二十首（其九）》）

这是一位关心陶渊明生活的稼穑之友，一大早提着酒来拜访陶渊明，说这等茅屋不值得您在这里容身。劝陶渊明随俗入世，隐于朝野，求取俸禄，不要再过这样贫穷的日子。而陶渊明却告诉田父，感谢您的好心好意，无奈我天性难以违背，姑且一起饮酒吧，绝不能再走回头路了。

> 在昔曾远游，直至东海隅。

>道路迥且长，风波阻中途。
>
>此行谁使然，似为饥所驱。
>
>倾身营一饱，少许便有余。
>
>恐此非名计，息驾归闲居。
>
>（《饮酒诗二十首（其十）》）

在这首诗里，陶渊明回忆了自己当年为生活所迫游宦谋生的艰难日子。他很后悔，倾身只为一饱，而一饱所需少许便有余剩。因此，他认为远游求仕绝非合适之计，息驾回归闲居才是正途。

>颜生称为仁，荣公言有道。
>
>屡空不获年，长饥至于老。
>
>虽留身后名，一生亦枯槁。
>
>死去何所知，称心固为好。
>
>各养千金躯，临化消其宝。
>
>裸葬何必恶，人当解其表。
>
>（《饮酒诗二十首（其十一）》）

这首诗是说，颜回和荣启期可谓先贤，前者称仁却穷困且短命，后者有道却挨饿终身。他们一生的憔悴和清贫为自己留下了身后之名。后文的裸葬是一个典故，《汉书·杨王孙传》记载：（杨王孙）及病且终，先令其子，曰："吾欲裸葬，以反吾真，必亡易吾意。死则为布囊盛尸，入地七尺，既下，从足引脱其囊，以身亲土。"杨王孙告诉儿子，我死之后要裸葬，以便以身亲土，返归自然。其实，生前无论如何保养千金之躯，死后都会终归虚无。因此，身前厚养不可取，身后之名亦不可知，唯生前称心为好。如果称心地贵养则失其贵，称心地守道持仁，则会留下身后之名。"虽留身后名，一生亦枯槁"，不就是陶渊明一生的写照吗？

> 长公曾一仕，壮节忽失时。
> 杜门不复出，终身与世辞。
> 仲理归大泽，高风始在兹。
> 一往便当已，何为复狐疑。
> 去去当奚道，世俗久相欺。
> 摆落悠悠谈，请从余所之。
>
> （《饮酒诗二十首（其十二）》）

这首诗里引用了几个人的典故。一是张挚，字长公，西汉文帝时期任尉张释之的儿子。据《史记·张释之冯唐列传》记载：

> 其子曰张挚，字长公，官至大夫，免。以不能取容

当世，故终身不仕。

尽管他的父亲当时可谓位极人臣，但张挚没有依靠父亲重新出仕，而是坚决地闭门不出，终身不仕。

另一个人物是杨伦，字仲理，据《后汉书·杨伦传》记载：

> 杨伦字仲理，陈留东昏人也。……为郡文学掾。更历数将，志乖于时，以不能人闲事，遂去职，不复应州郡命。讲授于大泽中，弟子至千余人。元初中，郡礼请，三府并辟，公车征，皆辞疾不就。
>
> 后特征博士，为清河王傅。……阎太后以其专擅去职，坐抵罪。
>
> 顺帝即位，……征拜侍中。……
>
> 阳嘉二年，征拜太中大夫。大将军梁商以为长史。谏诤不合，出补常山王傅，病不之官。……遂征诣廷尉，有诏原罪。

这段大意是说，杨仲理本来正经辞官归隐，讲授于大泽之中，却又忍不住三次接受征召，每次又均以获罪告终。两人相比，自然是非分明，因此陶渊明劝解像杨仲理一样的人，要摆脱众人无原则的劝说，像他那样坚定不移地过隐居生活。

> 有客常同止，取舍邈异境。
> 一士长独醉，一夫终年醒。
> 醒醉还相笑，发言各不领。
> 规规一何愚，兀傲差若颖。
> 寄言酣中客，日没烛当秉。
>
> （《饮酒诗二十首（其十三）》）

这首诗承接上首的意蕴，说两人同住一处，志趣却迥然不同。两个人醉醒各异，虽相视而笑，却有不同的意思。其实醉者若愚而实不愚，醒者若不愚而实愚。世事既不可为而强为之，徒然无益。世事既不可为而不为，则顺其自然。可是陶渊明本欲有为，但事与愿违，不得已而退隐，遂以醉者自许。醉言醉语中充满了愤慨，这大概是题目名为"饮酒"的原因吧！

> 故人赏我趣，挈壶相与至。
> 班荆坐松下，数斟已复醉。
> 父老杂乱言，觞酌失行次。
> 不觉知有我，安知物为贵。
> 悠悠迷所留，酒中有深味。
>
> （《饮酒诗二十首（其十四）》）

很显然，这里的故人与前面第九首中的田父不同，虽然都携酒而来，但"田父"绝非知己，是劝陶渊明出去做官的。而这里的"故人"却是志趣相投的朋友了。"不觉知有我，安知物为贵"，虽然是写醉酒后的状态，但陶渊明也在告诉人们，物我两忘乃是人生追求的最佳境界。

> 贫居乏人工，灌木荒余宅。
> 班班有翔鸟，寂寂无行迹。
> 宇宙一何悠，人生少至百。
> 岁月相催逼，鬓边早已白。
> 若不委穷达，素抱深可惜。
> （《饮酒诗二十首（其十五）》）

这首诗大意为，没有修整的院子长满了灌木，显得十分荒芜。上有翱翔的飞鸟，班班（显明）可见，下无人迹，寂寂独居。宇宙何其浩渺，而人生又如此短促。岁月相催逼，正是满头白发，穷达命定，非可强求。若汲汲于追求显达，不是辜负了我平生之志吗？本诗中的"催逼"二字，十分形象和精确，让人深感宇宙之久、岁月之速、人生之短啊！

> 少年罕人事，游好在六经。
> 行行向不惑，淹留自无成。

竟抱固穷节，饥寒饱所更。
敝庐交悲风，荒草没前庭。
披褐守长夜，晨鸡不肯鸣。
孟公不在兹，终以翳吾情。

（《饮酒诗二十首（其十六）》）

这首诗是说，从小就不爱与人交往，一心爱好儒学"六经"。岁月把人推向不惑之年，因长久隐退而一事无成。最终固守穷节，忍受饥饿与寒冷。漫漫寒夜，盼望天明。我好似爱穷居的张仲蔚啊！可惜却没有刘龚（字孟公）这样的知己。贫穷、孤独之状令人倍感凄切。

幽兰生前庭，含薰待清风。
清风脱然至，见别萧艾中。
行行失故路，任道或能通。
觉悟当念还，鸟尽废良弓。

（《饮酒诗二十首（其十七）》）

诗句中的幽兰，据《世说新语·言语》记载："谢太傅（安）问诸子侄：'子弟亦何预人事，而正欲其佳？'诸人莫有言者。车骑（谢玄）曰：'譬如芝兰玉树，欲使其生于庭阶耳。'"谢安问众子侄："你们跟我有什么关系，而父母却总想把你们培养成人才呢？"大家没有回答，只有谢玄回答道："就像那芝兰玉树，总想让它们长在自己的庭院中啊！"幽兰本生于山谷，不染尘俗。其生于庭前，就好像是贤人不再隐居于山林，而是出仕以图大业。

  诗的前四句以幽兰为喻，后四字以行路为喻。幽兰生于庭院，饱含花香待清风。清风徐来，散发阵阵香气，立刻就从萧艾等杂草中脱颖而出。贤人出仕，顺应自然之道或许才能走通前面的路。若清风不至，道阻难通，幽兰终当处于幽谷，贤人也终当归隐田园。否则，鸟尽弓废，殷鉴不远啊！

> 子云性嗜酒，家贫无由得。
> 时赖好事人，载醪祛所惑。
> 觞来为之尽，是谘无不塞。
> 有时不肯言，岂不在伐国。
> 仁者用其心，何尝失显默。

（《饮酒诗二十首（其十八）》）

  这首诗里有两个典故，一个是扬雄，字子云。《汉书·扬雄传赞》："家素贫，嗜酒，人希至其门，时有好事者载酒肴从游学。而钜鹿侯芭常从雄居，受其《太玄》《法言》焉。"扬雄家里贫穷，却嗜酒如命，很少有人去他家。有好事人带着酒肉去他家游学，扬雄酒足饭饱之后，有问必答，毫无保留。唯有对"伐国"之事保持沉默。这里又牵出一个人物，柳下惠。柳下惠又名展获，字季禽，春秋鲁国士师，掌管刑罚狱法之事。在朝不言伐国，有大隐于朝的美名。被孔子称作被遗落的贤人。据《汉书·董仲舒传》记载："闻昔者鲁君问柳下惠：'吾欲伐齐，何如？'柳下惠曰：'不可！'归而有忧色，曰：'吾闻伐国不问仁人，此言何为至于我哉！'"意思很明显，柳下惠为圣贤之人，不主张战争。侵略别人国家的事是不能请教圣贤之人的。这里用柳下惠喻言扬雄。扬雄是汉代大儒，被称为扬子，他不愿趋炎附势去做官，而自甘淡泊，写《太玄》。也就是说，他在做学问上显达，而在做官上沉默。

这首诗是在赞美扬雄，又让人想起扬雄《解嘲》中的几句话来："知玄知默，守道之极。爱清爱静，游神之廷。惟寂惟寞，守德之宅。"

> 畴昔苦长饥，投耒去学仕。
> 将养不得节，冻馁固缠己。
> 是时向立年，志意多所耻。
> 遂尽介然分，拂衣归田里。
> 冉冉星气流，亭亭复一纪。
> 世路廓悠悠，杨朱所以止。
> 虽无挥金事，浊酒聊可恃。
>
> （《饮酒诗二十首（其十九）》）

这首诗的大意为，弱冠之年为了吃饱肚子，抛下农具去做官。但仍然不能养家糊口，始终被饥饿、严寒纠缠。当年所做的事情，内心为之羞愧难当。于是狠下心来，保守气节，永归田园。日月星辰流转，转眼间辞去官职已经十二年了，人生多歧路，遥远而又漫长。连古代的杨朱都无所适从，止步不前。现在，我虽然没有像疏广、疏受一样归隐乡里挥金如土，但姑且可以凭几壶浊酒自我陶醉。

> 羲农去我久，举世少复真。
> 汲汲鲁中叟，弥缝使其淳。
> 凤鸟虽不至，礼乐暂得新。
> 洙泗辍微响，漂流逮狂秦。
> 诗书复何罪？一朝成灰尘。
> 区区诸老翁，为事诚殷勤。
> 如何绝世下，六籍无一亲。
> 终日驰车走，不见所问津。
> 若复不快饮，空负头上巾。
> 但恨多谬误，君当恕醉人。
>
> （《饮酒诗二十首（其二十）》）

这首诗的大意是，伏羲、神农已经是十分遥远的事情了，世间已经少有纯真自然的人了。孔子虽然匆忙弥缝补缺，勉强换得一些新的面貌，但孔子死后，江河日下，礼仪断绝。残暴的秦朝一把火将典籍焚烧成尘。汉初的几位老儒生，勤谨地传经授学。可叹的是，汉代之后没有人再亲近经籍，即使是熟读六籍，也未必能得其真旨。世人只为追逐名利而奔走，治世之道无人问津。我还是把酒痛饮吧！否则就辜负了这头上的漉酒巾。我的话可能多有谬误，请原谅我这醉乡之人吧！

这《饮酒》组诗二十首，是陶渊明在"闲居寡欢""顾影独尽"且极度寂寞和痛苦的心境下写出来的。从中我们可以清楚地把握陶渊明的心路历程和思想脉搏，其中对社会现实的关注与批判的诗篇几乎约占半数，这就说明陶渊明并不像人们通常所说的那样是脱离尘世、超然物外、忘情于现实的人。他是在多次面对残酷的现实后，无可奈何又毅然决然地选择了回避。这回避不是退却，也不是胆怯，是爱惜名节，是因为爱干净，是因为不屑！

感情上是痛苦的，生活上是贫穷的，归隐的态度却是坚决的。只有酒这杯中之物是忘忧物，让人在醉意朦胧中飘然世外，超然物外。

清代学者王夫之《古诗评选》卷四评价："《饮酒》二十首犹为泛滥，如此情至理至气至之作，定为杰作，世人不知好也。"

遇见陶渊明

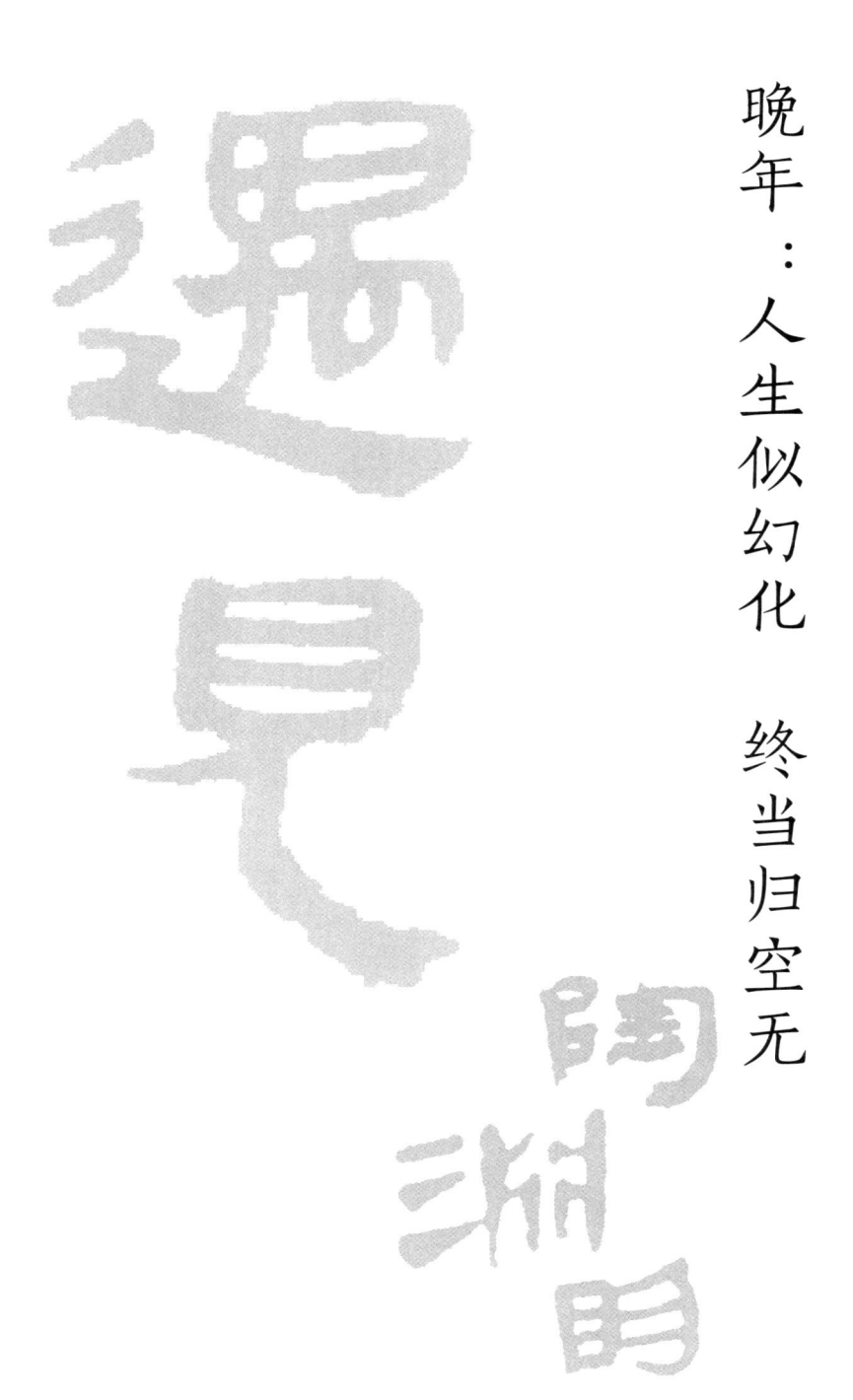

晚年：人生似幻化 终当归空无

"结发念善事,僶俛六九年。"(《怨诗楚调示庞主簿邓治中》)

南朝宋文帝元嘉二年(425年),陶渊明贫病交加,进入了他人生中最贫困艰难的时期。

"炎火屡焚如,螟蜮恣中田。风雨纵横至,收敛不盈廛。夏日长抱饥,寒夜无被眠。"(《怨诗楚调示庞主簿邓治中》)多年来的天灾人祸,让这个家庭贫困到了无以复加的程度。陶渊明的身体日渐羸弱,骨瘦如柴的他,疟疾不断发作,折磨得他常常多日卧床不起。家里做好饭,他经常说自己没有胃口而拒绝饮食,以使家人能吃饱饭。有一次,陶渊明实在饥饿难耐,就以拜访朋友的名义来到一位"素心"朋友家中。

  饥来驱我去,不知竟何之。
  行行至斯里,叩门拙言辞。
  主人解余意,遗赠岂虚来。
  谈谐终日夕,觞至辄倾杯。

情欣新知欢，言咏遂赋诗。

感子漂母惠，愧我非韩才。

衔戢知何谢，冥报以相贻。

（《乞食》）

这首诗前面叙述他怀着巨大的勇气到朋友家去乞食，朋友善解人意，给予馈赠后，还设酒食款待，赋诗相和。最后几句几乎让人泪奔，陶渊明为表达感激说："你对我像漂母一样的恩惠，惭愧我无韩信之才报答您，我只能铭记在心，将来在阴间还以馈赠了。"

后世文人苏东坡读过此诗后，十分感慨地写道："渊明得一食，至欲以冥谢主人，哀哉！哀哉！此大类丐者口颊也，非独余哀之，举世莫不哀之也。饥寒常在身前，声名常在身后。二者不相待，此士之所以穷也。"（苏轼《书渊明乞食诗后》）这其中道出了古今多少文人的无奈，生前声名不显，穷困潦倒，死后声名鹊起，受人追捧。

（一）世外桃源

就像一个迷路在沙漠之中干渴得要死的人，前望茫茫沙海，幻化出烟波浩渺的水面，饥饿与病痛也让陶渊明的眼前幻化出海市蜃楼，朦胧之中，他化作一位渔夫，划着一只小船,顺着一条桃林夹岸、落英缤纷的溪流,走进了一个梦幻的世外桃源。

晋太元中,武陵人捕鱼为业。缘溪行,忘路之远近。忽逢桃花林,夹岸数百步,中无杂树,芳草鲜美,落英缤纷,渔人甚异之。复前行,欲穷其林。

林尽水源,便得一山,山有小口,仿佛若有光。便舍船,从口入。初极狭,才通人。复行数十步,豁然开朗。土地平旷,屋舍俨然,有良田、美池、桑竹之属。阡陌交通,鸡犬相闻。其中往来种作,男女衣着,悉如外人。黄发垂髫,并怡然自乐。

见渔人,乃大惊,问所从来。具答之。便要还家,设酒杀鸡作食。村中闻有此人,咸来问讯。自云先世避秦时乱,率妻子邑人来此绝境,不复出焉,遂与外人间隔。问今是何世,乃不知有汉,无论魏晋。此人一一为具言所闻,皆叹惋。余人各复延至其家,皆出酒食。停数日,辞去。此中人语云:"不足为外人道也。"

既出,得其船,便扶向路,处处志之。及郡下,诣太守,说如此。太守即遣人随其往,寻向所志,遂迷,不复得路。南阳刘子骥,高尚士也,闻之,欣然规往。未果,寻病终,后遂无问津者。(《桃花源记》)

陶渊明看到一个崭新的世界，猜测这大概是逃避秦朝暴政、隐居山野的人吧。他们隐居世外，已经五六百年了，躲过了秦汉魏晋的纷纷乱政，世世代代在这里过着和平、宁静、幸福的农耕生活。

这里不是佛国仙界，没有不食人间烟火的神仙，也没有虚无缥缈的天宫。这是一个社会大同的理想世界，这是一个乡风朴素的乡村田园。这里有肥沃的田地、美丽的桑竹、交错的阡陌、整齐的农舍、勤劳的耕作、祥和的老人、快乐的孩子，以及慷慨的酒宴。这里没有战争，没有官府，没有饥饿与贫困，没有鄙视般的不解，也没有施舍性的馈赠。

> 嬴氏乱天纪，贤者避其世。
> 黄绮之商山，伊人亦云逝。
> 往迹浸复湮，来径遂芜废。
>
> （《桃花源诗》）

这几句是说，秦王施暴政搅乱纲纪，贤良的人们纷纷躲避起来。夏黄公四贤人隐居去了商山，一些逃奔桃源的人从此销声匿迹。去时的踪迹同岁月消逝，来桃源的路也荒芜得无处寻觅。

> 相命肆农耕，日入从所憩。

> 桑竹垂余荫，菽稷随时艺。
> 春蚕收长丝，秋熟靡王税。
> 荒路暧交通，鸡犬互鸣吠。

（《桃花源诗》）

这几句大意为，桃源人努力耕作，互相帮助，太阳落山回家休憩，茂密的桑竹连成荫，栽种的五谷随节气成熟。春天里收获长长的蚕丝，秋天里谷熟也没有官税催促。荆草自由生长遮蔽道路，此起彼应的是犬吠鸡鸣。

> 俎豆犹古法，衣裳无新制。
> 童孺纵行歌，班白欢游诣。
> 草荣识节和，木衰知风厉。
> 虽无纪历志，四时自成岁。
> 怡然有余乐，于何劳智慧？

（《桃花源诗》）

这几句是说，古老的祭祀仪式在这里延续，梳妆打扮仍保持旧时的模式。孩子们蹦蹦跳跳放声歌唱，老人们高高兴兴游憩、串门。青草翠绿报道春和日暖，木叶凋零预示寒冬又至。虽然没有黄历来记载时节，寒来暑往一年自有四季。人们生活安适快乐无穷，何须为生活耍智弄巧、费尽心机？

> 奇踪隐五百，一朝敞神界。
> 淳薄既异源，旋复还幽蔽。
> 借问游方士，焉测尘嚣外。
> 愿言蹑清风，高举寻吾契。
>
> （《桃花源诗》）

这几句大意为，奇异的踪迹深藏了五六百年，一旦显露便呈现神仙境地。淳朴与浮薄的世风本不同源，因此大门刚刚敞开又即刻关闭。试问那世间的凡夫俗子，你可知尘世外竟有这般奇迹？但愿我能乘青风高高飞起，去寻觅志同道合的桃源知己。

这桃花源的一记一诗，展现了桃花源人自由幸福、富贵安宁的田园生活，相比于陶渊明当下的凄苦、悲凉，不禁让人泪目。他是用气节守护着自己的灵魂，他在用诗文展示着自己的理想。"笔性墨情，皆以其人之性情为本。"（《艺概·书概》）

陶渊明能创作出这样优秀的作品，是有一定的文化渊源和现实依据的。首先，他受儒家大同思想的影响。儒家的这种大同思想比较完整地见于《礼记·礼运篇》："大道之行也，天下为公。选贤与能，讲信修睦。故人不独亲其亲，不独子其子，使老有所终，壮有所用，幼有所长，鳏寡孤独废疾者皆有所养，男有分，女有归。货恶其弃于地也，不必藏于己；

力恶其不出于身也，不必为己。是故谋闭而不兴，盗窃乱贼而不作，故外户而不闭，是谓大同。"

其次，他受道家"小国寡民""无君无臣"思想的影响。

> 小国寡民。使有什伯之器而不用；使民重死而不远徙；虽有舟舆，无所乘之，虽有甲兵，无所陈之；使民复结绳而用之。甘其食，美其服，安其居，乐其俗。邻国相望，鸡犬之声相闻，民至老死，不相往来。（《道德经》第十八章）

> 曩古之世，无君无臣，穿井而饮，耕田而食，日出而作，日入而息，泛然不系，恢尔自得，不竞不营，无荣无辱。（葛洪《抱朴子·诘鲍》）

最后，具有一定的现实依据。两个多世纪的战乱，让人们为了生存想出过许多迫不得已的办法，来试图营造一个平等自由、社会大同的世外桃源。

坞，在《现代汉语词典》（第7版）中解释为，地势周围高中间凹的地方。坞是在西晋"八王之乱"时期发展起来的，它依山傍水，依地势而建。周围山水用于军事防御，中间平整的土地（被称为坞堡）用于生产生活。战乱期间，"北方城市荒芜不发达，人民聚居田野、山间，唯依坞以务农自给，坞由此得以占据北方社会最重要的位置"①。因此，陶渊明所写的世外桃源的生活其实就是北方一些坞堡里的生活写照，这是第一。

第二，在陶渊明所赞颂的先贤之中，有一个东汉末年的人叫田子泰，他也曾带领族人在一个偏僻的深山密林之中隐居下来，开辟了一种世外桃源的生活。

> 辞家夙严驾，当往至无终。
> 问君今何行，非商复非戎。
> 闻有田子泰，节义为士雄。
> 斯人久已死，乡里习其风。
> 生有高世名，既没传无穷。
> 不学狂驰子，直在百年中。
>
> （《拟古九首（其二）》）

这首诗大意是，早起驾车出远门，朝北远去无终（今天津蓟州区），若问此行做什么，不从军、不经商，也不是为了名和钱。听说有个田子泰，有信义、有气节，士林英名远扬。虽然此人早已死去，但乡里的淳朴乡风依然流传，我真羡慕他生前扬美名，死后节义得以流传久远，不学那帮"狂驰子"，逐利求荣，生前名噪死却无闻，犹如昙花一现。

---

① 陈寅恪：《陈寅恪魏晋南北朝史讲演录》，天津人民出版社2018年版，第120页。

田子泰，名畴，东汉末年的隐士，无终（今天津蓟州区）人。少年时代好读书，善击剑，初为幽州牧刘虞的从事。东汉末年，董卓叛乱，朝中局势复杂，汉献帝西迁后，身为宗室大臣的刘虞不敢贸然去朝中拜见汉献帝，为了不失君臣之礼，刘虞便派田子泰替自己前往长安拜见汉献帝，以尽忠臣之礼节。田子泰拜见汉献帝后，深受朝廷赏识，拜其为皇帝身边的骑都尉，不料却被婉拒。田子泰又坚决地返回幽州。但此时的幽州，刘虞正征伐与自己嫌隙日深的公孙瓒。战争进行得十分惨烈，刘虞不幸惨遭杀害。

田子泰不顾自身危险，执意要给对自己有知遇之恩的刘虞祭奠，公孙瓒知道后大怒，抓捕了田子泰。有人劝说公孙瓒，说田子泰是连朝廷都认可的义士，囚禁他、杀害他都会失去民心，不如释放的好。于是，田子泰得以释放。

回到家乡后，田子泰率领全族人隐居在徐无山（今河北遵化），亲自耕种。徐无山山高地险，丛林密布，隐居其中，耕作自食，也恰似一个世外桃源。周围百姓听说后，都纷纷迁居归附，几年间就达五千余家。于是，田子泰制定礼仪法规，兴办学校，教化百姓。百姓自食其力，安居乐业，达到了道不拾遗、夜不闭户的程度。

袁绍父子听说后，几次征召田子泰出来做官，都被田子泰拒绝了。北方的乌桓部落，蛮夷不化，常侵略边户，诛杀士民。常有许多边户不得已逃入徐无山，田子泰十分痛恨乌桓蛮夷，虽有心讨伐，却又力不从心。适逢曹操派兵北征乌桓，征召田子泰，田子泰义无反顾，全力助曹操一举平定了乌桓。事后，曹操论功行赏，封田子泰为亭侯，食邑五百户。但田子泰认为，取得功名利禄并非自己的本意，消灭乌桓才是自己的真正目的，于是谢绝了封赏，带领三百多户全部回到邺（今河北临漳邺城镇）城居住，并把曹操赐予的车马粮谷丝帛等财物全部分给了族人和亲朋好友。

了解完田子泰的经历，我们也不难想象桃花源的历史根源了。如此美好安宁的生活，不就是田子泰在徐无山中的美好生活吗？不就是桃花源里的真实写照吗？

第三，陶渊明在游历荆州期间，曾到过武陵（今湖南常德），看到过当地如桃花源一样的场景，以及百姓相对稳定安居的生活。401年，陶渊明还在刘牢之参军的位置上时，以回乡（今湖北荆州）省亲的名义，被刘牢之派往荆州，专门打探桓玄的军事及经济实力。为此，陶渊明几乎走遍了整个荆州。当他到达几乎与世隔绝的武陵时，亲自体验过当地百姓的生活。

如今，有很多地方都自称是陶渊明笔下的桃花源。例如，江西庐山的康王谷，虽然距离陶渊明生活的地方最近，但山高谷深，丝毫没有"土地平旷，屋舍俨然"的条件；重庆酉阳的桃花源，有进入桃花源的太古洞，只是这洞太长，长达三公里，没有"复行数十步，豁然开朗"的感觉；云南坝美的桃花源，地处四面环山的坳陷里，从前是一个与世隔绝的村落，有一条一公里长的暗河，乘船才能进入，也与书中情况不相符合。

只有湖南常德的桃花源才与陶渊明笔下桃花源高度相似。在古时武陵郡沅南县西南十五公里的水溪附近，依山傍水，前面有滔滔不绝的沅江，后面是绵延起伏的群峰，有一条被后世称为"秦溪"的小河流入沅江。境内古树参天，修竹婷婷，寿藤缠绕，花草芬芳，石阶曲径，宛若仙境。

宋朝初年，在当地转运使张咏的建议下，隶属武陵郡的沅南县改名为桃源县，更确定了当地为"桃花源"的地位。千百年来，这里咸集文人墨客，忙煞古今游人。

宋朝政治家、文学家王安石在陶渊明的基础上又有所发挥，作《桃源行》。他作为一个政治家，不再把目光集中在那理想的境界，而是洗却桃源传说的神秘色彩，着眼于历史的兴亡，展示一个非常残酷、久乱难治的人间世界。

望夷宫中鹿为马，秦人半死长城下。
避时不独商山翁，亦有桃源种桃者。
此来种桃经几春，采花食实枝为薪。
儿孙生长与世隔，虽有父子无君臣。
渔郎漾舟迷远近，花间相见因相问。
世上那知古有秦，山中岂料今为晋。
闻道长安吹战尘，春风回首一沾巾。

重华一去宁复得，天下纷纷经几秦。

（王安石《桃源行》）

《桃花源记》一经问世，便成为一个文化符号，成为一种理想和追求。这里没有战乱，没有剥削，人人劳动，平等自由，民风淳朴，乡邻和睦；这里田园风光，四季变换，寒来暑往，秋收冬藏。人们像草木一样荣悴有时，"黄发垂髫，并怡然自乐"！难怪世世代代有那么多人在不停地寻找和畅想心中的桃花源。

"陶渊明笔下的桃花源，是一个众所向往的理想之国，梁启超先生称其为'东方的Utopia（乌托邦）'。这个理想是当时的政治环境下自然发生的，是民心所向，陶渊明也是其中一员。"（孙晨《陶渊明"桃花源"故事诞生的文化阐释》）

避世隐居的桃花源仙境，成为历代文人隐士的向往之地，桃源也随之成为诗词书画创作的重要题材。据书画史记载，朱耷、仇英、赵伯驹、赵孟頫、王蒙等历代名家都曾以《桃花源记》为创作题材。其中，朱耷的行草书《桃花源记》表达了不与清廷合作而追求世外桃源生活之意；仇英《桃村草堂图》以桃林筑亭，桃花灿灿，呈现出一派浓浓春意；王蒙《桃源春晓图》以漫山盛开的桃花与徜徉在溪流中的河舟构成桃源意象。

（二）麾而去之

就在陶渊明几乎病入膏肓的时候，刚刚到任江州刺史的征南大将军檀道济听说了他的窘境。正志满意得的檀道济认为，开明盛世，让陶渊明这样的人如此窘迫，简直是对刘宋王朝的侮辱。于是，他急忙带着朝廷的征命和粮食肉类来到浔阳南里陶渊明的家里。

檀道济，高平金乡（今山东金乡县）人，晋末名将左将军檀韶的弟弟。从小父母双亡，居丧期间侍孝甚恭，侍奉兄姊如侍奉父母一样，闻名乡里。刘宋王朝开国皇帝刘裕创业之初，成为刘裕的参军，跟随刘裕征战南北。他智慧过人，勇冠三军，立下了赫赫战功，并因此总结出流传千古的《三十六计》。

东晋元熙二年（420年），刘裕受禅于晋恭帝自立为宋。檀道济以开国元勋的身份被封为护国将军，分封为永修县公，为守丹阳尹。元嘉三年（426年），以平荆州刺史谢晦功，迁征南大将军、开府仪同三司、江州刺史。就是在江州刺史的任上，他认识了陶渊明。

檀道济曾经去过陶渊明的家里。在一个篱墙倾倒的破败院落里，"环堵萧然，不蔽风日"（李延寿《南史·陶潜传》），陶渊明病卧在床，短褐穿结，饥寒交迫。他劝陶渊明说："贤者处世，天下无道则隐，有道则至。今子生文明之世，奈何自苦如此？"（李延寿《南史·陶潜传》）文明之世？陶渊明突然想起了被弑杀的晋安帝和晋恭帝。特别是晋恭帝，他虽然主动禅让，但仍被赐毒酒。毒酒不成，又被活活闷死，这是什么文明之世？因此，陶渊明对檀道济说："潜也何敢望贤？志不及也！"（李延寿《南史·陶潜传》）他真耻于这个"文明之世"，宁愿穷饿至死，也不愿混迹这污浊的官场。

檀道济无奈，只得悻悻而去。但他敬重陶渊明，怜惜他的才华，也赞叹他的靖节。再次来到陶渊明的家里，陶渊明已经卧床好多天，几乎病入膏肓。当檀道济将粮食和肉食奉送到他面前的时候，没想到，陶渊明却"麾而去之"（李延寿《南史·陶潜传》），坚决地拒绝了。这是雪中送炭的馈赠，可以说能决定他的生死，能挽救他奄奄一息的生命，但陶渊明拒绝了。他好像在守护着什么，守护着自己的心灵家园，守护着自己的梦中桃源，他害怕一不小心弄脏了自己最初的坚守。

檀道济感到十分不解。但他哪里知道，陶渊明早已将自己看作自然界的一株草木，"草木得常理，霜露荣悴之"（《形赠影》），"草木黄落"（《自祭文》）是再自然不过的事情了，"人生实难，死如之何？"（《自祭文》）一个人越是有天地无私的境界，那么他对死亡就会越坦然豁达。他早已参透了死亡，所以早早地归隐田园陋舍，准备像落叶一样，自然而然地飘然而逝。

陶渊明送走檀道济之后，心里有些不安，他知道这是一位倾心报国的人，他的馈赠完全出于好心，于是就写下这篇《有会而作 并序》：

旧谷既没，新谷未登，颇为老农，而值年灾，日月尚悠，为患未已。登岁之功，既不可希，朝夕所资，烟火裁通。旬日已来，始念饥乏，岁云夕矣，慨然永怀，今我不述，后生何闻哉！

弱年逢家乏，老至更长饥。
菽麦实所羡，孰敢慕甘肥。
惄如亚九饭，当暑厌寒衣。
岁月将欲暮，如何辛苦悲。
常善粥者心，深念蒙袂非。
嗟来何足吝，徒没空自遗。
斯滥岂攸志，固穷夙所归。
馁也已矣夫，在昔余多师。

这首诗的大意为，陈粮已经吃完，新谷尚未成熟。靠务农为生的我一旦遇上灾年，祸患就来了。良好的收成已经没有了希望，早晚生活所需也仅能维持不断炊的水平。近十多天来，一直在为衣食而操心。一年将尽，不禁深为感叹。如果我现在不把亲身经历记录下来，后世之人怎么能知道我此时的心境呢？

少年时就家境穷困，老来仍然时常忍受饥寒。只希望家常便饭，哪敢想什么珍奇美味？三十天来只吃了九顿饭，夏日里仍穿着冬天的破衣。眼看今年即将过去，又白白辛苦了一年的我十分悲伤。面对心肠慈善的施粥者，实在不忍心掩面而去。"嗟来之食"又何足恨，白白饿死也无益于时。但"君子固穷"是我矢志不移的志向，饥饿和疲乏又算得了什么？古人中像我这样安贫乐道的先贤们都是我的榜样。

（三）死如之何

自古以来，中国人忌讳谈论死亡，这主要缘于对死亡的恐惧。其实，死亡是最公平的。无论是王侯将相、达官贵人，还是贩夫走卒、山野村夫，都逃离不了死亡。汉武帝也不得不叹息：少壮几时兮奈老何！（刘彻《秋风辞》）老去是不可避免的，老去之后也就不得不面对死亡了。书圣王羲之在《兰亭集序》里叹息："死生亦大矣，岂不痛哉。"

"未知生，焉知死？"（《论语·先进第十一》）知生之艰难，才知死之安然；知生之尊严，才知死之从容。极度的贫困，几乎使陶渊明在濒死的边缘。面对死亡，仍坚守贫困，也使他安贫乐道的境界达到了炉火纯青的程度。孔子曰："敬鬼神而远之。"（《论语·雍也第六》）陶渊明也说："天道幽且远，鬼神茫昧然。"(《怨诗楚调示庞主簿邓治中》)孔子曰："朝闻道，夕死可矣。"(《论语·里仁第四》)他亦说："朝与仁义生，夕死复何求！"(《咏贫士七首（其四）》)

"人生似幻化，终当归空无。"(《归园田居五首（其四）》)

在魏晋的乱世之秋，当时许多文人恐惧生命朝不保夕，所以多有悲观厌世之人，许多名流达士在有生之年自作挽歌、自作祭文。据《世说新语·任诞》记载："张湛好于斋前种松柏。时袁山松出游，每好令左右作挽歌。时人谓：'张屋下陈尸，袁道上行殡。'"

可见自作挽歌和祭文在当时成为一种时尚。陶渊明自然也不例外，他不仅自作挽歌三首，还为自己写下了祭文。

> 有生必有死，早终非命促。
> 昨暮同为人，今旦在鬼录。
> 魂气散何之，枯形寄空木。
> 娇儿索父啼，良友抚我哭。
> 得失不复知，是非安能觉。
> 千秋万岁后，谁知荣与辱。
> 但恨在世时，饮酒不得足。
>
> (《拟挽歌辞三首（其一）》)

死后入殓，儿女及朋友抚棺而痛哭，而在陶渊明的心里，人活一世，必有一死，即使死得早也不算短命，大家无须悲痛，人死如灯灭，只剩下一具尸体纳入棺木之中，没有什么鬼魅灵魂。当然，千秋万代之后的荣辱也大可不必去斤斤计较了。但唯一遗憾的是，在世的时候没有足够的酒让我畅饮啊！这是对生死的冷静与豁达。对应了《归去来兮辞》结尾处"聊乘化以归尽，乐夫天命复奚疑？"

> 在昔无酒饮，今但湛空觞。
> 春醪生浮蚁，何时更能尝？
> 肴案盈我前，亲旧哭我旁。
> 欲语口无音，欲视眼无光。
> 昔在高堂寝，今宿荒草乡。
> 荒草无人眠，极视正茫茫。
> 一朝出门去，归来良未央。
>
> （《拟挽歌辞三首（其二）》）

这首诗是写出门前的祭祀，酒肉满满地堆在案上，却不能得到品尝。儿女与朋友虽痛哭在身边，却口无言、目无光。从此以后，只能长眠于荒草之乡，再也没有回来的指望了。陶渊明虽看透了生与死，但面对亲友却也有些黯然神伤。

> 荒草何茫茫，白杨亦萧萧。
>
> 严霜九月中，送我出远郊。
>
> 四面无人居，高坟正嶕峣。
>
> 马为仰天鸣，风为自萧条。
>
> 幽室一已闭，千年不复朝。
>
> 千年不复朝，贤达无奈何。
>
> 向来相送人，各自还其家。
>
> 亲戚或余悲，他人亦已歌。
>
> 死去何所道，托体同山阿。
>
> （《拟挽歌辞三首（其三）》）

诗中"严霜九月"表明，菊花盛开，陶渊明爱菊，他竟然把自己的死期也设想在九月中旬。这首诗写下葬的过程，墓门一旦关闭，就永远见不到光明了，不管你是贤人达士还是村夫野老，到头来都是一样的结局，都逃不脱生死的自然变化。为你伤心的也许只有亲属朋友，而其他人早已把你忘得干干净净。人死去了有什么遗憾，无非躯体化作了大山上的一粒尘埃，永远皈依于大自然了。陶渊明面对死亡，如此明彻达观，实在令人叹服。

清代学者钟秀《陶靖节纪事诗品》卷一中赞叹："呜呼！死生之变亦大矣！而先生从容闲暇如此，平生所养，从可知矣。"

《拟挽歌辞》是陶渊明对自己死后入殓、祭奠、下葬过程的描写与感想，而《自祭文》则是他对一生生活现状、性格志趣和人生理想做的总结性抒写。

岁惟丁卯，律中无射。天寒夜长，风气萧索。鸿雁于征，草木黄落。陶子将辞逆旅之馆，永归于本宅。故人凄其相悲，同祖行于今夕。羞以嘉蔬，荐以清酌，候颜已冥，聆音愈漠。呜呼哀哉！

茫茫大块，悠悠高旻，是生万物，余得为人；自余为人，逢运之贫，箪瓢屡罄，绤絺冬陈。含欢谷汲，行歌负薪，翳翳柴门，事我宵晨。春秋代谢，有务中园，载耘载籽，乃育乃繁。欣以素牍，和以七弦，冬曝其日，夏濯其泉。勤靡余劳，心有常闲。乐天委分，以至百年。

惟此百年，夫人爱之；惧彼无成，愒日惜时。存为世珍，殁亦见思。嗟我独迈，曾是异兹。宠非己荣，涅岂吾缁？捽兀穷庐，酣饮赋诗。识运知命，畴能罔眷。余今斯化，可以无恨。寿涉百龄，身慕肥遁，从老得终，奚所复恋！

寒暑逾迈，亡既异存，外姻晨来，良友宵奔，葬之中野，以安其魂。窅窅我行，萧萧墓门，奢耻宋臣，俭笑王孙，廓兮已灭，慨焉已遐，不封不树，日月遂过。匪贵前誉，孰重后歌？人生实难，死如之何？呜呼哀哉！

这篇祭文的大意为，严霜九月，秋夜寒冷而漫长，清冷萧索，草木枯黄，树叶凋落，南飞的大雁从空中匆匆掠过。我将辞别这寄居之馆舍，永远地回到自然之中。亲友们万分悲恸，今晚将为我祭奠送行。他们供出鲜美的果蔬，斟上清香的美酒，但我的颜面，已逐渐模糊，声音也愈加疏远。悲痛啊，悲痛！

广阔的大地，悠悠苍天，是你们孕育了万物，我才得以托生人间。自我来到人间，恰逢家境贫寒，饭筐水瓢常空空如也，冬天还在穿夏天的薄衫。在山涧中取水我乐而无怨，背着柴草还边走边唱，我在昏暗简陋的草屋度过了我的童年。从春天到秋天，地里总有活儿干，锄草又培土，庄稼不断成长繁衍，我以诗书为友，以琴瑟作伴，冬天爱晒太阳，夏天洗濯于清泉。辛勤耕作，不遗余力，生活自在而又悠闲。我安守本分，顺应天命，终于得以安享天年。

人们珍爱生命，都害怕一事无成，因此，都格外珍惜时光，都希望在世时让人尊重，死后留下美名使人思念。只有我一意孤行，与世人不同，从不以尊宠为荣，污浊的染缸怎可能把我染黑？虽穷居陋室，亦能傲然饮酒赋诗。识运知命的人，不会过于眷恋人生，我今天这样离去，也没有什么遗恨了。我已经到了迟暮之年，依恋着安贫乐道的隐居生活，老而善终，没有什么可以依恋。

寒暑消逝可以再来，而人死去之后都不会重来，亲戚起早来奔丧，老友们连夜来吊唁，把我安葬在旷野，使我的灵魂得以安宁，我已远远地走向幽冥，萧萧的秋风吹打着我的墓门。我耻于春秋宋国桓魋的奢侈厚葬，也嘲笑西汉杨王孙过于简陋的墓葬。所有的一切都已经流逝而变得空虚，不堆筑高坟，亦不植树墓边，听任岁月渐去渐远，既然不看重生前的美誉，谁还会看重死后的歌颂呢？人生之路实在艰难，人死之后又能怎样呢？悲痛啊，悲痛！

这是陶渊明一生中的最后一篇文章，他回顾了自己坎坷的一生，清贫的家境、辛勤的耕耘，过着琴书相伴、以山泉为友的辛苦又闲适的田园生活。他一生耿介不阿、光明磊落，没有丝毫可愧悔，对艰难的时世没有半分牵挂和留恋，他为自己的固穷守拙而骄傲，也为自己的乐天知命、顺应自然而欣慰。面对死亡，他似乎有着视死如归的平静，因为他知道帝乡之"不可期"，他知道死去之"何所道"，既然已"寿涉百龄""从老得终"，那就"托体同山阿"好了，没有什么好留恋的。他的离开"不喜"亦"不惧"，显得异常的平静与安详。

然而，在陶渊明的内心深处，仍隐含着巨大的苦涩与悲怆。当他在昏昧中告别"逆旅之馆"，当他踽踽飘临"萧萧墓门"之际，虽然表现了"不封不树，日月遂过"的淡泊，和"匪贵前誉，孰重后歌"的旷达，但还是发出了"廓兮已灭，慨焉已遐"的苍凉慨叹。此时的他好像又对自己的过去投去了最后一瞥：那"猛志逸四海"（《杂诗十二首（其五）》）的少年意气呢？那"大济于苍生"（《感士不遇赋》）的壮年豪情呢？那"提剑出燕京"（《咏荆轲》）的荆轲之志呢？那"黄发垂髫，并怡然自乐"（《桃花源记》）的世外桃源呢？

在陶渊明的一生中，他不仅有"性本爱丘山"（《归田园居五首（其一）》）的率直，还有大济苍生的情怀。然而在那个"密网裁而鱼骇，宏罗制而鸟惊"（《感士不遇赋》）的时代，诗人纵有多少豪情壮志也是"日月掷人去，有志不获骋"（《杂诗十二首（其二）》），最终也只能如一只铩羽之鸟，一朵离岫之云，只能归隐于山野田园，孤寂又诗意地了却一生。最后，化作一句"人生实难，死如之何"（《自祭文》）的嗟叹，使得这篇貌似平静、飘逸又旷达的祭文，透出了彻骨的悲凉、无奈和沉重。

南宋学者真德秀在《跋黄瀛拟陶诗》中论及陶渊明时说："虽其遗荣辱、一得丧，真有旷达之风，细玩其词，时亦悲凉感慨，非无意世事者。"

（四）最后的牵念

死亡，对陶渊明来说，是最自然不过的事情，赤条条来，空空然去，合乎天道。然而，濒临死亡时对亲人的牵挂却也令人唏嘘不已，父母都早走了，妹妹、弟弟也接连离世，唯有那五个顽皮且不好读书的儿子是他最大的牵念。

在其长子陶俨即将告别孩童的公元406年[一说该诗约作于晋孝武帝太元十八年（393年）]，陶渊明曾作《命子》诗十首。诗作通过历数陶氏先祖的功德激励儿子。"日居月诸，渐免于孩。福不虚至，祸亦易来。夙兴夜寐，愿尔斯才。"（《命子十首（其十）》）希望他们效法祖宗，将来能成为一个有作为、有抱负的人。然而，"尔之不才，亦已焉哉"。五个年龄相差无几的儿子陶俨（小名阿舒），陶俟（小名阿宣），双胞胎兄弟陶份（小名阿雍）、陶佚（小名阿端），小儿子陶佟（小名阿通）都不爱学习，不求上进。好像陶家这学习的天分都被自己独占去了一样，陶渊明感到无可奈何，只能自叹命该如此。在他四十四岁那年，曾经无奈地写下《责子》诗一首，风趣幽默的语言流露出他对儿子们的骨肉深情。

> 白发被两鬓，肌肤不复实。
> 虽有五男儿，总不好纸笔。
> 阿舒已二八，懒惰故无匹。
> 阿宣行志学，而不爱文术。
> 雍端年十三，不识六与七。
> 通子垂九龄，但觅梨与栗。
> 天运苟如此，且进杯中物。

长子阿舒为陶渊明第一任妻子所生，阿舒出生后母亲因营养不良去世了，孩子十分可怜，因此受到家里的关爱最多，也就养成了懒惰的坏毛病。次子阿宣十五岁到了"志学"的年龄，却不爱学习文章。双胞胎兄弟的阿雍和阿端已经十三岁了，连六与七都分不清。"最喜小儿无赖"（辛弃疾《清平乐·村居》），小儿子阿通快九岁了，只知贪吃，不知其他。

　　这首诗里，陶渊明将五个儿子都数落了一番后，徒叹天命如此，只能"且进杯中物"了。

　　贫困家庭的孩子如果既懒惰又不好纸笔，那么，贫穷的生活就在所难免。因此，即将走向死亡的陶渊明最大的牵挂，就莫过五个儿子了，尽管孩子们都已经陆续成家，陶渊明希望他们有人生的理想，恪守做人的准则，相互友爱地生活下去，于是写下这篇家训般的家书《与子俨等疏》：

　　　　告俨、俟、份、佚、佟：天地赋命，生必有死，自古圣贤，谁独能免？子夏有言曰："死生有命，富贵在天。"四友之人，亲受音旨，发斯谈者，将非穷达不可妄求，寿夭永无外请故耶？

　　　　吾年过五十，而穷苦荼毒，每以家弊，东西奔走。性刚才拙，与物多忤，自量为己，必贻俗患，俛俛辞世，使汝等幼而饥寒。余尝感孺仲贤贤之言，败絮自拥，何惭儿子。此既一事矣。但恨邻靡二仲，室无莱妇，抱兹苦心，良独内愧。少学琴书，偶爱闲静，开卷有得，便欣然忘食。见树木交荫，时鸟变声，亦复欢然有喜。常言五六月中，北窗下卧，遇凉风暂至，自谓是羲皇上人。意浅识罕，谓斯言可保。日月遂往，机巧好疏。缅求在昔，眇然如何。

疾患以来，渐就衰损。亲旧不遗，每以药石见救；自恐大分将有限也。汝辈稚小家贫，每役柴水之劳，何时可免？念之在心，若何可言！然汝等虽不同生，当思四海皆兄弟之义。鲍叔、管仲，分财无猜；归生、伍举，班荆道旧。遂能以败为成，因丧立功。他人尚尔，况同父之人哉！颍川韩元长，汉末名士，身处卿佐，八十而终，兄弟同居，至于没齿。济北汜稚春，晋时操行人也，七世同财，家人无怨色。《诗》曰："高山仰止，景行行止。"虽不能尔，至心尚之。汝其慎哉，吾复何言。

这篇散文的大意是说，孩子们，大自然赋予人生命，就必然有死亡这一天。从古至今，即便是圣贤也在所难免。孔子的学生子夏说："死生之数自有命定，富贵与否在于天意。"这是孔子的学生们亲自受教于孔子的。这就说明贫穷与显达不可过分地追求，长寿和短命也早已命中注定，永远也不要有分外之想。

我已经五十多岁了，从小生活就很困苦，常为了谋生不得不四处奔走。我生性刚直,不会阿谀奉承、投机取巧,与世俗的人情世故格格不入。我想如果长此以往,势必会给自己招来祸患,于是竭力弃官归隐,致使你们从小受冻挨饿。我十分感慨王霸贤妻的话:自己崇尚高洁,即使是破衣烂衫,又怎能因为儿子不如别人而感到惭愧呢?这个道理是一样的,我只遗憾没有求仲、羊仲那样的邻居,没有像老莱子之妻那样的伴侣。怀着这般心思,实在暗自愧疚不安,我小时候只知道弹琴、读书,喜欢安静,开卷诵读有所得便欣然忘食。看到树木枝叶成荫,听到鸟儿不同的鸣叫,就喜上眉梢。我常说,五六月间,躺在北窗之下,一阵阵凉风拂过,就觉得自己幸福得像远古时代的人。我当时想得简单,见识也少,以为这样的生活可以永远保持下去。光阴荏苒,年复一年,我对逢迎取巧那一套仍然生疏,想恢复往日那种生活的愿望是多么渺茫啊!

染病之后,我渐渐变得衰老,承蒙亲朋故旧不嫌弃,经常拿些药物来医治,但我预感自己将不久于人世。你们出生在这样贫寒的家庭,小小年纪就要挑水、打柴,为家计操劳,不知什么时候才能摆脱。这些我总牵挂在心,又有什么可说呢?你们兄弟几人虽不是一母所生,但应理解"四海之内皆兄弟"的道理,鲍叔牙和管仲一起做生意,分钱财时却互不猜忌;归生和伍举是老朋友,分别又重逢,在路边上铺些荆草席地而坐,畅叙友谊。后来,管仲得到鲍叔牙的帮助由失败转为成功。伍举畏罪出逃，归生想方设法帮助他回到楚国，建立了功勋。他们并非亲兄弟尚能如此，何况你们都是同一父亲的儿子呢？颍川名士韩元长，身居卿佐高位，享年八十岁。他始终和自己的兄弟生活在一起，直至去世。晋代济北的氾稚春，是一位很有德行的人，他们家七代没有分家，共同拥有财产，全家人没有不满意的。

《诗经》上说："高山仰止，景行行止。"我们虽然不能达到那样高的道德境界，但应当竭尽所能学习他们的美德。你们千万要审慎对待啊，我只有这些话了。

整封家书侃侃而谈，平易可亲，语重心长，慈父之意、舐犊之情溢于言表，尤其体现了陶渊明一生的志趣与节操。

明末学者林云铭《古文析义》初编卷四云："与子一疏，乃陶公毕生实录，全副学问也，穷达寿夭，既一眼觑破，则触处任真，无非天机流行。末以善处兄弟劝勉，亦其至情不容已处。读之惟见真气盘旋纸上，不可作文字观。"

然而，唐代杜甫对陶渊明的这种恋子情结颇不以为然，有诗叹曰：

> 陶潜避俗翁，未必能达道。
> 观其著诗集，颇亦恨枯槁。
> 达生岂是足，默识盖不早。

有子贤与愚，何其挂怀抱。

（杜甫《谴兴五首（其三）》）

　　这首诗的大意为，陶潜虽是位避俗的老翁，却未必能做到达观。读他所作的诗集，也有颇恨生涯枯槁的诗篇。参透人生的处世态度，哪里仅止于此？他大概是没有早早地默识此道。否则，对儿子们的贤愚，何必如此牵肠挂肚呢！

　　但"无情未必真豪杰，怜子如何不丈夫？"（鲁迅《答客诮》）这恐怕正是陶渊明的真正可贵之处。清代诗人杨夔生《饱园掌录》说："陶公终日为儿子虑，虑及僮仆、衣食、诗书，何其真也；将儿子贫苦、愚拙种种烦恼都作下酒物，何其达也。近情之至，忘情之至。"

（五）归去来兮

　　"老少同一死，贤愚无复数。"（《神释》）

　　虽然已经写下了"自悼诗"与"自祭文"，但陶渊明并没有像他所期望的那样，在秋高气爽、菊花盛开的九九重阳节去世，而是在两个月之后，南朝宋文帝元嘉四年（427年）十一月，一个万木萧瑟、菊花凋零、愁云密布、冷风劲吹的日子，陶渊明永远地闭上了眼睛，离开了这个世界。

　　他像一朵怒放过的菊花，经历了无数次的风吹日晒、雨打霜摧，最终枯萎凋谢，零落成泥，复归于大自然，"托体"成一座高不可攀的艺术之"山阿"！

站在这座艺术高峰的山巅，放眼陶渊明短暂而又漫长的五十六年人生，一条人格与文格交融互织的人生脉络显得更加清晰：那是一条以儒家的仁厚、孤介为主线，伴以道法自然的率真与知足，形成他独有的穷困潦倒却又自足尊严的奇妙人生之路。

一是陶渊明的仁厚。陶渊明从小深受儒家思想的教化，作品中经常出现"先师""圣人""六经"等词汇。

> 先师有遗训，忧道不忧贫。(《癸卯岁始春怀古田舍二首（其二）》)
>
> 先师遗训，余岂云坠。(《荣木（其四）》)
>
> 谈谐无俗调，所说圣人篇。(《答庞参军 并序》)
>
> 少年罕人事，游好在六经。(《饮酒诗二十首（十六）》)

他对儒学造诣很深，而且时时躬身笃行，是有仁厚个性的一介书生。孟子曰：仁民爱物。他不但爱世间之人，亦深爱大自然之物。诗中时时都表达着他对田夫、稚子、亲旧、近邻以及好风、微雨、众鸟、新苗的怜爱与深情。

他和睦邻里，友善爱人：

欢心孔洽，栋宇惟邻。(《答庞参军 并序》)

日入相与归，壶浆劳近邻。(《癸卯岁始春怀古田舍二首（其二）》)

邻曲时时来，抗言谈在昔。(《移居二首（其一）》)

漉我新熟酒，只鸡招近局。(《归园田居五首（其五）》)

落地为兄弟，何必骨肉亲。得欢当作乐，斗酒聚比邻。(《杂诗十二首（其一）》)

他敦睦亲族，孝悌友爱：

对父母，他"一欣待温颜，再喜见于友"，"归子念前途"，"久游恋所生"(《庚子岁五月中从都还阻风于规林二首》)。

他对兄弟姊妹：

恩爱若同生。(《悲从弟仲德》)

斯情实深，斯爱实厚。(《祭从弟敬远文》)

谁无兄弟，人亦同生。嗟我与尔，特百常情。(《祭程氏妹文》)

他慈爱子女，舐犊情深：

大欢止稚子。(《止酒》)

弱子戏我侧，学语未成音。此事真复乐，聊用忘华

簪。(《和郭主簿二首（其一）》)

他热爱美丽的大自然，喜欢在大自然中读书弄琴：

衡门之下，有琴有书。(《答庞参军 并序》)
既耕亦已种，时还读我书。(《读山海经十三首（其一）》)
有风自南，翼彼新苗。(《时运四首（其一）》)
采菊东篱下，悠然见南山。(《饮酒诗二十首（其五）》)
青松夹路生，白云宿檐端。(《拟古九首（其五）》)
翩翩新来燕，双双入我庐。(《拟古九首（其三）》)
苍苍谷中树，冬夏常如兹。(《拟古九首（其六）》)
桑麻日已长，我土日已广。(《归园田居五首（其二）》)
山涧清且浅，可以濯吾足。(《归园田居五首（其五）》)
众鸟欣有托，吾亦爱吾庐。(《读山海经十三首（其一）》)

陶渊明对身边的人、对大自然充满了亲切而深厚的热爱与同情。这一切都源于他浑然仁厚的个性特点。

二是陶渊明的孤介。所谓孤介，就是耿直方正，不随流俗。他曾在《与子俨等疏》中坦言："性刚才拙，与物多忤。"这里的"性刚"，就是光明磊落，正直不阿，即使是在世风颓败、正道消沉之时，仍能卓立挺拔，不随流俗而浮沉。

总发抱孤介，奄出四十年。(《戊申岁六月中遇火》)
我性不狎世，因疾守闲。(《晋书·陶潜传》)

当现实有违心性，他就决心归隐，拂袖而去：

不能为五斗米折腰，拳拳事乡里小人。(《晋书·陶潜传》)
羁鸟恋旧林，池鱼思故渊。开荒南野际，守拙归园田。(《归园田居五首（其一）》)

虽然家贫如洗，但为官出仕终与孤介个性相违背，实在难以就范于流俗，于是解绶归田，重新过起清苦但自由的田园生活。

三是陶渊明的自然。道法自然，本性率真就是自然。只有自然，方能存真。因此，陶渊明在《归去来兮辞》中说："质性自然，非矫厉所得。"在《归园田居五首（其一）》中又说："少无适俗韵，性本爱丘山。""久在樊笼里，复得返自然。"陶渊明像空中浮云和鸟儿一样喜欢逍遥自适、自由自在，不受世俗约束。他因为家贫而出仕，然而却并不以此为荣；他不愿为官，于是就退隐躬耕，亦不以此为高；贫穷而无奈时，出门去乞食，并不以此为耻；有余钱时，则沽酒买醉，亦不以此为不当。他既不勉强自己，又不矫揉造作，其为人处事，如此率性保真。即使为文作诗，亦莫不如此，一字一句，发自肺腑，直抒胸臆，不假雕琢，纯美自然。因此，后世文人苏轼赞美曰：

> 孔子不取微生高，孟子不取於陵仲子，恶其不情也。陶渊明欲仕则仕，不以求之为嫌；欲隐则隐，不以去之为高。饥则扣门乞食，饱则鸡黍以延客，古今贤之，贵其真也。（《书〈李简夫诗集〉后》）

是的，为文作诗，必须真情而来，真情则生于至性，有至性之人，方能有真情之文，绝非矫饰而所能。明清学者顾炎武说：

> 栗里之征士，淡然若忘于世，而感愤之怀，有时不能自止，而微见其情者，真也！（顾炎武《日知录》）

四是陶渊明的知足。陶渊明的一生能够固守清贫，保持名节，幸赖其物质欲望不高，能够忘怀得失，知足自守。"常言五六月中，北窗下卧，遇凉风暂至，自谓是羲皇上人。"（《与子俨等疏》）

"衔觞赋诗，以乐其志，无怀氏之民欤？葛天氏之民欤？"（《五柳先生传》）

他对于居住的要求：

　　草庐寄穷巷，甘以辞华轩。(《戊申岁六月中遇火》)
　　敝庐何必广，取足蔽床席。(《移居二首（其一）》)

对于衣服的要求：

　　被褐欣自得，屡空常晏如。(《始作镇军参军经曲阿》)
　　御冬足大布，粗絺以应阳。(《杂诗十二首（其八）》)

对于饮食的要求：

　　菽麦实所美，孰敢慕甘肥。(《有会而作》)
　　岂期过满腹，但愿饱粳粮。(《杂诗十二首（其八）》)

对于娱乐的要求，他只需要：

　　衡门之下，有琴有书。载弹载咏，爰得我娱。(《答庞参军 并序》)
　　清琴横床，浊酒半壶。(《时运四首（其四）》)
　　得欢当作乐，斗酒聚比邻。(《杂诗十二首（其一）》)
　　好味止园葵，大欢止稚子。(《止酒》)

富贵非吾愿，帝乡不可期。(《归去来兮辞》)

从以上可见，陶渊明物质欲望很低，他所看重的是精神上的愉悦和满足。而之所以能够自足自乐，一方面，源于道家的"知足不辱，知止不殆"的精神品格（老子《道德经》第四十四章）；另一方面，更主要的还是来自儒家的安贫乐道、守节固穷的文化传统和道德教训。因此他多次强调：

先师有遗训，忧道不忧贫。(《癸卯岁始春怀古田舍二首（其二）》)
宁固穷以济意，不委曲而累己。(《感士不遇赋》)
高操非所攀，深得固穷节。(《癸卯岁十二月中作与从弟敬远》)
不赖固穷节，百世当谁传。(《饮酒诗二十首（其二）》)

在那个世风败坏、贪婪无厌的时代里，陶渊明这种固穷自足的精神，实属可贵。因此，昭明太子萧统在《陶渊明集序》中这样评价："贞志不休，安道苦节，不以躬耕为耻，不以无财为病，自非大贤笃志，与道污隆，孰能如此乎！"

陶渊明鲜明的个性，不仅体现在他的诗文里，更体现在他生活的一些嗜好之中。嗜好源于人的爱好，体现一个人的性格，更透露着一个人的真性情。

他最大的嗜好莫过于饮酒。饮酒一方面是当时魏晋文人的一种习惯，另一方面是陶渊明外表忧郁、内心热烈的一种文化符号：以酒忘忧，以酒寄意。久而久之，饮酒给陶渊明的身体健康带来很大的危害。关于陶渊明的饮酒，前文已经有大量的篇幅进行了描述，这里不再赘言。

陶渊明的另一大嗜好是喜爱植物，爱柳树，尤其钟情于松、菊。

柳树枝条柔软，枝叶茂密，清风徐来，柳枝飘逸而洒脱，韵味别致，给人带来舒爽的快意。陶渊明喜欢柳树，于是就在自己的宅边种下了五棵柳树。"榆柳荫后檐"（《归园田居五首（其一）》），"密密堂前柳"（《拟古九首（其一）》）。

并著文《五柳先生传》自况，自称"五柳先生"。"宅边有五柳树，因以为号焉。"柳树可以说是大江南北最普通的树种，陶渊明以其为号，一方面是因为柳树象征着自由与洒脱，另一方面实在是为了以归隐自况。因为他在文中说："先生不知何许人也，亦不详其姓字。"（《五柳先生传》）因此"五柳先生"成为他的专有标识。

唐朝诗人李白曾有诗云：

梦见五柳枝，已堪挂马鞭。
何日到彭泽，长歌陶令前。
（李白《寄韦南陵冰，余江上乘兴访之遇寻颜尚书，

笑有此赠》)

松树孤立挺拔,苍翠蓊郁,不畏霜寒,四季常青。人们自古就将松树作为刚劲坚贞、孤高不群的象征。同样,在陶渊明的作品中,松树如高人隐士一般,深居山谷,却超凡脱尘,气质高贵,绝非一般粗木乱树可比。

> 青松在东园,众草没其姿。(《饮酒诗二十首(其八)》)
> 因值孤生松,敛翮遥来归。(《饮酒诗二十首(其四)》)
> 青松夹路生,白云宿檐端。(《拟古九首(其五)》)
> 三径就荒,松菊犹存。(《归去来兮辞》)
> 景翳翳以将入,抚孤松而盘桓。(《归去来兮辞》)

菊花,花开秋季。当众花凋谢、零落成泥时,菊花则独抱幽芳,争相怒放,为萧瑟的秋天,平添了春天般的气息。陶渊明赏菊、爱菊,就是这个原因。关于陶渊明对菊花的热爱,前文已有表述,这里也不再赘言。

此外,陶渊明还有一大爱好,那就是弹琴。琴瑟之声,是古代庙堂之上的雅乐正声,更是历代文人表达风雅与情趣的重要工具。自古文人多喜弄琴,伯牙与钟子期之于《高山流水》,嵇康之于《广陵散》等,陶渊明善于弹琴,留下了一段"无弦琴"的佳话。这主要源于他的几个传说:《宋书·隐逸传》和萧统《陶渊明传》俱谓："潜不解音声，而蓄素琴一张，无弦，每酒适，辄抚弄以寄其意。"

其实，陶渊明绝非不解音律，他从小就善弹琴，常常"陈书辍卷，置酒弦琴"（颜延之《陶征士诔》），"弱龄寄事外，委怀在琴书"（《始作镇军参军经曲阿》）。他常常"清琴横床，浊酒半壶"（《时运四首（其四）》），"息交游闲业，卧起弄书琴"（《和郭主簿二首（其一）》）。

只是到了晚年，生活越发困顿，有时连吃饭都成了问题，琴上的弦早已磨损，没有条件去更换，于是只能空加抚弄，以寄其意，以致后来结识陶渊明的文人墨客误以为他不解音律。

不过，在陶渊明的心里，弹琴早已超脱了表面漂浮的声音，他适意地摩挲抚弄，就已经在心里听到了那高山流水，琴瑟和鸣，那是精神的弹奏，那是心灵的聆听！因此，他曾自云："但识琴中趣，何劳琴上弦。"（《晋书·隐逸传》）这可谓最通俗、最圆满的回答。

以物寄情，托物赋志，这大概是陶渊明生活嗜好既委婉又直白的表达。酒的热烈与忧郁，柳的自适与飘逸，松的坚贞与挺拔，菊的高洁与美丽，琴的优雅与知音，形成了一个高贵而完美的人物性格，飘逸洒脱、冰清玉洁得如神人一般。

东方有一士，被服常不完。

三旬九遇食，十年著一冠。

辛勤无此比，常有好容颜。

我欲观其人，晨去越河关。

青松夹路生，白云宿檐端。

知我故来意，取琴为我弹。

上弦惊别鹤，下弦操孤鸾。

愿留就君住，从今至岁寒。

（《拟古九首（其五）》）

这位东方之士，神也？人也？陶渊明本人也！

"家为逆旅舍，我如当去客。"（《杂诗十二首（其七）》）

其实，陶渊明并没有像《拟挽歌辞三首（其三）》中所说的那样："幽室一已闭，千年不复朝。"而是清晨出庐，沿着一条青松相伴的山路，攀缘而上，直入山巅。山上白云缭绕，亭台楼阁，"芳菊开林耀，青松冠岩列"（《和郭主簿二首（其二）》）。这里没有寒冷，没有饥饿，更没有破衣褴褛。那把断了弦的琴也在那里，只是琴弦早已修复。手把琴来，先弹幽怨的《别鹤操》，再弹高洁的《双凤离鸾》，激越又悠扬的琴声穿越天际，引来了成群的青鸾。

归去来兮！

陶渊明惊讶于自己终于找到了人生的归宿，他将永远地留在这里，直到地老天荒。